맥체인성경 쉬운해설

2

선교횃불

맥체인성경 쉬운해설

흔히 기독교는 말씀의 종교라고 합니다. 그것은 하나님께서 주신 '말씀'(성경)으로부터 모든 역사를 쌓아 왔기 때문입니다. 따라서 모든 그리스도인들은 하나님께서 주신 말씀을 읽고, 해석하고, 다시 적용하는 '신앙인의 삶'을 가장 우선순위에 둡니다. 말씀을 읽지 않고 하나님을 예배할 수 없고, 말씀을 묵상하지 않고 하나님의 계획을 알 수 없고, 말씀을 적용하지 않고 성화될 수 없기 때문입니다. 성경읽기의 중요성과 필요성은 아무리 강조해도 지나치지 않습니다.

맥체인 성경 읽기표는 1842년 맥체인이 자신이 목양하던 성베드로교회 성도들의 영적 성장을 위해 개발한 것으로, 매일 구약과 신약을 각각 2장씩 읽음으로써 1년에 구약 1회, 신약과 시편을 각 2회 정독할 수 있도록 만든 표입니다. 이와 같은 맥체인의 방법에 따라 **맥체인 성경 쉬운해설은** 신구약 성경 전체를 골고루 4등분해서 동시에 읽으며 성경에 기록된 장구한 구속사를 크게 네 시대로 나누어 동시에 묵상할 수 있습니다.

(1) 창세기 ~ 역대하 : 만물의 시작과 이스라엘의 시작
(2) 에스라 ~ 말라기 : 이스라엘의 멸망과 새 시대의 시작
(3) 마태복음 ~ 요한복음 : 예수의 복음사역과 십자가 구속
(4) 사도행전 ~ 요한계시록 : 교회의 시작과 선교

각각의 시대마다 하나님께서는 하나님이 세우신 사람들과 언약을 맺으셨고, 그 언약을 완성하셨습니다. 그리고 이 시대들은 서로 씨줄과 날줄이 되어 하나님의 구속사를 완성하는 완벽한 하모니를 이루고 있습니다. 맥체인성경 쉬운해설은 이 네 시대를 동시에 읽고 묵상함으로써, 때로는 시대별로, 때로는 거시적인 안목에서 구속사 전체를 한 번에 아우르게 합니다. 그렇기에 남녀노소, 교회의 직분을 무론하고, 누구나 맥체인성경 쉬운해설의 읽기표를 따라 성경을 읽으면, 성경에 대한 명쾌한 이해와 함께 하나님께서 감춰두신 구속의 보화를 찾는 기쁨을 누릴 수 있습니다.

▶ 성경읽기의 중요성과 필요성

① 성경은 하나님의 말씀이므로 매일 읽고 묵상해야 합니다.
② 성경은 우리를 향한 하나님의 사랑의 표현이기 때문에 매일 읽고 묵상해야 합니다.
③ 성경은 우리를 위한 하나님의 계획을 담고 있기 때문에 매일 읽고 묵상해야 합니다.
④ 성경은 우리를 구속하기 위한 하나님의 은혜이기 때문에 매일 읽고 묵상해야 합니다.
⑤ 성경은 우리를 진리로 인도하기 때문에 매일 읽고 묵상해야 합니다.
⑥ 성경은 우리에게 하나님을 계시하기 때문에 매일 읽고 묵상해야 합니다.
⑦ 성경읽기는 모든 그리스도인들에게 선택이 아닌 필수 요소입니다.

성경을 읽고 묵상하는 방법은 정말 다양합니다. 예를 들어 '1년 3독', '큐티식 묵상법', '평일 3장, 주일 5장 읽기', '연대별 성경읽기', '강습회식 집중 읽기' 등 저마다 특색 있는 방식으로 성경을 읽고 이해하는 데 도움을 줍니다. 특별히, <맥체인 성경읽기>는 이와 같은 다양한 성경읽기 방법들 가운데에서도 성경을 매일 읽는 '규칙성'과 성경을 끝까지 읽는 '지속성'을 보장하는 특징과 장점을 가집니다.

▶ "맥체인 성경읽기"의 특징과 장점

- ○ 맥체인 성경은 구약과 신약(또는 시편)에서 4권씩 짝을 이루고 있어서 흥미롭고 읽는 재미를 더합니다.
- ○ 맥체인 성경은 구약과 신약의 대조를 통해 말씀 간 연관성 및 의미의 다채로움을 만끽하게 합니다.
- ○ 맥체인 성경은 매일 신구약의 4장씩 일정량을 읽도록 구성되어, 끝까지 효과적으로 읽을 수 있습니다.
- ○ 맥체인 성경은 하나님의 구속사를 한눈에 볼 수 있도록 구성되어 있습니다.
- ○ 맥체인 성경은 성경 전체를 관통하는 하나님의 생각을 연상하게 훈련시킵니다.
- ○ 맥체인 성경은 <읽기표>를 통해 규칙적이고 체계적인 성경읽기를 가능하게 합니다.
- ○ 맥체인 성경의 <읽기표>를 활용하면 1년에 구약은 1독, 신약과 시편은 2독 할 수 있습니다.
- ○ 맥체인 성경은 말씀의 연관성을 찾아 말씀의 참 의미를 깨닫게 도와줍니다.

맥체인 성경 쉬운해설과 함께 하루 30분!

매일 4장의 성경을 읽으면 1년 뒤 성경을 1독 이상 할 수 있습니다. "맥체인 성경 쉬운해설" 읽기를 통하여 한국교회와 성도들이 말씀을 통해 하나님을 만나고, 하나님의 섭리를 경험하고, 하나님의 은혜와 사랑을 전하는 이 시대에 사명자로서 큰 능력을 발휘하기를 간절히 소망합니다.

"너희는 여호와의 책에서 찾아 읽어보라.
이것들 가운데서 빠진 것이 하나도 없고
제 짝이 없는 것이 없으리니 이는 여호와의 입이 이를 명령하셨고
그의 영이 이것들을 모으셨음이라." (사 34:16)

성경은 구약 39권, 신약 27권으로 도합 66권으로 이루어져 있습니다. 그러나 이 성경들은 같은 시대에 동일 저자들에 의해 기록된 책이 아닙니다. 성경은 1,600년이 넘는 긴 세월 동안 성령의 감동을 입은 각 시대의 사람들이 각기 다른 장소에서 기록한 것들을 한데 모아 묶은 것입니다. 그럼에도 불구하고 놀랍게도 이 66권의 성경들은 제각각 다 짝이 있고, 통일된 주제와 일관된 메시지를 가집니다. 인간적인 관점에서는 정말 신기하고 또 신비로운 마법과 같다고 할 것입니다. 하지만, 성경은 이것이 결코 마법이나 우연이 아님을 밝히고 있습니다. 즉, 여호와의 책을 쓴 기자(記者)는 인간이지만, 이사야서 34장 16절에서 보는 바와 같이, 여호와의 입이 명하셨기 때문에 성경의 저자(著者)는 하나님이시며, 각 시대 각 사 람에게 맞게 성령께서 감동을 주셨기 때문에 편집자(編輯者)는 성령님이시라는 것입니다. 따라서 성경 66권은 서로 다른 장르와 내용을 가진 별개의 책이 아니라 하나의 주제 아래 한 분의 저자가 쓴 한 권의 책으로서 읽히고 연구되어야 합니다.

▶ 《맥체인성경 쉬운해설》 말씀연결 사용하는 법

① 네 성경 본문의 소주제를 통해 중심 단어나 문장을 말씀으로 묵상한다.
② 네 본문의 말씀을 순서대로, 천천히 읽는다.
③ 두 본문에서 반복되는 단어나 유사한 문맥을 찾아 서로 연결한다.
④ 본문에서 반대의 뜻을 가진 단어나 문장을 찾는다.
⑤ 두 권의 책에서 공통되는 하나님의 말씀을 연결하여 기록한다.
⑥ 연결되는 말씀을 다른 두 권으로 확대하여 네 권 전체에 흐르는 하나님의 생각과 베푸신 은혜를 누리고, 그 내용을 적어본다.
⑦ 본문에서 지도자나 인도자로부터 배운 신학 주제나 교리들이 함축하고 있는 문맥의 짝을 찾아본다.
⑧ 중심 주제를 필두로, 삶에 적용할 일들을 적어보고 생활 중에 실천함으로써 변화를 경험해 본다.
⑨ 하나님이 오늘 나에게 주신 말씀들을 통하여 가르침, 명령과 약속 권면, 경고 및 행해야 할 일들을 하나님과 대화하는 마음으로(기도) 성경읽기를 마무리한다.

⊕ 맥체인 성경 읽기표 ⊕

"이 율법책을 네 입에서 떠나지 말게 하며
주야로 그것을 묵상하여
그 안에 기록된 대로 다 지켜 행하라
그리하면 네 길이 평탄하게 될 것이며
네가 형통하리라."(수 1:8)

4월 _ April

☐	1	레 4	시1·2	잠19	골 2
☐	2	레 5	시3·4	잠20	골 3
☐	3	레 6	시5·6	잠21	골 4
☐	4	레 7	시7·8	잠22	살전1
☐	5	레 8	시 9	잠23	살전2
☐	6	레 9	시10	잠24	살전3
☐	7	레10	시11·12	잠25	살전4
☐	8	레11-12	시13·14	잠26	살전5
☐	9	레13	시15·16	잠27	살후1
☐	10	레14	시17	잠28	살후2
☐	11	레15	시18	잠29	살후3
☐	12	레16	시19	잠30	딤전1
☐	13	레17	시20·21	잠31	딤전2
☐	14	레18	시22	전 1	딤전3
☐	15	레19	시23·24	전 2	딤전4
☐	16	레20	시25	전 3	딤전5
☐	17	레21	시26·27	전 4	딤전6
☐	18	레22	시28·29	전 5	딤후1
☐	19	레23	시30	전 6	딤후2
☐	20	레24	시31	전 7	딤후3
☐	21	레25	시32	전 8	딤후4
☐	22	레26	시33	전 9	딛 1
☐	23	레27	시34	전10	딛 2
☐	24	민 1	시35	전11	딛 3
☐	25	민 2	시36	전12	몬 1
☐	26	민 3	시37	아 1	히 1
☐	27	민 4	시38	아 2	히 2
☐	28	민 5	시39	아 3	히 3
☐	29	민 6	시40·41	아 4	히 4
☐	30	민 7	시42·43	아 5	히 5

⊕ 맥체인 성경 읽기표 ⊕

5월 _ May

☐	1	민 8	시44	아 6	히 6
☐	2	민 9	시45	아 7	히 7
☐	3	민10	시46·47	아 8	히 8
☐	4	민11	시48	사 1	히 9
☐	5	민12·13	시49	사 2	히10
☐	6	민14	시50	사3·4	히11
☐	7	민15	시51	사 5	히12
☐	8	민16	시52~54	사 6	히13
☐	9	민17·18	시55	사 7	약 1
☐	10	민19	시56·57	사8·9:1~7	약 2
☐	11	민20	시58·59	사9:8~10:4	약 3
☐	12	민21	시60·61	사10:5~34	약 4
☐	13	민22	시62·63	사11·12	약 5
☐	14	민23	시64·65	사13	벧전1
☐	15	민24	시66·67	사14	벧전2
☐	16	민25	시68	사15	벧전3
☐	17	민26	시69	사16	벧전4
☐	18	민27	시70·71	사17·18	벧전5
☐	19	민28	시72	사19·20	벧후1
☐	20	민29	시73	사21	벧후2
☐	21	민30	시74	사22	벧후3
☐	22	민31	시75·76	사23	요일1
☐	23	민32	시77	사24	요일2
☐	24	민33	시78:1~37	사25	요일3
☐	25	민34	시78:38~72	사26	요일4
☐	26	민35	시79	사27	요일5
☐	27	민36	시80	사28	요이1
☐	28	신 1	시81·82	사29	요삼1
☐	29	신 2	시83·84	사30	유 1
☐	30	신 3	시85	사31	계 1
☐	31	신 4	시86·87	사32	계 2

6월 _ June

☐	1	신 5	시88	사33	계 3
☐	2	신 6	시89	사34	계 4
☐	3	신 7	시90	사35	계 5
☐	4	신 8	시91	사36	계 6
☐	5	신 9	시92·93	사37	계 7
☐	6	신10	시94	사38	계 8
☐	7	신11	시95·96	사39	계 9
☐	8	신12	시97·98	사40	계10
☐	9	신13·14	시99~101	사41	계11
☐	10	신15	시102	사42	계12
☐	11	신16	시103	사43	계13
☐	12	신17	시104	사44	계14
☐	13	신18	시105	사45	계15
☐	14	신19	시106	사46	계16
☐	15	신20	시107	사47	계17
☐	16	신21	시108·109	사48	계18
☐	17	신22	시110·111	사49	계19
☐	18	신23	시112·113	사50	계20
☐	19	신24	시114·115	사51	계21
☐	20	신25	시116	사52	계22
☐	21	신26	시117·118	사53	마 1
☐	22	신27·28:1~19	시119:1~24	사54	마 2
☐	23	신28:20~68	시119:25~48	사55	마 3
☐	24	신29	시119:49~72	사56	마 4
☐	25	신30	시119:73~96	사57	마 5
☐	26	신31	시119:97~120	사58	마 6
☐	27	신32	시119:121~144	사59	마 7
☐	28	신33·34	시119:145~176	사60	마 8
☐	29	수 1	시120~122	사61	마 9
☐	30	수 2	시123~125	사62	마10

April
4월

본문 레위기 4장 | 시편 1-2편 | 잠언 19장 | 골로새서 2장

주제 **허물** (하나님 앞에 저지른 잘못)

모든 사람은 죄와 허물로 죽은 영혼이다. 제사장에서 평민에 이르기까지 죄와 허물로 더러워졌기에 예수 그리스도의 피로 속죄함을 받아야 한다. 그 후 다시는 허물에 넘어가지 않도록 자신을 지키는 것이 중요하다.

레위기 4장 : 제사장, 회중, 족장, 평민의 속죄 받아야 할 허물

- 이스라엘 자손에게 말하여 이르라 누구든지 여호와의 계명 중 하나라도 그릇 범하였으되...(2~7)
- 그 송아지를 속죄제의 수송아지에게 한 것 같이 할지며 제사장이 그것으로 회중을 위하여 속죄한즉 그들이 사함을 받으리라...(20~23)
- 그 모든 기름은 화목제 제물의 기름 같이 제단 위에서 불사를지니 이같이 제사장이 그 범한 죄에 대하여 그를 위하여 속죄한즉 그가 사함을 얻으리라...(26~28)
- 그 모든 기름을 화목제물의 기름을 떼어낸 것 같이 떼어내 제단 위에서 불살라 여호와께 향기롭게 할지니 제사장이 그를 위하여 속죄한즉 그가 사함을 받으리라...(31~32)

죄를 해결하기 위한 제사는 크게 속죄제와 속건제가 있습니다. 속죄제는 대체로 도덕적 계명을 어긴 죄, 속건제는 재산상의 피해를 입힌 죄를 해결하기 위한 제사입니다. 본문은 속죄제에 대한 내용으로서, 무심코 여호와의 계명을 어긴 죄에 대한 내용입니다(2절). 속죄제의 특징은 제사를 드리는 자의 신분에 따라 제물도 다르고 피 뿌리는 장소도 달라집니다. 제사장이나 백성의 지도자의 죄는 더욱 무겁게 취급되었기 때문에 수송아지나 숫염소가 쓰였습니다(3, 23절). 속죄제의 과정에서 가장 중요한 것은 피 뿌림입니다. 제물의 피를 어떻게, 어디에 바르고 뿌려야 하는지를 구체적으로 명하십니다.

시편 1-2편 : 악인, 죄인, 오만한 자의 따르지 말아야 할 허물

- 복 있는 사람은 악인들의 꾀를 따르지 아니하며 죄인들의 길에 서지 아니하며 오만한 자들의 자리에 앉지 아니하고...(1:1~3)
- 무릇 의인들의 길은 여호와께서 인정하시나 악인들의 길은 망하리로다(1:6)
- 어찌하여 이방 나라들이 분노하며 민족들이 헛된 일을 꾸미는가...(2:1~4)
- 내가 여호와의 명령을 전하노라 여호와께서 내게 이르시되 너는 내 아들이라 오늘 내가 너를 낳았도다...(2:7~9)

1편은 시편 전체의 서론과도 같습니다. 복 있는 사람은 악인과 분명히 다른 길로 갑니다. 악인은 한때 잘 나가는 것처럼 보이나 결국 그 끝은 멸망입니다. "무릇 의인들의 길은 여호와께서 인정하시나 악인들의 길은 망하리로다"(시 1:6).
세상의 왕권과 권세들은 하나님의 통치를 인정하지 않습니다.(2편) 본질적으로 그것들은 하나님을 대적합니다. 7~9절은 예수 그리스도에 대한 예언입니다. 예수 그리스도는 세상을 구원하시며(8절), 심판하시는 분(9절)입니다.

잠언 19장 : 미련, 거짓, 태만, 거만한 자의 멸망 당할 허물

- 지식 없는 소원은 선하지 못하고 발이 급한 사람은 잘못 가느니라...(2~3)
- 너그러운 사람에게는 은혜를 구하는 자가 많고 선물 주기를 좋아하는 자에게는 사람마다 친구가 되느니라...(6~7)
- 노하기를 더디 하는 것이 사람의 슬기요 허물을 용서하는 것이 자기의 영광이니라...(11~12)
- 사람의 마음에는 많은 계획이 있어도 오직 여호와의 뜻만이 완전히 서리라(21)
- 여호와를 경외하는 것은 사람으로 생명에 이르게 하는 것이라 경외하는 자는 족하게 지내고 재앙을 당하지 아니하느니라...(23~25)
- 심판은 거만한 자를 위하여 예비된 것이요 채찍은 어리석은 자의 등을 위하여 예비된 것이니라(29)

지혜로운 자와 미련한 자를 대조하는 가운데 '가난', '재물', '말', '분노' 등의 주제들을 다루고 있습니다. 특히 '가난'과 '재물'을 주제로 한 사회정의에 관한 내용이 많이 등장합니다. 17절은 가난한 자에 대하여 우리가 마땅히 가져야 할 마음과 태도를 보여줍니다.

골로새서 2장 : 교묘한 말, 헛된 속임수로 성도를 넘어지게 하는 허물

- 내가 너희와 라오디게아에 있는 자들과 무릇 내 육신의 얼굴을 보지 못한 자들을 위하여 얼마나 힘쓰는지를 너희가 알기를 원하노니...(1~4)
- 또 그 안에서 너희가 손으로 하지 아니한 할례를 받았으니 곧 육의 몸을 벗는 것이요 그리스도의 할례니라(11)
- 또 범죄와 육체의 무할례로 죽었던 너희를 하나님이 그와 함께 살리시고 우리의 모든 죄를 사하시고...(13~16)
- 머리를 붙들지 아니하는지라 온 몸이 머리로 말미암아 마디와 힘줄로 공급함을 받고 연합하여 하나님이 자라게 하시므로 자라느니라...(19~20)

바울의 목적은 골로새 성도들이 복음의 비밀이신 예수 그리스도의 풍성한 은혜에 이르는 것입니다(2, 3절). 골로새 성도들은 이미 예수 그리스도를 주로 고백합니다(6절). 그들은 그리스도 안에서 뿌리를 내리고 성장해야 합니다(7절). 복음과 유사한 가르침을 경계하고, 온전히 십자가의 은혜만을 붙들어야 합니다(8~15절). 구원은 예수 그리스도만으로 충분합니다. 그리스도와 연합한 우리는 율법의 저주에서 해방되었습니다(16~23절).

속죄제의 피 뿌림에 관한 내용은 예수님의 보혈을 생각나게 합니다. 골고다 언덕에서 뿌려진 그 피로 인하여 율법의 저주에서 나는 완전히 해방되었습니다. 그 사랑을 찬송하고 또 찬송합니다. 은혜의 증거인 십자가를 묵상하며 여호와께서 인정하시는 복 있는 사람의 길을 가게 하옵소서.

본문 레위기 5장 | 시편 3-4편 | 잠언 20장 | 골로새서 3장
주제 **성별** (聖別, 신성한 일과 삶을 위하여 따로 구별함)

하나님과 주 예수 그리스도를 믿는 성도에게도 옛 본성과 옛 생활로 돌아가려는 죄성이 있다. 그것으로부터 자기를 다스리는 성별이 없으면 원죄로 말미암는 자범죄와 고범죄를 범하게 된다.

레위기 5장 : 거짓 증인, 부정, 헛맹세, 불법으로부터 성별

- 만일 누구든지 저주하는 소리를 듣고서도 증인이 되어 그가 본 것이나 알고 있는 것을 알리지 아니하면 그는 자기의 죄를 져야 할 것이요 그 허물이 그에게로 돌아갈 것이며...(1~7)
- 만일 그의 손이 산비둘기 두 마리나 집비둘기 두 마리에도 미치지 못하면 그의 범죄로 말미암아 고운 가루 십분의 일 에바를 예물로 가져다가 속죄제물로 드리되 이는 속죄제인즉 그 위에 기름을 붓지 말며 유향을 놓지 말고(11)
- 누구든지 여호와의 성물에 대하여 부지중에 범죄하였으면 여호와께 속건제를 드리되 네가 지정한 가치를 따라 성소의 세겔로 몇 세겔 은에 상당한 흠 없는 숫양을 양 떼 중에서 끌어다가 속건제로 드려서...(15~17)

속죄제는 금지명령을 무심코 어긴 비고의적 범죄를 용서받기 위한 제사입니다. 증언을 거부한 죄, 부정한 것과 접촉 후 망각한 죄, 성급한 맹세로 인한 죄 등이 해당됩니다(1~4절). 속죄제를 위해서는 암양과 암염소가 제물로 쓰이지만 가난한 자들은 비둘기, 극빈층은 밀가루도 가능합니다. 14절부터는 속건제에 대한 내용입니다. 속건제는 재산상의 피해를 입힌 죄를 해결하기 위한 제사입니다. 속건제는 제사를 드린 후, 배상까지 해야 하는 제사입니다.

시편 3-4편 : 대적에 대한 두려움, 주를 향한 의심으로부터 성별

- 여호와여 나의 대적이 어찌 그리 많은지요 일어나 나를 치는 자가 많으니이다...(3:1~4)
- 천만인이 나를 에워싸 진 친다 하여도 나는 두려워하지 아니하리이다(3:6)
- 구원은 여호와께 있사오니 주의 복을 주의 백성에게 내리소서(3:8)
- 내 의의 하나님이여 내가 부를 때에 응답하소서 곤란 중에 나를 너그럽게 하셨사오니 내게 은혜를 베푸사 나의 기도를 들으소서(4:1)
- 여호와께서 자기를 위하여 경건한 자를 택하신 줄 너희가 알지어다 내가 그를 부를 때에 여호와께서 들으시리로다...(4:3~8)

(3편) 아들 압살롬의 반란으로 인해 왕궁을 버리고 쫓기는 가운데 불면의 밤을 보냈을 다윗의 시입니다. 탄식(1, 2절), 하나님에 대한 확신(3, 4절), 상황을 뛰어넘는 평안(5, 6절), 하나님을 향한 간구(7, 8절)로 구성되어 있습니다.
(4편) 시편 기자는 우리에게 '하나님의 부르라'고 말합니다. 본문 내용은 하나님을 향한 호소(1절), 악인을 향한 권고(2~5절), 하나님에 대한 확신(6~8절)입니다. 하나님은 고난

을 없애주신다고 약속하시는 분이 아닙니다. 도리어 고난 중에도 우리와 함께 하시며, 악에서 구원하시는 하나님이십니다

잠언 20장 : 다툼, 게으름, 거짓된 추, 보복으로부터 성별

• 포도주는 거만하게 하는 것이요 독주는 떠들게 하는 것이라 이에 미혹되는 자마다 지혜가 없느니라(1)
• 다툼을 멀리 하는 것이 사람에게 영광이거늘 미련한 자마다 다툼을 일으키느니라...(3~5)
• 한결같지 않은 저울 추와 한결같지 않은 되는 다 여호와께서 미워하시느니라...(10~11)
• 너는 잠자기를 좋아하지 말라 네가 빈궁하게 될까 두려우니라 네 눈을 뜨라 그리하면 양식이 족하리라...(13~14)
• 사람의 영혼은 여호와의 등불이라 사람의 깊은 속을 살피느니라...(27~30)

20장은 독립적인 개별 잠언으로 구성되어 있습니다. 마음을 다스리지 못하는 미련한 자의 모습(1~4절), 충성되고 온전하게 행하는 자(5~8절), 마음의 중심을 아시는 하나님(9~12절), 지혜로운 입술(15~20절), 하나님의 때를 기다려야 함(21~25절), 지혜로운 자의 통치(26~30절)에 관한 내용입니다.

골로새서 3장 : 음란, 부정, 사욕, 정욕, 탐심, 비방, 불만으로부터 성별

• 그러므로 너희가 그리스도와 함께 다시 살리심을 받았으면 위의 것을 찾으라 거기는 그리스도께서 하나님 우편에 앉아 계시느니라...(1~3)
• 이제는 너희가 이 모든 것을 벗어 버리라 곧 분함과 노여움과 악의와 비방과 너희 입의 부끄러운 말이라...(8~10)
• 그러므로 너희는 하나님이 택하사 거룩하고 사랑 받는 자처럼 긍휼과 자비와 겸손과 온유와 오래 참음을 옷 입고...(12~21)

우리는 그리스도의 생명이 있는 자이기에 위의 것을 추구하며 살아야 합니다(1~4절). 위의 것을 추구하며 사는 것은 구체적으로 잘못된 욕심, 잘못된 행동, 거짓말을 버리는 것을 의미합니다(5~11절). 거룩함을 입은 새사람은 긍휼과 자비와 겸손과 온유와 오래 참음으로 옷 입어야 하며(12절), 용납하고 용서해야 합니다(13절). 그리스도의 평강이 임한 사람입니다(15절). 무엇보다 그리스도의 말씀이 풍성히 거하는 사람입니다(16, 17절). 거룩함을 입은 새사람은 가정과 사회적 관계에서 하나님을 섬기듯 모든 관계를 맺어야 합니다. 이혼증서를 써서 주기만 하면 부인을 아무 때나 버려도 되었던 당시에 바울은 이렇게 권면합니다. "아내를 사랑하며 괴롭게 하지 말라"(19절). 세상의 상식과 기준이 아니라 모든 관계에 하나님의 나라가 임해야 합니다.

하나님! 오늘 말씀을 통해 회개의 진정한 의미를 다시 깨닫게 하시니 감사드립니다. 부지중에라도 죄를 범했다면 주 앞에 정직하게 고백하고, 남에게 손해를 끼친 것이 있다면 반드시 갚기를 결단합니다. 고난 중에 함께 하시고 이길 힘을 주시는 주님을 찬양합니다. 예수 그리스도가 내 인생의 주인 됨을 나타내는 삶을 살게 하옵소서.

본문 레위기 6장 | 시편 5-6편 | 잠언 21장 | 골로새서 4장

주제 관여 (關與, 어떤 일에 관계하여 참여함)

하나님은 천지만물을 창조하시고 지금도 다스리고 계신다. 여호와 하나님은 하나님의 일을 하는 제사장의 삶으로부터 왕 그리고 죄악 가운데 살아가는 한 죄인의 언행에 이르기까지 다 관여하신다.

레위기 6장 : 여호와는 제사장의 사역과 생계에 관여함

- 누구든지 여호와께 신실하지 못하여 범죄하되 곧 이웃이 맡긴 물건이나 전당물을 속이거나 도둑질하거나 착취하고도 사실을 부인하거나...(2~5)
- 아론과 그의 자손에게 명령하여 이르라 번제의 규례는 이러하니라 번제물은 아침까지 제단 위에 있는 석쇠 위에 두고 제단의 불이 그 위에서 꺼지지 않게 할 것이요(9)
- 제단 위의 불은 항상 피워 꺼지지 않게 할지니 제사장은 아침마다 나무를 그 위에서 태우고 번제물을 그 위에 벌여 놓고 화목제의 기름을 그 위에서 불사르지며...(12~16)
- 아론과 그의 자손이 기름 부음을 받는 날에 여호와께 드릴 예물은 이러하니라 고운 가루 십분의 일 에바를 항상 드리는 소제물로 삼아 그 절반은 아침에, 절반은 저녁에 드리되...(20~21)

1~7절은 사람의 재산에 피해를 입힌 범죄에 대한 속건제 규정입니다. 속죄에 대한 제사와 더불어 피해액의 20%를 더해서 갚아야 합니다. 이어서 제사장들이 제사에 대하여 알아야 할 규례에 대해 번제(8~13절), 소제(14~23절), 속죄제(24~30절) 순으로 설명하고 있습니다. 번제에서는 '제단의 불을 꺼지지 않게' 하는 것이 제일 중요하며(9, 12, 13절), 소제는 매일 아침저녁으로 드려야 합니다(20절). 또한 속죄제 제물은 지극히 거룩하여 함부로 다루면 안 됩니다(25~30절).

시편 5-6편 : 여호와는 자기 백성의 부르짖음에 관여함

- 여호와여 나의 말에 귀를 기울이사 나의 심정을 헤아려 주소서...(5:1~3)
- 오만한 자들이 주의 목전에 서지 못하리이다 주는 모든 행악자를 미워하시며...(5:5~7)
- 그들의 입에 신실함이 없고 그들의 심중이 심히 악하며 그들의 목구멍은 열린 무덤 같고 그들의 혀로는 아첨하나이다(5:9)
- 여호와여 내가 수척하였사오니 내게 은혜를 베푸소서 여호와여 나의 뼈가 떨리오니 나를 고치소서...(6:2~7)
- 여호와께서 내 간구를 들으셨음이여 여호와께서 내 기도를 받으시리로다(6:9)

(5편) 다윗의 주변에는 그를 해하려는 자들이 많았습니다. 그러나 다윗은 고난 속에서도 굳건하게 하나님을 의지합니다. 그는 기도하였고(1~3절), 하나님이 기뻐하시지 않는 것은 하지 않았으며(4~6절), 하나님께 예배하는 자였습니다(7, 8절). 또한 그는 악을 분별하여 하나님의 심판에 맡겼으며(9, 10절), 그는 주께 피하는 자였습니다.

(6편) 다윗의 기도를 통해 우리는 다음과 같은 것을 배우게 됩니다. 첫째 죄의 문제를 해결하라(1~3절), 둘째 삶의 문제를 정직하게 아뢰라(4~7절), 셋째 하나님을 신뢰하라(8~10절).

잠언 21장 : 여호와는 인간의 선악의 삶에 친히 관여함

- 사람의 행위가 자기 보기에는 모두 정직하여도 여호와는 마음을 감찰하시느니라...(2~6)
- 죄를 크게 범한 자의 길은 심히 구부러지고 깨끗한 자의 길은 곧으니라...(8~9)
- 귀를 막고 가난한 자가 부르짖는 소리를 듣지 아니하면 자기가 부르짖을 때에도 들을 자가 없으리라(13)
- 명철의 길을 떠난 사람은 사망의 회중에 거하리라...(16~17)
- 공의와 인자를 따라 구하는 자는 생명과 공의와 영광을 얻느니라(21)
- 입과 혀를 지키는 자는 자기의 영혼을 환난에서 보전하느니라...(23~24)

여호와의 주권과 왕의 통치에 대한 잠언, 의인과 악인의 삶을 대조하는 개별 잠언으로 이루어져 있습니다. 하나님은 모든 것을 감찰하고 계셔서(1~4절) 정직하고 부지런하게 살아야 하며(5~8절), 어리석고 악한 자의 길로 가지 말아야 합니다(9~14절). 악인은 패망하며(15~18절) 지혜로운 자는 형통하게 될 것입니다(19~23절). 결국 악한 자는 망하게 됨을 다시 한번 강조합니다(24~31절). "의인들의 길은 여호와께서 인정하시나 악인들의 길은 망하리로다"(시1:6)

골로새서 4장 : 하나님은 사역자의 전도와 기도와 삶에 관여함

- 상전들아 의와 공평을 종들에게 베풀지니 너희에게도 하늘에 상전이 계심을 알지어다...(1~3)
- 외인에게 대해서는 지혜로 행하여 세월을 아끼라...(5~11)
- 사랑을 받는 의사 누가와 또 데마가 너희에게 문안하느니라(14)
- 이 편지를 너희에게서 읽은 후에 라오디게아인의 교회에서도 읽게 하고 또 라오디게아로부터 오는 편지를 너희도 읽으라(16)
- 나 바울은 친필로 문안하노니 내가 매인 것을 생각하라 은혜가 너희에게 있을지어다(18)

골로새 교회에 보낸 편지의 마지막 부분입니다. 기도에 항상 깨어 있으라고 권면하면서 '그리스도의 비밀'을 담대히 전할 수 있도록 중보기도를 요청합니다(2, 3절). 바울은 자신을 도왔던 신실한 동역자들의 이름을 거론하면서 편지를 마무리합니다.

하나님! 제가 입술로만 '주여 주여' 하는 자가 되지 않고, 신앙고백에 맞는 행함이 있는 신자가 되기를 소망합니다. 타인에게 손해를 입혔을 때 먼저 하나님 앞에 회개하고, 피해 입힌 만큼 최선을 다해 갚아주는 참된 그리스도인이 되게 하옵소서. 악한 길에서 벗어나 여호와께서 인정하시는 의로운 자의 길을 가게 하시며, 고난 가운데서도 하나님을 온전히 신뢰하게 하옵소서.

본문 레위기 7장 | 시편 7-8편 | 잠언 22장 | 데살로니가전서 1장
주제 **성숙** (成熟, 단계를 거쳐서 일반적으로 기대되는 정도에 오름)

하나님의 형상을 따라 지음 받은 사람은 관계를 소중히 여기는 존재로 창조된 것이다. 따라서 하나님과의 관계와 사람과의 관계를 바로 세워가야 한다. 바른 관계는 오직 성숙으로만 가능하다.

레위기 7장 : 하나님 앞에 화목 제사를 드리는 신앙의 성숙

- 속건제의 규례는 이러하니라 이는 지극히 거룩하니...(1~5)
- 만일 그 화목제물의 고기를 셋째 날에 조금이라도 먹으면 그 제사는 기쁘게 받아들여지지 않을 것이라 드린 자에게도 예물답게 되지 못하고 도리어 가증한 것이 될 것이며 그것을 먹는 자는 그 죄를 짊어지리라(18)
- 여호와의 화제물은 그 사람이 자기 손으로 가져올지니 곧 그 제물의 기름과 가슴을 가져올 것이요 제사장은 그 가슴을 여호와 앞에 흔들어 요제를 삼고...(30~32)
- 이는 번제와 소제와 속죄제와 속건제와 위임식과 화목제의 규례라...(37~38)

전 장에 이어 제사장들이 제사에 대해 알아야 할 규례입니다. 속건제(추가규정, 1~10절)와 화목제(화목제의 뒤처리에 관한 규정, 11~27절 / 화목제물의 분배방법 및 제사장의 소득, 28~38절)에 관한 구체적인 규정이 등장합니다. 화목제는 이웃과 함께 하는 거룩한 잔치이기도 합니다. 하나님의 것으로 규정된 것은 반드시 제단에 태워 드리고(25절), 허락된 범위 내에서 이웃과 나누게 됩니다.

시편 7-8편 : 하나님 앞에 찬양을 올리는 영혼의 성숙

- 여호와 내 하나님이여 내가 주께 피하오니 나를 쫓아오는 모든 자들에게서 나를 구원하여 내소서...(7:1~6)
- 여호와께서 만민에게 심판을 행하시오니 여호와여 나의 의와 나의 성실함을 따라 나를 심판하소서(7:8)
- 나의 방패는 마음이 정직한 자를 구원하시는 하나님께 있도다...(7:10~12)
- 내가 여호와께 그의 의를 따라 감사함이여 지존하신 여호와의 이름을 찬양하리로다(7:17)
- 여호와 우리 주여 주의 이름이 온 땅에 어찌 그리 아름다운지요 주의 영광이 하늘을 덮었나이다...(8:1~6)

(7편) 다윗이 대적에게 쫓길 때 드린 탄원(기도)입니다. 주여! 나를 구하소서(1~2절) 나는 무고하오니(3~5절) 내게 힘을 주소서(6~9절). 나를 보호하시고(10~13절) 나를 지켜 주옵소서(14~17절). 하나님은 다윗의 정직과 성실을 판단할 증인(심판자)이시며(8절), 대적의 공격으로부터 그를 막아 줄 방패가 되십니다(10절).
(8편) 8편은 하나님을 찬양하도록 우리를 초청합니다. 하나님은 무한한 영광과 능력의

주권자이십니다(1, 2절). 그에 비해 인간은 지극히 작고 보잘것없는 존재입니다(3, 4절). 그러나 우리로 하여금 피조물을 다스리게 하심으로써 당신의 통치와 영광을 드러내십니다(5~8절). 주의 통치에 동참하게 하신 은혜가 얼마나 놀라운가? 주의 이름은 온 땅에 높고 위대하며 아름답습니다(9절).

잠언 22장 : 하나님 앞에 겸손과 구제를 인정받는 삶의 성숙

- 가난한 자와 부한 자가 함께 살거니와 그 모두를 지으신 이는 여호와시니라(2)
- 겸손과 여호와를 경외함의 보상은 재물과 영광과 생명이니라...(4~6)
- 아이의 마음에는 미련한 것이 얽혔으나 징계하는 채찍이 이를 멀리 쫓아내리라(15)
- 내가 네게 여호와를 의뢰하게 하려 하여 이것을 오늘 특별히 네게 알게 하였노니...(19~21)
- 대저 여호와께서 신원하여 주시고 또 그를 노략하는 자의 생명을 빼앗으시리라...(23~24)
- 네 신조가 세운 옛 지계석을 옮기지 말지니라...(28~29)

하나님을 경외하며, 하나님의 지혜를 구하는 자의 구체적인 삶에 대한 내용입니다. 본문은 부와 가난의 문제와 여호와의 주권의 관계(1~9절), 도덕적 삶에 대한 교훈(마음, 입술, 게으름, 성, 윤리 등, 10~16절), 지혜에 대한 강조(17~21절), 구체적인 삶의 지혜(22~29절)에 관해 가르치고 있습니다.

데살로니가전서 1장 : 환난 중에 말씀을 받아 믿는 자들에게 본을 보이는 성숙

- 바울과 실루아노와 디모데는 하나님 아버지와 주 예수 그리스도 안에 있는 데살로니가인의 교회에 편지하노니 은혜와 평강이 너희에게 있을지어다...(1~3)
- 이는 우리 복음이 너희에게 말로만 이른 것이 아니라 또한 능력과 성령과 큰 확신으로 된 것임이라 우리가 너희 가운데서 너희를 위하여 어떤 사람이 된 것은 너희가 아는 바와...(5~7)
- 그들이 우리에 대하여 스스로 말하기를 우리가 어떻게 너희 가운데에 들어갔는지와 너희가 어떻게 우상을 버리고 하나님께로 돌아와서 살아 계시고 참되신 하나님을...(9~10)

사도 바울이 고린도에서 데살로니가로 보낸 편지입니다. 데살로니가는 알렉산더 대왕의 고향인 마케도니아의 수도입니다. 바울은 1장에서 데살로니가 성도들의 신앙생활로 인해 감사하고 있습니다. 그들은 정치적, 종교적 핍박에도 불구하고 믿음의 역사와 사랑의 수고와 소망의 인내를 잃지 않았습니다. 보수적인 유대인들과 이방인들의 박해에도 불구하고, 성령님이 주시는 기쁨으로 말씀을 받았습니다. 그들은 우상을 버리고 하나님께로 돌아왔습니다. 참된 믿음의 증거를 나타내었습니다.

그리스도께서 화목제물 되셔서 나와 하나님을 화목하게 하셨으니, 이웃과 더불어 화평을 추구하게 하옵소서. 하나님을 경외하는 것이 삶의 현장에서 구체적으로 나타나게 하시고, 나를 위하여 행하신 하나님의 크고 놀라운 역사를 전하게 하옵소서. 매일 주의 말씀이 주는 기쁨으로 충만케 되기를 소망합니다.

본문 레위기 8장 | 시편 9편 | 잠언 23장 | 데살로니가전서 2장
주제 **반포** (頒布, 어떤 일이나 내용을 널리 퍼뜨려 드러냄)

하나님은 사람을 통해서 일하신다. 그래서 사람을 선택하시고 복음과 직분을 위임하신다. 이들을 통해 금해야 할 것과 추구해야 할 것을 가르치신 후 그 결과를 심판하신다. 이 모든 과정을 주의 일꾼을 통해 반포하신다.

레위기 8장 : 아론과 그의 아들들에게 제사장권이 위임됨을 반포

- 또 관유를 아론의 머리에 붓고 그에게 발라 거룩하게 하고(12)
- 모세가 또 속죄제의 수송아지를 끌어오니 아론과 그의 아들들이 그 속죄제의 수송아지 머리에 안수하매(14)
- 아론의 아들들을 데려다가 모세가 그 오른쪽 귓부리와 그들의 손의 오른쪽 엄지 손가락과 그들의 발의 오른쪽 엄지 발가락에 그 피를 바르고...(24~28)
- 오늘 행한 것은 여호와께서 너희를 위하여 속죄하게 하시려고 명령하신 것이니...(34~35)

본문은 제사장 위임식의 준비과정을 보여줍니다. 우리는 보혈의 은혜로 하나님 앞에 담대히 나아가기에 하나님 앞에 서는 것을 그렇게 어렵게 생각하지 않고 있습니다. 하지만 본래 하나님 앞에 서는 것은 생명을 담보할 정도로 엄중한 일입니다. 그래서 제사장에게는 엄격한 기준이 요구되었습니다. 본문의 제사장 위임 과정이 꽤 복잡하게 소개되어 있는데, 사실상 제사장들은 이런 과정을 매일 치러야 했습니다. 위임식을 위해 제일 먼저 물로 씻고(6절), 대제사장의 의복을 입습니다. 머리에 쓴 관에는 금패를 붙였는데, '여호와께 성결'이라는 글이 새겨져 있습니다(9절, 출 39:30). 이어서 성막과 모든 기구에 관유를 바르고, 아론의 머리에도 붓습니다. 이로써 대제사장은 '기름부음 받은 자'가 되는 것입니다. 하나님께 드려져서 거룩하게 되었다는 뜻입니다(10~13절). 그리고 제사장 위임을 위한 제사(속죄제, 번제, 위임식의 화목제)를 드립니다(14~36절).

시편 9편 : 온 백성에게 하나님의 의와 심판과 행사를 반포

- 내가 전심으로 여호와께 감사하오며 주의 모든 기이한 일들을 전하리이다...(1~2)
- 주께서 나의 의와 송사를 변호하셨으며 보좌에 앉으사 의롭게 심판하셨나이다(4)
- 여호와께서 영원히 앉으심이여 심판을 위하여 보좌를 준비하셨도다...(7~11)
- 여호와여 그들을 두렵게 하시며 이방 나라들이 자기는 인생일 뿐인 줄 알게 하소서(20)

악인에게서 고통받는 가운데 다윗은 승리를 노래합니다. 그의 기도는 다음과 같습니다. 그는 주를 향한 감사와 찬송을 결단합니다(1, 2절). 하나님은 대적을 망하게 하시는 분이시며(3~6절), 공의로우신 재판장이십니다(7~12절). 하나님은 다윗의 부르짖음을 들으시고 사망의 문에서 일으키시는 분입니다(13~16절). 악인을 심판하시며, 의인(궁핍한 자)을 건지시는 분입니다(17, 18절). 그러므로 누구든지 자기가 연약한 인생임을 알아야 합니다(19, 20절).

잠언 23장 : 다음 세대에게 음식과 술을 탐하는 자의 결말을 반포

- 네가 관원과 함께 앉아 음식을 먹게 되거든 삼가 네 앞에 있는 자가 누구인지를 생각하며(1)
- 그의 맛있는 음식을 탐하지 말라 그것은 속이는 음식이니라...(3~7)
- 네 마음으로 죄인의 형통을 부러워하지 말고 항상 여호와를 경외하라...(17~18)
- 술을 즐겨 하는 자들과 고기를 탐하는 자들과도 더불어 사귀지 말라...(20~22)
- 네 부모를 즐겁게 하며 너를 낳은 어미를 기쁘게 하라(25)
- 재앙이 뉘게 있느뇨 근심이 뉘게 있느뇨 분쟁이 뉘게 있느뇨 원망이 뉘게 있느뇨...(29~35)

본문은 탐욕에 관한 가르침(1~3절 : 음식 / 4~5절 : 재물 / 6~8절 : 음식 & 마음), 훈계의 대상에 대한 가르침(9절), 사회적 약자에 대한 잠언(10, 11절), 자녀 훈계에 관한 잠언(12~16절), 죄인의 형통에 대한 잠언(17, 18절), 술에 관한 잠언(19~21절), 부모 경외와 지혜(22~25절), 음녀의 유혹에 관한 잠언(26~28절), 술과 죄악에 관한 잠언(29~35절) 등 여러 개별 잠언들의 모음입니다.

데살로니가전서 2장 : 데살로니가 교회에게 참된 복음만 전했음을 글로 반포

- 너희가 아는 바와 같이 우리가 먼저 빌립보에서 고난과 능욕을 당하였으나 우리 하나님을 힘입어 많은 싸움 중에 하나님의 복음을 너희에게 전하였노라...(2~9)
- 이러므로 우리가 하나님께 끊임없이 감사함은 너희가 우리에게 들은 바 하나님의 말씀을 받을 때에 사람의 말로 받지 아니하고 하나님의 말씀으로 받음이니 진실로 그러하도다 이 말씀이 또한 너희 믿는 자 가운데에서 역사하느니라...(13~14)
- 우리의 소망이나 기쁨이나 자랑의 면류관이 무엇이냐 그가 강림하실 때 우리 주 예수 앞에 너희가 아니냐...(19~20)

바울은 빌립보에서 당한 고난과 능욕을 기억하면서 복음 전파를 감당하게 하신 하나님의 도우심을 기록하고 있습니다. 바울은 빌립보에서 당한 고난(빌립보 감옥에 갇혀 매 맞고 고통을 겪은 일, 행 16장 내용)처럼 데살로니가에서도 박해를 받으며 복음을 전했다는 사실을 상기하고 있습니다. 그의 사역은 사람이 아니라 오직 하나님의 기쁨을 위한 것입니다(4절). 그는 자기 목숨까지 내어줄 만큼 데살로니가 성도를 사랑한다고 말합니다(8절). 데살로니가 성도들은 바울의 영광이요, 기쁨입니다(17~20절). 이러한 바울의 헌신적인 사역으로 인해 데살로니가 성도들은 동족의 핍박을 받으면서도 믿음을 지켰습니다.

제사장 위임과정의 복잡함을 보면서 영원한 대제사장 되시는 예수님이 어렵고 고된 과정을 통과하여 나의 구원을 이루셨음을 보게 됩니다. 예수님을 통해 하나님 보좌 앞에 나아갈 수 있게 된 은혜가 얼마나 큰지요. 그러나 나는 은혜를 망각하고 욕심으로 삶을 망치기 쉬운 존재입니다. 성령 안에서 행하고, 악은 멀리하게 하옵소서. 연약한 인생이기에 늘 하나님을 의뢰하게 하시고, 하나님의 기쁨이 되게 하옵소서.

본문 레위기 9장 | 시편 10편 | 잠언 24장 | 데살로니가전서 3장
주제 **무장** (武裝, 어떤 일을 하거나 그에 대응할 마음의 자세나 기술 따위를 갖춤)

공중권세 잡은 자인 마귀가 다스리는 세상은 악하므로 항상 죄악에 노출되어 있다. 그러므로 주의 자녀는 주를 향한 예배와 주의 역사하심에 대한 절대적 믿음과 주의 뜻에 따른 덕으로 무장되어 있어야 한다.

레위기 9장 : 제사를 통해 속죄함을 받고 거룩으로 무장

- 아론에게 이르되 속죄제를 위하여 흠 없는 송아지를 가져오고 번제를 위하여 흠 없는 숫양을 여호와 앞에 가져다 드리고...(2~7)
- 아론이 백성을 향하여 손을 들어 축복함으로 속죄제와 번제와 화목제를 마치고 내려오니라...(22~24)

제사장 위임식이 끝나고 이제 아론은 제사장으로서 하나님 앞에 첫 제사를 드리게 되었습니다. 한때 그는 금송아지 형상을 만들어 백성들로 하여금 범죄하게 한 우상 숭배자, 우상 제작자였습니다. 그러나 이제는 백성을 대표하여 하나님 앞에 서는 제사장이 되었습니다. 한때 복음을 거부하고 우상을 섬겼던 우리들을 '왕 같은 제사장'으로 삼으신 하나님의 은혜를 생각나게 합니다. 제사는 먼저 제사장 자신을 위한 속죄와 번제를 드리고(8~14절), 백성을 위한 제사를 드리는데(15~21절), 중요한 것은 여호와께서 정하신 규례대로 드리는 것입니다(16, 21절).

시편 10편 : 불신자의 박해 속에서 주의 역사를 믿고 기도로 무장

- 악인은 그의 마음의 욕심을 자랑하며 탐욕을 부리는 자는 여호와를 배반하여 멸시하나이다...(3~4)
- 그의 마음에 이르기를 나는 흔들리지 아니하며 대대로 환난을 당하지 아니하리라...(6~8)
- 그가 그의 마음에 이르기를 하나님이 잊으셨고 그의 얼굴을 가리셨으니 영원히 보지 아니하시리라 하나이다(11)
- 주께서는 보셨나이다 주는 재앙과 원한을 감찰하시고 주의 손으로 갚으려 하시오니 외로운 자가 주를 의지하나이다 주는 벌써부터 고아를 도우시는 이시니이다(14)
- 여호와여 주는 겸손한 자의 소원을 들으셨사오니 그들의 마음을 준비하시며 귀를 기울여 들으시고...(17~18)

하나님의 공의에 대한 회의를 느끼게 하는 사건과 사고를 종종 만나게 됩니다. 우리는 그때마다 하나님의 부재, 혹은 우리 삶의 현장에 개입하지 않는 관망하시는 하나님을 느끼게 됩니다. 시편 기자는 숨어 계시는 듯한 하나님에 대하여 탄식합니다(1절). 그는 악인으로 인해 계속 고통을 받고 있습니다(2~11절). 하나님의 선한 손길과 도우심을 바라는 기도 가운데 그의 마음은 점차 하나님을 향한 신뢰와 확신으로 바뀌게 됩니다(12~15절). 하나님만이 영원한 왕이시기에, 세상에 속한 자의 권세는 오래가지 못할 것입니다(16~18절).

잠언 24장 : 악인과 사악한 자 속에서 주의 뜻을 알고 의로 무장

- 너는 악인의 형통함을 부러워하지 말며 그와 함께 있으려고 하지도 말지어다(1)
- 집은 지혜로 말미암아 건축되고 명철로 말미암아 견고하게 되며...(3~4)
- 너는 전략으로 싸우라 승리는 지략이 많음에 있느니라(6)
- 미련한 자의 생각은 죄요 거만한 자는 사람에게 미움을 받느니라...(9~10)
- 네가 말하기를 나는 그것을 알지 못하였노라 할지라도 마음을 저울질 하시는 이가 어찌 통찰하지 못하시겠으며 네 영혼을 지키시는 이가 어찌 알지 못하시겠느냐...(12~14)
- 대저 의인은 일곱 번 넘어질지라도 다시 일어나려니와 악인은 재앙으로 말미암아...(16~19)
- 오직 그를 견책하는 자는 기쁨을 얻을 것이요 또 좋은 복을 받으리라...(25~27)

지혜와 관련된 몇 가지 중요한 주제들이 등장합니다. 악인과 동행하지 말라(1, 2절), '지혜'에 관한 잠언(3~7절), 미련한 자와 거만한 자(8, 9절), 이웃을 구하라(10~12절), '지혜'에 관한 잠언(13, 14절), 의인과 악인(15, 16절), 악인의 형통을 부러워하지 말고 여호와를 경외하라(17~22절), 공정한 재판(23~25절), 말과 일의 순서(26, 27절), 거짓 증인(28, 29절), 게으른 자의 운명(20~34절).

데살로니가전서 3장 : 궁핍과 환난 속에서 믿음과 사랑으로 무장

- 우리 형제 곧 그리스도의 복음을 전하는 하나님의 일꾼인 디모데를 보내노니 이는 너희를 굳건하게 하고 너희 믿음에 대하여 위로함으로...(2~8)
- 또 주께서 우리가 너희를 사랑함과 같이 너희도 피차간과 모든 사람에 대한 사랑이 더욱 많아 넘치게 하사...(12~13)

데살로니가 교회를 다시 방문하고자 하는 소망을 품은 바울은 우선 디모데를 먼저 보냅니다. 디모데를 보낸 이유는 환난당하는 그들을 위로하기 위함입니다(3절). 그러나 걱정과 달리 디모데는 데살로니가 성도들이 어려움과 환난을 잘 극복하고, 성도 간에 깊이 사랑하고 있을 뿐 아니라 바울을 만나고 싶어 한다는 소식을 전하여 줌으로 바울은 크게 기뻐합니다(6, 7절). 데살로니가 성도들이 '주 안에서 굳게 서 있다'는 소식에 바울은 '이제는 살리라'(8절)라고 말합니다. 비로소 안도하는 것입니다. 바울은 데살로니가 성도들을 위해 기도합니다(11~13절).

내 죄를 용서하시고 '거룩한 나라요 왕 같은 제사장'으로 삼으신 하나님의 크신 은혜와 긍휼을 오늘도 찬양합니다. 하나님을 경외하는 참된 지혜가 있기에 악인의 형통에도 시험에 들지 않고, 고난 중에도 하나님을 여전히 신뢰합니다. 흔들리기 쉬운 교회 공동체의 연약한 지체들이 주 안에서 더욱 굳건하게 세워지게 하옵소서.

본문 레위기 10장 | 시편 11-12편 | 잠언 25장 | 데살로니가전서 4장
주제 **원칙** (原則, 많은 경우에 두루 적용되는 기본적인 규칙이나 법칙)

하나님의 말씀은 명령이요 사람에게는 삶의 원칙이다. 제사를 집례하는 제사장의 수행원칙, 성도의 필수원칙, 남녀노소 고하를 막론하고 인간관계 속에서 지켜야 할 하나님의 명령인 기본원칙이 있는 것이다.

레위기 10장 : 제사장이 제사를 집례할 때에 지켜야 할 원칙

- 아론의 아들 나답과 아비후가 각기 향로를 가져다가 여호와께서 명령하시지 아니하신 다른 불을 담아 여호와 앞에 분향하였더니...(1~2)
- 모세가 아론과 그의 아들 엘르아살과 이다말에게 이르되…여호와께서 치신 불로 말미암아 슬퍼할 것이니라...(6~7)
- 너와 네 자손들이 회막에 들어갈 때에는 포도주나 독주를 마시지 말라 그리하여 너희 죽음을 면하라 이는 너희 대대로 지킬 영영한 규례라...(9~11)

9장과 10장은 같은 날에 일어났습니다. 성막 뜰에서의 제사를 마치고, 본당 제사인 분향을 하는 과정에서 제단에서 취하지 않은 '다른 불'로 분향을 하다가 하나님의 불에 나답과 아비후가 죽임을 당한 사고가 일어납니다. 하지만 아론과 남은 두 아들은 옷을 찢고 머리를 풀어 헤치며 애곡할 수 없습니다(6절). 사망사고가 성막이라는 거룩한 공간에서 일어났고, 그것도 그들의 범죄로 인한 하나님의 징벌로 일어났으며, 위임식 후 첫 번째 제사가 아직 끝나지 않은 상황이기 때문입니다. "관유가 너희에게 있은즉"(7절) 즉, 그들은 기름부음 받은 자로서 성막제사를 중단할 수 없으며, 장례 참석도 금지됩니다. 우리는 거룩함으로부터 멀어지게 하는 것들을 항상 조심해야 합니다. 제사가 끝나고 제물의 남은 부분을 처리하는 절차가 남았습니다. 모세는 규례대로 속죄제의 고기는 마당에서 피를 처리한 백성의 속죄제이므로 거룩한 곳(성막뜰)에서 제사장들이 먹어야 한다고 말합니다(17, 18절). 그러나 아론은 두 아들이 죽은 상황에서 그것을 먹을 수 없어 태웠다고 말합니다. 모세는 그의 슬픔과 상처를 이해하며 문제 삼지 않습니다(19, 20절).

시편 11-12편 : 여호와 하나님이 악인과 의인을 다스리는 원칙

- 여호와께서는 그의 성전에 계시고 여호와의 보좌는 하늘에 있음이여 그의 눈이 인생을 통촉하시고 그의 안목이 그들을 감찰하시도다...(11:4~7)
- 여호와께서 모든 아첨하는 입술과 자랑하는 혀를 끊으시리니...(12:3~6)

(11편) 신앙인이 위기에 처했을 때 하나님께 피하게 됩니다(1절). 그런데 악인들은 그게 무슨 소용이 있냐고 비아냥거립니다. 이것은 악한 자가 우리를 흔드는 흔한 방법입니다. 하나님을 의뢰하고 하나님께 피하려는 자는 반드시 하나님이 자신을 주목하고 계시다는 사실을 기억해야 합니다(4, 5절). 주께 피하는 자는 주의 얼굴을 보게 되지만(하나님과 깊은 교제의 축복을 누림), 악인은 심판으로 멸망하게 될 것입니다(6, 7절).

(12편) 악인의 거짓된 말로 고통받고 있는 시인이 등장합니다. 자신을 향해 쏟아지는 악한 말에 대해 어떻게 대처해야 할까요? 먼저 그러한 상황에서 건져달라고 구원을 바라는 기도를 드립니다(1~4절). 그리고 순전한 하나님의 말씀을 신뢰합니다. 하나님의 말씀에는 의인에 대한 보호, 역사의 주관자 되시는 하나님, 악인에 대한 심판의 메시지가 담겨 있습니다(5~7절). 세상이 거짓될수록(여전히 악인이 날뛰는 세상, 8절) 참 진리인 하나님의 말씀을 더욱 의지해야 합니다.

잠언 25장 : 왕과 백성이 인간관계 속에서 지켜야 할 원칙

- 이것도 솔로몬의 잠언이요 유다 왕 히스기야의 신하들이 편집한 것이니라...(1~6)
- 너는 이웃과 다투거든 변론만 하고 남의 은밀한 일은 누설하지 말라...(9~11)
- 충성된 사자는 그를 보낸 이에게 마치 추수하는 날에 얼음 냉수 같아서 능히 그 주인의 마음을 시원하게 하느니라(13)
- 오래 참으면 관원도 설득할 수 있나니 부드러운 혀는 뼈를 꺾느니라(15)
- 너는 이웃집에 자주 다니지 말라 그가 너를 싫어하며 미워할까 두려우니라...(17~18)
- 마음이 상한 자에게 노래하는 것은 추운 날에 옷을 벗음 같고 소다 위에 식초를...(20~22)

25장 전반부는 왕에 관한 잠언(2~7절)과 분쟁을 해결하는 지혜(8~13절)에 관한 잠언입니다. 잠언에서 왕은 창조주의 창조 질서인 지혜를 실현하는 긍정적인 존재로 그려지고 있습니다. 이어서 분쟁 시 지켜야 할 법도와 말에 관한 교훈이 등장합니다. 14절부터는 삶 속에서 실제로 접하게 되는 구체적인 내용을 다루고 있습니다.

데살로니가전서 4장 : 데살로니가 교회의 참된 성도가 지켜야 할 원칙

- 그러므로 형제들아 우리가 끝으로 주 예수 안에서 너희에게 구하고 권면하노니 너희가 마땅히 어떻게 행하며 하나님을 기쁘시게 할 수 있는지를 우리에게 배웠으니 곧 너희가 행하는 바라 더욱 많이 힘쓰라(1)
- 하나님의 뜻은 이것이니 너희의 거룩함이라 곧 음란을 버리고...(3~5)
- 하나님이 우리를 부르심은 부정하게 하심이 아니요 거룩하게 하심이니...(7~11)
- 우리가 예수께서 죽으셨다가 다시 살아나심을 믿을진대 이와 같이 2)예수 안에서 자는 자들도 하나님이 그와 함께 데리고 오시리라...(14~17)

바울은 데살로니가 성도들에게 신앙을 바탕으로 한 윤리적 조언을 합니다(1~12절). 13절부터는 성도가 반드시 알아야 할 주의 재림에 관한 내용입니다. 주께서 다시 오실 때, 먼저 죽은 자들이 일어나게 되고, 살아 있는 자도 그들과 함께 주를 영접하게 됩니다. 현재를 살아가는 성도는 주의 재림을 기다리며 깨어 있는 삶을 살아야 합니다

하나님! 하나님의 거룩하심을 경홀히 여기거나 간과하지 않게 하옵소서. 나는 예수 그리스도로 말미암아 거룩한 의의 옷을 입고 살아가고 있습니다. 하나님을 경외하는 지혜로 화평함을 추구하게 하시고, 위기에 처할 때는 주께 피하는 자가 되게 하옵소서. 다시 오실 주님을 소망하며 늘 깨어 있는 삶을 살아가게 하옵소서.

본문 레위기 11-12장 | 시편 13-14편 | 잠언 26장 | 데살로니가전서 5장
주제 **경계** (境界, 사물이 어떠한 기준에 의하여 나누어지는 한계)

우리가 사는 세상은 성(聖)과 속(俗), 의와 죄, 선과 악이 존재한다. 믿는 성도인 그리스도인에게는 그 모든 것에 경계가 있다. 이를 분명히 할 때 구원받은 자기의 영혼을 지킬 수 있다.

레위기 11-12장 : 정결한 것과 부정한 것의 경계

- 모든 짐승 중 굽이 갈라져 쪽발이 되고 새김질하는 것은 너희가 먹되...(11:3~10)
- 새 중에 너희가 가증히 여길 것은 이것이라 이것들이 가증한즉 먹지 말지니 곧 독수리와 솔개와 물수리와...(11:13~22)
- 땅에 기는 길짐승 중에 네게 부정한 것은 이러하니 곧 두더지와 쥐와 큰 도마뱀 종류와...(11:29~30)
- 나는 여호와 너희의 하나님이라 내가 거룩하니 너희도 몸을 구별하여 거룩하게 하고 땅에 기는 길짐승으로 말미암아 스스로 더럽히지 말라...(11:44~45)
- 이스라엘 자손에게 말하여 이르라 여인이 임신하여 남자를 낳으면 그는 이레 동안 부정하리니 곧 월경할 때와 같이 부정할 것이며...(12:2~6)
- 그 여인이 어린 양을 바치기에 힘이 미치지 못하면 산비둘기 두 마리나 집비둘기 새끼 두 마리를 가져다가 하나는 번제물로, 하나는 속죄제물로 삼을 것이요 제사장은 그를 위하여 속죄할지니 그가 정결하리라(12:8)

(11장) 11~15장은 '정결 규례'입니다. 정결함, 거룩함은 성막뿐 아니라 일상생활에서도 지켜져야 합니다. 지금까지도 정확한 기준을 알기 어렵지만 정한 짐승과 부정한 짐승을 구별합니다. 11장의 결론은 "나는 너희의 하나님 여호와라 내가 거룩하니 너희도 거룩하라"(45절)입니다. 거룩은 아주 작은 습관, 평범한 삶 가운데 구별된 삶에서 시작됩니다.
(12장) 두 번째 정결 규례는 출산과 관련된 것입니다. 출산 때 출혈이 있게 되는데, 피는 곧 생명이기에 피의 유출은 생명의 소실로 여겼습니다. 이로 인해 부정한 상태로 본 것입니다. 산모가 직접 죄를 지은 것은 아니나 일정 기간(33일, 여아는 두 배, 정확한 이유는 알 수 없음) 격리 이후 정결을 위한 제사를 드리도록 했습니다. 한 달 혹은 두 달의 격리기간은 산모의 회복을 위한 시간이기도 합니다.

시편 13-14편 : 믿는 자와 믿지 않는 자의 경계

- 여호와여 어느 때까지니이까 나를 영원히 잊으시나이까 주의 얼굴을 나에게서 어느 때까지 숨기시겠나이까...(13:1~5)
- 어리석은 자는 그의 마음에 이르기를 하나님이 없다 하는도다 그들은 부패하고 그 행실이 가증하니 선을 행하는 자가 없도다...(14:1~3)
- 너희가 가난한 자의 계획을 부끄럽게 하나 오직 여호와는 그의 피난처가 되시도다...(14:6~7)

(13편) 현실의 고난이 너무 괴로워 탄식하는 경우가 종종 있습니다(1, 2절). 육체적으로도 쇠약해진 다윗은 대적으로부터 건져달라고 간구합니다(3, 4절). 그는 사망의 잠을 잘까 두려워하고 있습니다. 그러나 5절부터 변화된 고백을 하게 됩니다. 고통스런 현실을 뛰어넘어 하나님의 구원을 확신하고 있습니다(5, 6절). 하나님은 탄식으로 시작한 기도를 하나님을 향한 신뢰와 확신으로 바꾸십니다.
(14편) 어리석은 자는 하나님을 부정합니다. 하나님을 싫어합니다. 선하신 하나님을 인정하지 않기에 선을 행할 능력이 없습니다. 스스로 모든 것을 할 수 있다고 생각합니다. 삶의 기준도 모호합니다. 혹시 우리에게도 이런 모습이 있지 않을까요?

잠언 26장 : 미련한 자와 지혜로운 자의 경계

- 미련한 자에게는 영예가 적당하지 아니하니 마치 여름에 눈 오는 것과 추수 때에 비 오는 것 같으니라...(1~3)
- 미련한 자 편에 기별하는 것은 자기의 발을 베어 버림과 해를 받음과 같으니라...(6~11)
- 문짝이 돌쩌귀를 따라서 도는 것 같이 게으른 자는 침상에서 도느니라...(14~17)
- 나무가 다하면 불이 꺼지고 말쟁이가 없어지면 다툼이 쉬느니라(20)
- 원수는 입술로는 꾸미고 속으로는 속임을 품나니...(24~25)

26장은 미련한 자의 운명과 행동(1~12절), 게으른 자에 관한 잠언(13~16절), 공동체 생활과 관련된 잠언(17~21절), 말에 관한 잠언(22~26절), 악인의 패망(27, 28절) 등으로 구성되어 있습니다.

데살로니가전서 5장 : 빛의 아들과 어둠의 자식의 경계

- 형제들아 때와 시기에 관하여는 너희에게 쓸 것이 없음은...(1~5)
- 우리는 낮에 속하였으니 정신을 차리고 믿음과 사랑의 호심경을 붙이고 구원의 소망의 투구를 쓰자...(8~10)
- 그들의 역사로 말미암아 사랑 안에서 가장 귀히 여기며 너희끼리 화목하라...(13~23)

4장 후반부에서 시작된 재림에 관한 내용이 이어집니다. 재림은 홀연히 이루어질 것입니다(1~3절). 그러므로 늘 깨어 재림을 준비하는 성도가 되어야 합니다(4~8절). 주의 재림을 함께 할 공동체 권속들을 격려하며 함께 공동체를 세워나가야 합니다(9~11절). 12절 이후에는 마지막 당부의 말을 전합니다. 우리는 우리를 향한 하나님의 뜻을 이루어 나가야 합니다(16~22절).

거룩하신 하나님! 삶의 작은 부분에서부터 거룩함을 이루어 나가게 하시고, 범사에 하나님을 인정하는 삶을 살게 하옵소서. 삶에 괴로움이 찾아와 주의 얼굴을 구할 때, 나의 탄식이 하나님을 향한 신뢰와 확신으로 변하는 기적을 맛보게 하옵소서. 항상 기뻐하고 쉬지 말고 기도하며 범사에 감사함으로 나를 향한 하나님의 뜻을 이루어 나가게 하옵소서.

본문 레위기 13장 | 시편 15-16편 | 잠언 27장 | 데살로니가후서 1장

주제 고백 (告白, 마음속에 숨긴 일이나 믿고 생각한 바를 사실대로 솔직하게 말함)

말은 하나님의 선물이다. 말로 인생의 방향을 바꾼다. 말로 자신의 병과 아픔을 알리고 예수님을 구주로 고백하며 생활의 진리를 직접적으로 전하고 박해를 받을 때 주님의 공의로운 심판을 선포할 수 있다.

레위기 13장 : 나병환자가 자신의 부정함을 스스로 고백

- 만일 사람이 그의 피부에 무엇이 돋거나 뾰루지가 나거나 색점이 생겨서 그의 피부에 나병 같은 것이 생기거든 그를 곧 제사장 아론에게나 그의 아들 중 한 제사장에게로...(2~8)
- 피부에 종기가 생겼다가 나았고...(18~20)
- 피부가 불에 데었는데 그 덴 곳에 불그스름하고 희거나 순전히 흰 색점이 생기면...(24~25)
- 남자나 여자의 머리에나 수염에 환부가 있으면...(29~30)
- 남자나 여자의 피부에 색점 곧 흰 색점이 있으면...(38~46)

피부에 나타나는 악성 피부병의 다양한 증상과 진단법에 대한 규례 및 설명입니다. 다양한 증상의 피부병이 등장하기에 이 모든 것을 '나병'이라고 번역한 것에 대해서는 조심할 필요가 있습니다(실제 나병환자에 대한 배려 요망). 이때는 전문의사가 없었으므로 제사장이 진단을 하여 악성 여부를 판단합니다. 오늘날로 말하면 양성, 음성 판정을 하는 것입니다. 그리고 양성 판정 시 호전될 때까지 공동체로부터 추방(분리)을 당하게 됩니다. 분리시키는 것은 공동체의 정결함과 거룩함을 유지하기 위한 구약의 방식인데 바이러스에 대한 이해가 없던 시절임을 감안하면 매우 유용하고 탁월한 방식이라고 할 수 있습니다. 본문은 코로나 양성 판정 시 격리조치 후 치료하는 오늘의 상황과 매우 유사합니다.

시편 15-16편 : 다윗이 여호와를 복, 산성, 소득으로 고백

- 여호와여 주의 장막에 머무를 자 누구오며 주의 성산에 사는 자 누구오니이까...(15:1~5)
- 내가 여호와께 아뢰되 주는 나의 주님이시오니 주밖에는 나의 복이 없다 하였나이다(16:2)
- 다른 신에게 예물을 드리는 자는 괴로움이 더할 것이라 나는 그들이 드리는 피의 전제를 드리지 아니하며 내 입술로 그 이름도 부르지 아니하리로다...(16:4~6)
- 내가 여호와를 항상 내 앞에 모심이여 그가 나의 오른쪽에 계시므로 내가 흔들리지 아니하리로다...(16:8~9)
- 주께서 생명의 길을 내게 보이시리니 주의 앞에는 충만한 기쁨이 있고 주의 오른쪽에는 영원한 즐거움이 있나이다(16:11)

(15편) 주의 성산에, 주의 장막에 거하는 자가 누구인가? 이 질문은 곧 참된 예배자는 어떤 사람인가?에 관한 질문입니다. 참된 예배자는 하나님의 성품인 정직, 공의, 진실을 자신의 삶을 통해 적극적으로 구현하는 사람입니다. 하나님과의 약속을 꼭 지키며, 악

한 말로 이웃을 해치지 않습니다. "너희 몸을 하나님이 기뻐하시는 거룩한 산 제물로 드리라 이는 너희가 드릴 영적 예배니라"(롬 12:1).
(16편) 이 시 역시 다윗이 어려움에 처했을 때 기록한 시입니다. 10절을 통해 볼 때, 죽음을 생각할 정도의 큰 시련이었음이 틀림없습니다. 먼저, 고난 중에 주밖에 소망이 없음을 고백합니다(1~4절). 자신은 우상에게 의뢰하지 않으며, 자신은 하나님께 속해 있음을 확실하게 고백합니다. 이어서 하나님이 그의 기업이 되심을 찬양합니다(5~8절). 어려움 가운데 하나님을 묵상하던 다윗은 확신에 찬 고백에 이르게 됩니다(9~11절). 하나님은 다윗에게 생명의 길, 충만한 기쁨을 주셨습니다.

잠언 27장 : 솔로몬이 옳은 친구에 대해 경험으로 고백

- 너는 내일 일을 자랑하지 말라 하루 동안에 무슨 일이 일어날는지 네가 알 수 없음이니라 (1~7)
- 면책은 숨은 사랑보다 나으니라...(5~7)
- 기름과 향이 사람의 마음을 즐겁게 하나니 친구의 충성된 권고가 이와 같이 아름다우니라...(9~10)
- 이른 아침에 큰 소리로 자기 이웃을 축복하면 도리어 저주 같이 여기게 되리라...(14~17)
- 물에 비치면 얼굴이 서로 같은 것 같이 사람의 마음도 서로 비치느니라(19)
- 도가니로 은을, 풀무로 금을, 칭찬으로 사람을 단련하느니라...(21~23)

'우정'을 주제로 한 잠언(1~17절), 개별 잠언들의 모음(18~22절), 목자의 직무에 관한 잠언(23~27절)으로 구성되어 있습니다. '우정'에 관한 잠언에는 진실한 친구의 권면과 진실한 관계 속에서 얻는 유익에 관한 교훈이 담겨 있습니다. 또한 우리는 하나님이 맡겨주신 삶에 대하여 하나님을 경외하는 마음으로 성실함으로 응답해야 합니다.

데살로니가후서 1장 : 환난 중에 있는 성도가 주의 공의를 믿음으로 고백

- 형제들아 우리가 너희를 위하여 항상 하나님께 감사할지니 이것이 당연함은 너희의 믿음이 더욱 자라고 너희가 다 각기 서로 사랑함이 풍성함이니...(3~9)

바울이 고린도에서 데살로니가 교회로 편지(데살로니가전서)를 보낸 후, 그리 오래지 않아 두 번째 편지를 보내게 됩니다. 데살로니가 성도들의 믿음이 계속 자라고, 그들이 서로에게 보이는 사랑의 풍성함으로 인해 감사하고 있습니다(1~4절). 바울은 환난 중에도 믿음을 지킨 데살로니가 성도들을 위로하고 격려합니다(5~10절). 하나님은 환난을 견딘 자를 하나님 나라에 합당한 자로 여기시며, 그리스도의 재림 시 영원한 안식을 주실 것이며, 핍박자들을 반드시 심판하실 것입니다. 바울은 자신과 동역자들이 데살로니가 성도들을 위해 늘 기도하고 있음을 상기시킵니다(11, 12절).

주님! 마음과 생각과 일상이 거룩하고 정결하길 소망합니다. 하나님 앞에 참된 삶의 예배자로 서기를 소망합니다. 환난 중에도 주께 소망을 두게 하옵소서. 우리 교회의 지체들의 믿음이 자라나고 사랑으로 충만하여져서 하나님 나라에 합당한 모습으로 만들어지게 하옵소서.

본문 레위기 14장 | 시편 17편 | 잠언 28장 | 데살로니가후서 2장

주제 **정결** (淨潔, 모든 악한 것으로부터 맑고 깨끗한 상태)

하나님은 거룩하시다. 그래서 우리도 온전해야 한다. 영, 혼, 몸이 모두 깨끗해야 한다. 우리 믿는 성도는 말씀 안에서, 예전 안에서, 생활의 구별 속에서 정결해야 한다. 끊임없이 근신해야 한다.

레위기 14장 : 나은 후 예식과 제사를 통해 얻는 나병환자의 정결

- 나병 환자가 정결하게 되는 날의 규례는 이러하니 곧 그 사람을 제사장에게로 데려갈 것이요...(2~20)
- 내가 네게 기업으로 주는 가나안 땅에 너희가 이를 때에 너희 기업의 땅에서 어떤 집에 나병 색점을 발생하게 하거든...(34~36)
- 돌을 빼내며 집을 긁고 고쳐 바른 후에 색점이 집에 재발하면...(43~47)

악성 피부병 양성 판정을 받아 진영 밖으로 분리 조치된 환자의 복귀 절차를 다루고 있습니다. 정결례와 제사의 절차를 걸쳐서 돌아오게 됩니다. 이때 드리는 제사는 속건제입니다. 속건제는 하나님이나 이웃의 재산에 피해를 입혔을 때 원가의 1/5을 더해 배상하고 숫양을 바쳐서 용서를 받는 제사입니다. 악성 피부병으로 이스라엘 공동체에 피해를 주었다고 보는 것입니다. 악성 피부병은 무서운 전염성을 가지고 있으므로 제사장에 의해 철저히 검증하고, 다소 복잡한 복귀 절차를 거쳐 돌아올 수 있었습니다. 21절 이하에는 악성 피부병 환자 중 가난한 자들을 배려하는 규정입니다. 마지막으로 건축물(집)에 악성 곰팡이가 생겼을 때의 진단법과 조치에 대해서도 언급합니다.

시편 17편 : 간절한 기도를 드리는 진실 무망한 다윗의 정결

- 여호와여 의의 호소를 들으소서 나의 울부짖음에 주의하소서 거짓 되지 아니한 입술에서 나오는 나의 기도에 귀를 기울이소서...(1~9)
- 여호와여 일어나 그를 대항하여 넘어뜨리시고 주의 칼로 악인에게서 나의 영혼을 구원하소서...(13~15)

이 시는 대적들의 공격과 비난으로부터 무죄한 자신을 보호해 주시고, 구원해 주시기를 간구하는 내용입니다. 다윗은 자신에게 가해지는 비난과 공격이 거짓된 것임을 호소하며, 하나님이 공평의 눈으로 판단해 주시길 호소합니다(1~5절). 이어 그는 하나님의 보호를 요청합니다(6~12절). 그러나 그가 하나님께 보호를 요청할 수 있는 것은 그의 무결함이 아니라 하나님의 기이한 사랑에 근거한 것입니다. '기이한 사랑'이란 언약에 기초한 하나님의 신실하고 변함없는 사랑을 의미합니다. 마지막으로 그는 구원을 확신합니다(13~15절). 하나님께 전심으로 간구하는 자는 그를 만족케 하시는 하나님을 만나게 됩니다.

잠언 28장 : 주를 경외하는 자와 율법을 지키는 자의 정결

- 악인은 쫓아오는 자가 없어도 도망하나 의인은 사자 같이 담대하니라...(1~2)
- 율법을 버린 자는 악인을 칭찬하나 율법을 지키는 자는 악인을 대적하느니라...(4~5)
- 중한 변리로 자기 재산을 늘이는 것은 가난한 사람을 불쌍히 여기는 자를 위해 그 재산을 저축하는 것이니라...(8~9)
- 의인이 득의하면 큰 영화가 있고 악인이 일어나면 사람이 숨느니라...(12~14)
- 자기의 토지를 경작하는 자는 먹을 것이 많으려니와 방탕을 따르는 자는 궁핍함이 많으리라...(19~22)
- 부모의 물건을 도둑질하고서도 죄가 아니라 하는 자는 멸망 받게 하는 자의 동류니라(24)
- 악인이 일어나면 사람이 숨고 그가 멸망하면 의인이 많아지느니라(28)

나라를 통치하는 원리를 설명합니다(1~11절). 율법을 기반으로 통치해야 하며, 왕은 명철과 지혜를 소유해야 합니다. 즉 왕의 통치원리는 지혜이며, 그러므로 왕은 하나님을 경외하고 율법을 준수하는 자여야 합니다. 후반부는 의인과 악인의 영향력을 주제로 한 개별 잠언들입니다(12~28절). 정의를 행하며, 성실함과 정직함으로 재물을 얻어야 합니다. 거짓과 탐심으로 얻으려 한다면 패망의 길을 가게 될 것입니다.

데살로니가후서 2장 : 미혹하는 자로부터 믿음을 지키는 성도의 정결

- 형제들아 우리가 너희에게 구하는 것은 우리 주 예수 그리스도의 강림하심과 우리가 그 앞에 모임에 관하여...(1~4)
- 악한 자의 나타남은 사탄의 활동을 따라 모든 능력과 표적과 거짓 기적과...(9~12)
- 그러므로 형제들아 굳건하게 서서 말로나 우리의 편지로 가르침을 받은 전통을 지키라(15)

예수님의 재림에 대한 내용입니다. 일부 성도가 이미 재림이 이루어졌다는 잘못된 사상에 미혹되었습니다. 이에 바울은 재림에 앞서 배교와 대적하는 자의 출현이 있을 것이며, 재림이 가까울수록 모임을 폐하지 말라고 강조합니다(1~4절). 이어서 재림 전에 일어날 일에 대해 조금 더 구체적으로 말합니다(5~12절). 불법한 자가 나타나 거짓 기적을 보이며 사람들을 잘못된 길로 이끌 것입니다. 그러나 하나님은 마지막 날에 이들을 심판하실 것입니다. 그러므로 성도들은 거짓된 가르침에 대해 두려워하지 말고 하나님이 성도들을 택하여 거룩하게 하심과 진리 가운데 구원하심을 굳게 믿으며 흔들리지 말아야 합니다(13~17절).

주님! 저의 삶에 거짓과 악을 제하고, 주님의 거룩하심을 이루어가게 하옵소서. 신실한 주의 사랑이 언제나 나를 붙들고 있음을 확신하며, 하나님을 경외하는 참 지혜로 인생의 승리자가 되게 하옵소서. 마지막 날에 대한 바른 지식으로 미혹 당하지 않게 하시고, 언제 주가 오시더라도 늘 맞이할 준비가 되어있는 성도가 되게 하옵소서.

본문 레위기 15장 | 시편 18편 | 잠언 29장 | 데살로니가후서 3장

주제 **성실** (誠實, 부지런하고 게으르지 않으며 정성스럽고 참됨)

하나님은 모든 영역에서 성실하심이 완전하시다. 따라서 주님을 따르는 성도는 부정하고 악한 세상 속에서 이단과 싸우면서 믿음을 지키려면 언제나 깨어있어 부지런하고 성실해야 한다.

레위기 15장 : 피와 연관된 부정한 자의 회복에 대한 제사장의 성실

- 이스라엘 자손에게 말하여 이르라 누구든지 그의 몸에 유출병이 있으면 그 유출병으로 말미암아 부정한 자라...(2~15)
- 만일 여인의 피의 유출이 그의 불결기가 아닌데도 여러 날이 간다든지 그 유출이 그의 불결기를 지나도 계속되면 그 부정을 유출하는 모든 날 동안은 그 불결한 때와 같이 부정한즉...(25~28)
- 너희는 이와 같이 이스라엘 자손이 그들의 부정에서 떠나게 하여 그들 가운데에 있는 내 성막을 그들이 더럽히고 그들이 부정한 중에서 죽지 않도록 할지니라(31)

정결법에서 마지막으로 다루는 부분은 몸에서 액체가 나오는 유출 증상에 관한 것입니다. 지금의 관점에서 이해하긴 어렵지만 구약시대에서는 출산 후 산혈, 생리, 정액 등 몸에서 분비물이 나오는 것에 대하여 일종의 '생명의 소실'로 보았기에 부정한 것으로 여겼습니다. 옷을 빨고, 몸을 씻으며, 제사를 드림으로써 다시 정결케 됩니다. 정결례를 보면서 우리가 기억해야 할 것은 인간은 부정한 상태로 하나님을 만날 수 없으며, 인간 스스로 정결케 될 수 없다는 것입니다. 우리가 정결케 되는 것은 오직 하나님만이 하실 수 있는 일입니다.

시편 18편 : 원수의 대적과 악한 환경을 이겨낸 다윗의 성실

- 나의 힘이신 여호와여 내가 주를 사랑하나이다...(1~2)
- 내가 환난 중에서 여호와께 아뢰며 나의 하나님께 부르짖었더니 그가 그의 성전에서 내 소리를 들으심이여 그의 앞에서 나의 부르짖음이 그의 귀에 들렸도다(6)
- 그가 높은 곳에서 손을 펴사 나를 붙잡아 주심이여 많은 물에서 나를 건져내셨도다...(16~27)
- 하나님의 도는 완전하고 여호와의 말씀은 순수하니 그는 자기에게 피하는 모든 자의 방패시로다...(30~36)
- 주께서 나를 전쟁하게 하려고 능력으로 내게 띠 띠우사 일어나 나를 치는 자들이 내게 굴복하게 하셨나이다...(39~41)
- 주께서 나를 백성의 다툼에서 건지시고 여러 민족의 으뜸으로 삼으셨으니 내가 알지 못하는 백성이 나를 섬기리이다...(43~44)
- 여호와는 살아 계시니 나의 반석을 찬송하며 내 구원의 하나님을 높일지로다...(46~49)

이 시의 표제어를 보면 여호와께서 다윗을 모든 원수들의 손에서와 사울의 손에서 건져 주신 날에 부른 노래라고 되어 있습니다. 그는 그에게 하나님이 어떤 분인지를 고백하며(1, 2절) 자신이 처해 있던 시련을 언급하며[사망의 줄과 불의의 창수(3절), 스올의 줄과 사망의 올무(5절), 환난(6절), 강한 원수와 미워하는 자(17절), 재앙의 날(18절) 등] 하나님은 그 모든 것보다 강하신 분이셨음을 고백합니다(3~19절). 하나님은 자신이 겪는 부당한 고통에 대하여 공의로 갚으시는 분이시며(20~30절), 자신을 승리하는 군사로 무장시키는 하나님이십니다(31~36절). 하나님은 원수를 꺾으시며(37~45절) 마침내 다윗은 승리의 노래를 부르게 됩니다(46~50절).

잠언 29장 : 권세와 거만과 거짓의 유혹에서 이긴 왕과 의인의 성실

- 자주 책망을 받으면서도 목이 곧은 사람은 갑자기 패망을 당하고 피하지 못하리라...(1~2)
- 왕은 정의로 나라를 견고하게 하나 뇌물을 억지로 내게 하는 자는 나라를 멸망시키느니라(4)
- 의인은 가난한 자의 사정을 알아 주나 악인은 알아 줄 지식이 없느니라...(7~8)
- 어리석은 자는 자기의 노를 다 드러내어도 지혜로운 자는 그것을 억제하느니라(11)
- 가난한 자와 포학한 자가 섞여 살거니와 여호와께서는 그 모두의 눈에 빛을 주시느니라...(13~15)
- 묵시가 없으면 백성이 방자히 행하거니와 율법을 지키는 자는 복이 있느니라...(18~21)
- 사람을 두려워하면 올무에 걸리게 되거니와 여호와를 의지하는 자는 안전하리라...(25~27)

28장에 이어 왕의 통치원리에 대한 내용입니다. 왕은 거짓을 멀리하고 정의와 긍휼에 입각해 통치해야 합니다(1~6절). 또한 지도자로서 분별력이 있어야 합니다(7~12절). 마지막으로 자녀교육(15~17절), 공동체 교육(18~24절), 여호와를 경외하는 것(25~27절)의 중요성에 대하여 설명합니다.

데살로니가후서 3장 : 재림을 빙자한 이단의 교훈을 물리쳐야 할 성도의 성실

- 끝으로 형제들아 너희는 우리를 위하여 기도하기를 주의 말씀이 너희 가운데서와 같이 퍼져 나가 영광스럽게 되고...(1~2)
- 형제들아 우리 주 예수 그리스도의 이름으로 너희를 명하노니 게으르게 행하고 우리에게서 받은 전통대로 행하지 아니하는 모든 형제에게서 떠나라...(6~12)
- 누가 이 편지에 한 우리 말을 순종하지 아니하거든 그 사람을 지목하여 사귀지 말고 그로 하여금 부끄럽게 하라...(14~15)

마지막 장으로 바울은 자신의 사역을 위한 기도를 부탁합니다(1~5절). 신앙과 삶에 있어서 게으르고 나태한 자들을 꾸짖고(6~12절), 주의 일(선행)을 행하다가 지칠 때가 있지만 낙심하지 말라고 권면합니다(13~18절).

레위기의 정결법은 나를 깨끗케 하시고 의롭게 하시는 예수 그리스도의 위대함을 보여줍니다. 거룩한 삶을 소망합니다. 거짓을 멀리하고 주님의 의를 사모하게 하옵소서. 나의 힘이 되신 여호와가 함께 하시며 보호하심으로 나는 어떤 상황에서도 이길 수 있습니다. 눈앞의 현실을 보며 낙심하지 않고, 주의 약속에 대한 확신으로 주의 일에 더욱 성실하게 하옵소서.

본문 레위기 16장 | 시편 19편 | 잠언 30장 | 디모데전서 1장
주제 말씀 (하나님께서 전하시는 모든 계시)

하나님은 말씀으로 천지만물을 창조하셨다. 그리고 지금도 그 말씀으로 모든 것을 다스리신다. 우리가 완전하신 하나님의 말씀으로 무장할 때 생명의 문제, 축복의 문제, 구원의 문제를 해결할 수 있다.

레위기 16장 : 성소에 들어가는 아론과 제사장의 생사를 위한 말씀

- 여호와께서 모세에게 이르시되 네 형 아론에게 이르라 성소의 휘장 안 법궤 위 속죄소 앞에 아무 때나 들어오지 말라 그리하여 죽지 않도록 하라 이는 내가 구름 가운데에서 속죄소 위에 나타남이니라...(2~4)
- 또 그 두 염소를 가지고 회막 문 여호와 앞에 두고...(7~10)

1년에 한 번 있는 대속죄일에 관한 규례입니다. 매년 음력 7월 10일에 대제사장이 주도하여 모든 백성이 하루 금식하는 가운데 민족적, 국가적 속죄가 이루어지게 됩니다. 1년 중 대제사장이 지성소에 들어가는 유일한 날입니다. 화려한 대제사장의 의복을 벗고 하얀 세마포옷만 입고 하나님과 독대합니다. 하나님 앞에 가져갈 만한 것이 우리에게는 아무것도 없습니다. 그저 처분만을 바라며 하나님 앞에 머리를 숙이는 것만이 본래 인간이 취할 수 있는 유일한 태도입니다. 대제사장은 먼저 자신과 가족들을 위한 소의 속죄제를 드리고, 후에 회중을 위한 염소의 속죄제를 드리게 됩니다. 이어서 아사셀 염소 의식을 행합니다. 특히 아사셀 염소는 백성의 모든 죄를 지고 광야로 보내지게 되는데, 결국 굶어 죽거나, 들짐승에게 잡아먹히게 됩니다. 예수님은 십자가에서 속죄제 제물의 임무(대신 죽음)와 아사셀 염소의 임무(죄를 홀로 짊어지심)를 동시에 감당하셨습니다. "이는 죄를 위한 짐승의 피는 대제사장이 가지고 성소에 들어가고, 그 육체는 영문밖에서 불사름이라 그러므로 예수도 자기 피로써 백성을 거루가게 하려고 성문 밖에서 고난을 받으셨느니라"(히 13:11, 12).

시편 19편 : 믿는 자에게 율법과 교훈과 계명이 된 영원한 말씀

- 하늘이 하나님의 영광을 선포하고 궁창이 그의 손으로 하신 일을 나타내는도다(1)
- 그의 소리가 온 땅에 통하고 그의 말씀이 세상 끝까지 이르도다 하나님이 해를 위하여 하늘에 장막을 베푸셨도다...(4~11)
- 나의 반석이시요 나의 구속자이신 여호와여 내 입의 말과 마음의 묵상이 주님 앞에 열납되기를 원하나이다(14)

하나님은 우리에게 두 가지 방법으로 음성을 들려주십니다(두 가지 계시). 하나는 당신이 창조하신 자연을 통하여(일반계시), 하나는 당신의 말씀인 성경을 통하여(특별계시).

본문은 천지(자연, 일반계시)를 통하여 드러나는 하나님의 영광(1~6절), 말씀(특별계시)을 통해 드러나는 하나님의 영광(7~13절)을 선포합니다. 다윗은 그의 마음의 묵상(내면)과 말(외면)이 모두 하나님이 받으실만한 제사가 되기를 소원합니다.

잠언 30장 : 아굴이 이디엘과 우갈에게 이른 가감할 수 없는 말씀

- 나는 다른 사람에게 비하면 짐승이라 내게는 사람의 총명이 있지 아니하니라...(2~9)
- 스스로 깨끗한 자로 여기면서도 자기의 더러운 것을 씻지 아니하는 무리가 있느니라...(12~13)
- 거머리에게는 두 딸이 있어 다오 다오 하느니라 족한 줄을 알지 못하여 족하다 하지 아니하는 것 서넛이 있나니...(15~16)
- 내가 심히 기이히 여기고도 깨닫지 못하는 것 서넛이 있나니...(18~31)

아굴의 잠언으로 소개되고 있는데, '야게의 아들'이라는 성보 외에는 알 수 없습니다. 창조주의 위대하심과 인간의 한계(2~4절), 말씀의 권위와 두 가지 청원(5~9절), 창조질서를 파괴하는 반사회적 행동들(10~14절), 욕심을 부리는 자에게 주는 교훈(15~23절), 지혜로운 피조물이 주는 교훈(24~31절), 교만과 다툼에 관한 교훈(32, 33절)으로 구성되어 있습니다.

디모데전서 1장 : 죄를 알게 하는 율법과 구원을 이루는 복음인 말씀

- 내가 마게도냐로 갈 때에 너를 권하여 에베소에 머물라 한 것은 어떤 사람들을 명하여 다른 교훈을 가르치지 말며...(3~8)
- 내가 전에는 비방자요 박해자요 폭행자였으나 도리어 긍휼을 입은 것은 내가 믿지 아니할 때에 알지 못하고 행하였음이라...(13~16)
- 아들 디모데야 내가 네게 이 교훈으로써 명하노니 전에 너를 지도한 예언을 따라 그것으로 선한 싸움을 싸우며...(18~19)

바울은 어려운 상황 가운데 있는 에베소 교회의 목회를 디모데에게 위임하고 떠났습니다. 이후 거짓 교사들이 교회를 미혹하고 혼란스럽게 한 상황이 발생하였고, 이에 바울은 디모데에게 편지를 써서 거짓 교사들로부터 교회를 보호하고 디모데를 격려하고자 했습니다. 바울은 디모데가 거짓 교훈을 중단시킬 의무가 있음을 상기시킵니다(3절). 거짓 교훈이란 구원을 위해 율법이 여전히 필요하다는 가르침을 말합니다. 바울은 자신의 사도권을 변호하는 동시에 그리스도께서 죄인을 구원하시기 위해 세상에 임하셨다는 것을 강조합니다(15절). 우리는 오직 그의 긍휼을 힘입어 구원받았습니다.

나를 거룩한 하나님의 백성으로 세우기 위해 십자가에서 죽으신 예수님을 더욱 가까이 하길 원합니다. 하나님 창조하신 세계와 말씀을 통하여 하나님의 음성을 듣게 하옵소서. 복음과 유사한 거짓 교훈을 분별하고, 진리의 복음만을 붙들게 하옵소서.

본문 레위기 17장 | 시편 20-21편 | 잠언 31장 | 디모데전서 2장

주제 금지 (禁止, 어떤 일이나 행동 등을 하지 못하게 막음)

사람은 한 시대의 상황에 갇혀 산다. 특히 신앙인은 더욱 그렇다. 따라서 성경은 다른 시대에서는 이해가 되지 않는 내용이지만 각 시대마다 그 상황 속에서 경건한 삶에 본이 되지 않는 것은 금지하고 있다.

레위기 17장 : 이스라엘과 거류민에게 피 먹는 것을 금지

- 이스라엘 집의 모든 사람이 소나 어린 양이나 염소를 진영 안에서 잡든지 진영 밖에서 잡든지...(3~8)
- 이스라엘 집 사람이나 그들 중에 거류하는 거류민 중에 무슨 피든지 먹는 자가 있으면 내가 그 피를 먹는 그 사람에게는 내 얼굴을 대하여 그를 백성 중에서 끊으리니...(10~11)
- 모든 생물은 그 피가 생명과 일체라 그러므로 내가 이스라엘 자손에게 이르기를 너희는 어떤 육체의 피든지 먹지 말라 하였나니 모든 육체의 생명은 그것의 피인즉 그 피를 먹는 모든 자는 끊어지리라(14)

화목제 규례에 대한 보충설명과 함께 합법적인 도축규정에 관한 내용입니다. 본문의 초점은 바로 '피'입니다. '피'는 속죄의 가장 중요한 수단이기에, 이 장에서 '피'의 의미와 기능을 설명하고 취급상의 주의를 다루고 있는 것입니다. "육체의 생명은 피에 있음이라... 생명이 피에 있으므로 피가 죄를 속하느니라"(11절).

시편 20-21편 : 믿는 자와 왕이 세상의 힘을 의지하는 것을 금지

- 환난 날에 여호와께서 네게 응답하시고 야곱의 하나님의 이름이 너를 높이 드시며...(20:1~4)
- 여호와께서 자기에게 기름 부음 받은 자를 구원하시는 줄 이제 내가 아노니 그의 오른손의 구원하는 힘으로 그의 거룩한 하늘에서 그에게 응답하시리로다...(20:6~8)
- 여호와여 왕이 주의 힘으로 말미암아 기뻐하며 주의 구원으로 말미암아 크게 즐거워하리이다...(21:1~2)
- 그가 생명을 구하매 주께서 그에게 주셨으니 곧 영원한 장수로소이다(21:4)
- 그가 영원토록 지극한 복을 받게 하시며 주 앞에서 기쁘고 즐겁게 하시나이다...(21:6~7)
- 왕이 그들의 후손을 땅에서 멸함이여 그들의 자손을 사람 중에서 끊으리로다...(21:10~12)

(20편) 제왕시로서 다윗이 전쟁에 나가기 전, 시온에서 소제와 번제를 드리며 하나님이 승리를 주시기를 기도하는 사건(출정식)을 배경으로 하고 있으며, 회중이 왕을 위해 드리는 중보기도로 시작됩니다. 왕이 드리는 제사가 하나님께 열납되기를 원하며(1~3절), 왕의 기도에 응답하여 주시길 원하며(4~6절), 왕에게 승리를 주시길 기도합니다(7~9절).

(21편) 이 시는 왕에게 승리를 주신 하나님에 대한 찬양입니다. 이스라엘 공동체는 승리를 주신 하나님을 높이며, 현재의 구원과 미래에 주어질 승리에 대한 확신으로 하나님을 찬양합니다. 왕의 기도에 응답하셔서 승리케 하신 하나님(1~6절), 여호와를 의지하는 왕(7절), 장차 주어질 승리(8~12절)를 노래합니다.

잠언 31장 : 아들 르무엘 왕에게 포도주 먹는 것을 금지

- 르무엘 왕이 말씀한 바 곧 그의 어머니가 그를 훈계한 잠언이라(1)
- 네 힘을 여자들에게 쓰지 말며 왕들을 멸망시키는 일을 행하지 말지어다...(3~6)
- 너는 말 못하는 자와 모든 고독한 자의 송사를 위하여 입을 열지니라(8)
- 누가 현숙한 여인을 찾아 얻겠느냐 그의 값은 진주보다 더 하니라...(10~23)
- 입을 열어 지혜를 베풀며 그의 혀로 인애의 법을 말하며...(26~30)

본문은 왕의 어머니가 왕에게 당부하는 내용으로 통치원리를 담고 있는 잠언입니다. 여자에 관한 경고(3절), 술에 관한 경고(직무를 행하는 데 방해, 4~7절), 왕의 의무에 관한 교훈(공의의 재판, 8~9절), 그리고 현숙한 여인의 시(10~31절)입니다. 현숙한 여인은 집안을 잘 꾸려나가며 자비롭게 행하고(10~20절), 자신과 다른 이들을 존귀하게 여기며(21~25절), 결론적으로 여호와를 경외하며 자비를 베푸는 여인입니다(26~31절).

디모데전서 2장 : 여자에게 금, 진주, 값진 옷, 가르치는 것을 금지

- 그러므로 내가 첫째로 권하노니 모든 사람을 위하여 간구와 기도와 도고와 감사를 하되...(1~4)
- 이를 위하여 내가 전파하는 자와 사도로 세움을 입은 것은 참말이요 거짓말이 아니니 믿음과 진리 안에서 내가 이방인의 스승이 되었노라...(7~12)
- 그러나 여자들이 만일 정숙함으로써 믿음과 사랑과 거룩함에 거하면 그의 해산함으로 구원을 얻으리라(15)

바울은 공동체에 대한 첫 번째 권면으로 '기도'를 언급하고 있습니다. 기도는 모든 사람을 위하여 하되, 특히 위정자들을 위하여 하라고 합니다. 삶의 평안을 위해서는 나라와 사회에 영향력 있는 사람들의 정치적 판단과 치리가 매우 중요하기 때문입니다. 남자들은 거짓 교사들처럼 분노와 다툼에 오염되어 기도해서는 안 되며(8절), 여자들 또한 당시 문화를 따라 사람들을 유혹하는 옷차림을 버리고 선한 행위로 옷 입어야 합니다(9, 10절).

오직 예수님의 보혈만이 나의 죄를 사하고, 영원한 생명을 얻게 합니다. 나는 영원한 저주와 죽음으로부터의 승리를 노래합니다. 하나님을 경외하며, 나라와 위정자를 위하여 더욱 기도하게 하옵소서.

본문 레위기 18장 | 시편 22편 | 전도서 1장 | 디모데전서 3장

주제 근절 (根絶, 어떤 사물이나 현상을 다시는 발생할 수 없도록 그 근원을 없애 버리거나 단절함)

아담과 하와는 선악을 알게 하는 나무의 열매를 통한 사탄의 유혹을 물리치지 못하고 타락하게 되었다. 하나님은 원죄를 가지고 태어난 우리를 너무도 잘 아시기에 참된 구원을 위해 매 시대마다 주의 종을 통하여 생활과 환경 속에서 근절해야 할 것들을 교훈하신다.

레위기 18장 : 이스라엘 자손이 애굽과 가나안의 풍속을 근절

- 너는 이스라엘 자손에게 말하여 이르라 나는 여호와 너희의 하나님이니라...(2~5)
- 너는 네 자매 곧 네 아버지의 딸이나 네 어머니의 딸이나 집에서나 다른 곳에서 출생하였음을 막론하고 그들의 하체를 범하지 말지니라...(9~11)
- 너는 여인이 월경으로 불결한 동안에 그에게 가까이 하여 그의 하체를 범하지 말지니라...(19~25)
- 너희도 더럽히면 그 땅이 너희가 있기 전 주민을 토함 같이 너희를 토할까 하노라...(28~30)

18~20장은 윤리적 정결법입니다. 하나님은 이방 풍속과 규례를 철저히 금하라고 하십니다(1~4절). 본문은 불법적인 성관계와 이방의 가증한 종교적 관행을 금지하고 있습니다. 특히 근친상간에 대하여 철저히 금하고 있습니다(6~18절). 가족 간의 유대관계를 보호하기 위한 법이라고 할 수 있습니다.

시편 22편 : 다윗이 자신을 죽이려는 악한 개의 세력을 근절

- 내 하나님이여 내 하나님이여 어찌 나를 버리셨나이까 어찌 나를 멀리 하여 돕지 아니하시오며 내 신음 소리를 듣지 아니하시나이까...(1~8)
- 나를 멀리 하지 마옵소서 환난이 가까우나 도울 자 없나이다(11)
- 나는 물 같이 쏟아졌으며 내 모든 뼈는 어그러졌으며 내 마음은 밀랍 같아서 내 속에서 녹았으며(14~20)
- 여호와를 두려워하는 너희여 그를 찬송할지어다 야곱의 모든 자손이여 그에게 영광을 돌릴지어다 너희 이스라엘 모든 자손이여 그를 경외할지어다...(23~24)
- 겸손한 자는 먹고 배부를 것이며 여호와를 찾는 자는 그를 찬송할 것이라 너희 마음은 영원히 살지어다(26)
- 나라는 여호와의 것이요 여호와는 모든 나라의 주재심이로다(28)

다윗이 극심한 고통 속에서 하나님께 올린 탄식과 간구입니다. 특히 22편은 메시아의 고난과 승리를 예표한 "메시아 예언시"로 매우 유명합니다. 다윗의 고통이 얼마나 심했는지 하나님의 침묵에 대하여 "나의 하나님이여 어찌 나를 버리셨나이까"라고 탄식합니다. 이 탄식은 후에 십자가에 달리신 예수님의 절규로 나타납니다. 예수님은 우리 때문에 하나님으로부터 버림받았습니다. 우리 때문에 찔리셨습니다(16절). 우리 때문에 조롱당하셨습니다(17절).

전도서 1장 : 전도자가 해 아래의 모든 헛된 일과 수고를 근절

- 다윗의 아들 예루살렘 왕 전도자의 말씀이라...(1~3)
- 모든 만물이 피곤하다는 것을 사람이 말로 다 말할 수는 없나니 눈은 보아도 족함이 없고 귀는 들어도 가득 차지 아니하도다...(8~14)
- 내가 내 마음 속으로 말하여 이르기를 보라 내가 크게 되고 지혜를 더 많이 얻었으므로 나보다 먼저 예루살렘에 있던 모든 사람들보다 낫다 하였나니 내 마음이 지혜와 지식을 많이 만나 보았음이로다...(16~18)

저자로 소개된 전도자는 '회중을 모으고 지혜를 전하는 자'로 번역될 수 있습니다. 2절은 전도서 전체의 주제입니다. "모든 것이 헛되도다." 해 아래 인간의 수고가 헛되며(3절), 해 아래 새 것이 없습니다(9절). 때론 자연의 순환도 무익하며, 피곤합니다(4~8절). 수고뿐인 인생 가운데 우리는 반드시 참된 지혜자를 만나야 합니다(13절).

디모데전서 3장 : 감독과 집사가 모든 불경건한 생활과 비방을 근절

- 그러므로 감독은 책망할 것이 없으며 한 아내의 남편이 되며 절제하며 신중하며 단정하며 나그네를 대접하며 가르치기를 잘하며...(2~13)
- 크도다 경건의 비밀이여, 그렇지 않다 하는 이 없도다(16)

거짓 교사의 등장으로 초대교회는 공동체를 올바르고 책임 있게 이끌어 갈 감독(목회자)과 직분자가 필요하게 되었습니다. 감독의 자격 요건(2~7절), 집사의 자격 요건(8~13절), 감독과 집사가 섬길 교회의 본질(14~16절)에 관한 내용입니다. 교회는 살아 계신 하나님의 집이며, 진리의 기둥과 터입니다. 그리고 교회의 중심은 사람으로 나시고, 부활하셔서 의롭다 하심을 얻으셨으며, 천사들에게 보이시고, 만국에 전파되시고, 영광 가운데 올라가신 예수 그리스도이십니다.

나를 대신하여 하나님으로부터 버림받으시고, 사람들로부터 조롱당하시고, 십자가에서 죽임 당한 어린양 예수 그리스도를 이전보다 더욱 사랑합니다. 나는 주님을 사랑하기에 세상의 가증한 풍습을 따르지 않습니다. 나의 마음을 깨끗케 하여 주옵소서. 하나님 없이 헛된 꿈을 꾸는 인생 되지 않게 하시고, 하나님을 경외함으로 인생의 허무를 이기게 하옵소서.

본문 레위기 19장 | 시편 23-24편 | 전도서 2장 | 디모데전서 4장
주제 순수 (純粹, 마음속에 사사로운 욕심이나 불순한 생각이 없음)

하나님의 아들 예수 그리스도는 순수한 마음과 온전한 헌신으로 아버지의 뜻을 따라 세상에 오셔서 구속의 길을 가셨다. 성도도 세상의 모든 수고가 헛됨을 깨닫고 이웃을 배려할 때나 주님을 의지할 때나 복음을 전할 때에 동기의 순수성을 가지고 맑게 나아가야 한다.

레위기 19장 : 사람과 환경을 대하는 심적 동기의 순수함

- 너는 이스라엘 자손의 온 회중에게 말하여 이르라 너희는 거룩하라 이는 나 여호와 너희 하나님이 거룩함이니라...(2~5)
- 너희가 너희의 땅에서 곡식을 거둘 때에 너는 밭 모퉁이까지 다 거두지 말고 네 떨어진 이삭도 줍지 말며...(9~14)
- 너는 네 형제를 마음으로 미워하지 말며 네 이웃을 반드시 견책하라 그러면 네가 그에 대하여 죄를 담당하지 아니하리라(17)
- 너희는 내 규례를 지킬지어다 네 가축을 다른 종류와 교미시키지 말며 네 밭에 두 종자를 섞어 뿌리지 말며 두 재료로 직조한 옷을 입지 말지며(19)
- 너희가 그 땅에 들어가 각종 과목을 심거든 그 열매는 아직 할례 받지 못한 것으로 여기되 곧 삼 년 동안 너희는 그것을 할례 받지 못한 것으로 여겨 먹지 말 것이요...(23~25)
- 죽은 자 때문에 너희의 살에 문신을 하지 말며 무늬를 놓지 말라 나는 여호와이니라(28)

이웃과의 조화로운 관계, 건강한 사회 공동체를 위한 사회윤리법입니다. 19장은 십계명의 나열이라고 보면 됩니다. 우상금지(4절), 하나님의 이름 남용금지(12절), 안식일 준수(3, 30절), 부모공경(3절), 살인금지(16절), 간음금지(29절), 도둑질 금지(11, 13, 35, 36절), 거짓말 금지(11, 16절), 탐심금지(17, 18절) 등 곳곳에서 십계명을 발견할 수 있습니다.

시편 23-24편 : 참 목자 되신 주님 앞에 설 자의 심신의 순수함

- 여호와는 나의 목자시니 내게 부족함이 없으리로다...(23:1~6)
- 땅과 거기에 충만한 것과 세계와 그 가운데에 사는 자들은 다 여호와의 것이로다(24:1)
- 여호와의 산에 오를 자가 누구며 그의 거룩한 곳에 설 자가 누구인가...(24:3~7)

(23편) 하나님은 우리의 목자입니다. 시편 기자는 목자가 어떤 존재인지에 대해 3가지로 고백합니다. 목자는 공급자이며(2절), 보호자이며(4, 5절), 인도하시며 함께 하는 자(3, 6절)입니다.
(24편) 목자 되시는 하나님은 영광의 왕이십니다. 영광의 왕은 누구십니까? 영광의 왕은 창조주요 통치자이시며(1, 2절), 구원자요 예배의 대상이 되시며(3~6절), 승리하신 하나님이십니다(7~10절).

전도서 2장 : 모든 지혜 소유 낙을 경험한 자의 회고적인 순수함

- 나는 내 마음에 이르기를 자, 내가 시험삼아 너를 즐겁게 하리니 너는 낙을 누리라 하였으나 보라 이것도 헛되도다...(1~6)
- 은 금과 왕들이 소유한 보배와 여러 지방의 보배를 나를 위하여 쌓고 또 노래하는 남녀들과 인생들이 기뻐하는 처첩들을 많이 두었노라(8)
- 무엇이든지 내 눈이 원하는 것을 내가 금하지 아니하며 무엇이든지 내 마음이 즐거워하는 것을 내가 막지 아니하였으니 이는 나의 모든 수고를 내 마음이 기뻐하였음이라 이것이 나의 모든 수고로 말미암아 얻은 몫이로다...(10~11)
- 지혜자는 그의 눈이 그의 머리 속에 있고 우매자는 어둠 속에 다니지만...(14~15)

전도자는 자신의 욕구를 만족시키는 삶이 자신에게 의미를 줄 수 있는지 시험해 보았다고 고백합니다. 즐거움이 주는 유익을 누리라고 하지만 곧 헛됨을 알게 될 것이며(1, 2절), 육신의 즐거움을 위한 살았던 많은 시간들이 있었지만(3~9절) 자신의 즐거움을 목적으로 한 시간들은 결국 무익하고, 헛되었다고 말합니다(10, 11절). 이어서 전도자는 자기가 발견한 인생의 한계 중 가장 심각한 것 두 가지를 말합니다. 그것은 죽음의 문제(12~17절)이며, 또한 미래의 불확실성에 관한 문제(18~23절)입니다. 그러므로 우리는 하나님이 허락해 주신 것 만큼 만족하고 기뻐해야 합니다(24~26절).

디모데전서 4장 : 미혹의 영 앞에서 복음을 따르는 경건의 순수함

- 그러나 성령이 밝히 말씀하시기를 후일에 어떤 사람들이 믿음에서 떠나 미혹하는 영과 귀신의 가르침을 따르리라 하셨으니...(1~8)
- 누구든지 네 연소함을 업신여기지 못하게 하고 오직 말과 행실과 사랑과 믿음과 정절에 있어서 믿는 자에게 본이 되어...(12~15)

거짓 교사들에 대하여 바울은 디모데에게 3가지를 권면합니다. 첫째, 혼인금지나 특정 음식 절제 등 잘못된 금욕을 가르치는 거짓 교훈들에 대하여 바른 교훈을 가르치며(1~5절), 참된 경건에 대하여 권면합니다(6~11절). 참된 경건은 십자가 복음이 담긴 '믿음의 말씀'으로 바른 가르침을 받고, 또 이를 전적으로 따르는 것에 달려 있습니다. 그리고 거짓 교사를 물리치는 비결은 지도자인 디모데가 연소함이 흠이 되지 않도록 말과 행실과 사랑과 믿음과 정절의 본이 되며, 말씀을 가르치는 일에 전념하는 것입니다. 초월적인 영적 은사도 필요하지만(14절), 12절과 13절의 내용과 함께 이루어져야 은사 지상주의로 가지 않게 됩니다.

구약의 계명들은 오래전 하나님이 주신 것이지만, 오늘날에도 공동체를 위한 매우 유용한 내용을 담고 있습니다. 하나님의 말씀은 하나도 버릴 것이 없습니다. 하나님이 내게 허락하신 것에 대해 자족하는 마음을 갖게 하시고, 영원한 아버지의 집을 약속하신 영광의 하나님을 늘 높이게 하옵소서. 말씀을 가까이 함으로 거짓된 가르침을 분별하게 하옵소서.

본문 레위기 20장 | 시편 25편 | 전도서 3장 | 디모데전서 5장
주제 제사 (祭祀, 종교에서 신에게 제물을 차려놓고 정성어린 마음을 드리는 의식)

성경에는 여호와 하나님께 드리는 제사와 우상에게 드리는 제사가 있다. 이방인은 자식을 제물로 드리기도 했으나 이스라엘 선민이나 그리스도인은 기도, 찬송, 예물로 인격적인 예배를 드렸다.

레위기 20장 : 이방인이 우상에게 자식을 드리는 인신 제사

- 너는 이스라엘 자손에게 또 이르라 그가 이스라엘 자손이든지 이스라엘에 거류하는 거류민이든지 그의 자식을 몰렉에게 주면 반드시 죽이되 그 지방 사람이 돌로 칠 것이요...(2~7)
- 누구든지 아내와 자기의 장모를 함께 데리고 살면 악행인즉 그와 그들을 함께 불사를지니 이는 너희 중에 악행이 없게 하려 함이니라(14)
- 누구든지 월경 중의 여인과 동침하여 그의 하체를 범하면 남자는 그 여인의 근원을 드러냈고 여인은 자기의 피 근원을 드러내었음인즉 둘 다 백성 중에서 끊어지리라(18)
- 너희는 내가 너희 앞에서 쫓아내는 족속의 풍속을 따르지 말라 그들이 이 모든 일을 행하므로 내가 그들을 가증히 여기노라...(23~26)

근친상간을 중심으로 한 불법적인 성관계와 이방인의 역겨운 풍습을 금하고 있는 18장과 짝을 이루고 있습니다. 20장은 구체적인 징벌을 명시하고 있는데 대부분 이스라엘 사회를 심각하게 오염시키는 가증한 행위들이기 때문에 사형 혹은 공동체로부터의 제명입니다. 몰렉 제사(자녀를 불태워 드리는 제사) 및 접신술사와 박수무당 행위에 대한 징벌(1~8절), 부모 저주의 죄에 대한 징벌(9절), 가증스런 음행들에 대한 징벌(10~21절), 하나님이 구별하신 백성(22~26절), 접신술사와 박수무당에 대한 징벌(27절)로 구성되어 있습니다. 하나님의 백성은 거룩한 공동체여야 합니다.

시편 25편 : 다윗이 곤고와 환난 중에 드리는 기도 제사

- 나의 하나님이여 내가 주께 의지하였사오니 나를 부끄럽지 않게 하시고 나의 원수들이 나를 이겨 개가를 부르지 못하게 하소서...(2~3)
- 여호와여 주의 긍휼하심과 인자하심이 영원부터 있었사오니...(6~8)
- 여호와의 모든 길은 그의 언약과 증거를 지키는 자에게 인자와 진리로다(10)
- 여호와의 친밀하심이 그를 경외하는 자들에게 있음이여 그의 언약을 그들에게...(14~15)
- 내 마음의 근심이 많사오니 나를 고난에서 끌어내소서...(17~18)
- 내가 주를 바라오니 성실과 정직으로 나를 보호하소서(21)

진정으로 여호와를 바라는 다윗의 기도입니다. 다윗은 원수가 자신을 둘러싼 상황에서 주를 바라보며, 주의 도를 따를 수 있기를 간구합니다(1~7절). 그는 하나님의 선하심을 신뢰하였으며, 하나님이 자신을 경외하는 자에게 그의 언약을 보이시고 주의 길을 가르치실 것을 확신합니다(8~15절). 더불어 죄 용서에 대하여도 확신합니다(11절). 다시 한번 곤고함에 처해 있는 자신을 불쌍히 여기셔서 죄를 사하여 주시고(18절) 원수들로부터 자신을 구원하여 주시길 간구합니다(16~22절).

전도서 3장 : 영원을 사모하는 자가 경외함으로 드리는 제사

- 범사에 기한이 있고 천하 만사가 다 때가 있나니...(1~8)
- 하나님이 모든 것을 지으시되 때를 따라 아름답게 하셨고 또 사람들에게는 영원을 사모하는 마음을 주셨느니라 그러나 하나님이 하시는 일의 시종을 사람으로 측량할 수...(11~14)
- 내가 내 마음속으로 이르기를 인생들의 일에 대하여 하나님이 그들을 시험하시리니 그들이 자기가 짐승과 다름이 없는 줄을 깨닫게 하려 하심이라 하였노라(18)

인간의 생사를 포함하여 세상에 있는 모든 것에는 정해진 때가 있습니다(1~9절). 하나님이 주권적으로 정해 놓으신 것이 있습니다. 그중 대표적인 것이 '영원을 사모하는 마음'입니다(10~13절). 또한 하나님이 행하시는 모든 것은 영원합니다(14, 15절). 세상에는 악이 만연해 있습니다만 하나님의 정의로운 심판 역시 때가 있습니다(16, 17절). 하나님을 알지 못한 채 헛된 인생을 사는 사람은 짐승과 다름없습니다(18~21절). 그러므로 자신에게 맡겨진 일에 대하여 즐거이 감당하는 것이 복입니다(22절).

디모데전서 5장 : 참 과부가 하나님께 항상 드리는 간구 제사

- 참 과부로서 외로운 자는 하나님께 소망을 두어 주야로 항상 간구와 기도를 하거니와...(5~6)
- 누구든지 자기 친족 특히 자기 가족을 돌보지 아니하면 믿음을 배반한 자요 불신자보다 더 악한 자니라...(8~10)
- 만일 믿는 여자에게 과부 친척이 있거든 자기가 도와 주고 교회가 짐지지 않게 하라 이는 참 과부를 도와 주게 하려 함이라...(16~19)
- 하나님과 그리스도 예수와 택하심을 받은 천사들 앞에서 내가 엄히 명하노니 너는 편견이 없이 이것들을 지켜 아무 일도 불공평하게 하지 말며...(21~22)

바울이 디모데에게 주신 구체적인 목회적 지침입니다. 남녀노소에 따른 목회자의 바른 처신(1, 2절), 참 과부에 대한 목회적 처신과 지침(3~16절), 장로에 대한 목회 지침(17~22절), 개인적 권면(23~25절)으로 구성되어 있습니다. 성도들을 일절 깨끗함으로 대해야 하며, 건강한 관계 유지를 위해 대상별로 세심하게 살펴야 합니다. 이 당시 과부는 생산 수단이 없어 생존이 위태로운 사람들입니다. 바울은 과부에 대해 교회 공동체가 나서기 전에 1차적으로 가족이 책임지도록 했습니다(16절). 장로 송사에 대한 경고와 권면에 있어서 목회자는 편견 없이 공평하게 행해야 합니다. 본문은 목회자에 대한 권면이지만, 성도들 간에도 건강한 관계 유지를 위해 참고할 내용들입니다.

나는 거룩한 삶을 위한 결단이 강력하게 도전받고 있는 세상에서 살고 있습니다. 그러나 하나님이 나를 특별히 구별하셨으니, 나도 구별된 삶을 살게 하옵소서. 모든 것이 정한 때가 있으며, 하나님이 확정하신 일이 있음을 알게 하셔서 하나님의 주권을 인정하고 기다릴 줄 아는 참 신자가 되게 하옵소서. 그리스도 안에서 성도들이 사랑의 관계, 거룩한 관계로 맺어지게 하셔서 더욱 견고한 공동체로 세워져 가게 하옵소서.

본문 레위기 21장 | 시편 26-27편 | 전도서 4장 | 디모데전서 6장

주제 자격 (資格, 일정한 신분이나 지위를 가지거나 어떤 역할이나 행동을 하는데 필요한 조건 또는 능력)

하나님의 공동체인 교회 안에서 일하는 자가 갖춰야 할 자격과 일반 세상에서 그리스도인으로 살아가면서 갖춰야 할 자격은 다양하고 많으며 잘 살았을 경우 상을 얻게 된다.

레위기 21장 : 백성의 어른인 제사장이 여호와께 나갈 자격

- 여호와께서 모세에게 이르시되 아론의 자손 제사장들에게 말하여 이르라 그의 백성 중에서 죽은 자를 만짐으로 말미암아 스스로를 더럽히지 말려니와...(1~4)
- 너는 그를 거룩히 여기라 그는 네 하나님의 음식을 드림이니라 너는 그를 거룩히 여기라 너희를 거룩하게 하는 나 여호와는 거룩함이니라...(8~9)
- 그 성소에서 나오지 말며 그의 하나님의 성소를 속되게 하지 말라 이는 하나님께서 성별하신 관유가 그 위에 있음이니라 나는 여호와이니라(12)

제사장의 정결 규례로서 시신접촉 금지, 두발 규정, 결혼, 제사장 딸의 행음과 처벌, 장례 규정, 제사장의 결격 사유, 흠 있는 제사장의 직무 제한에 관한 내용입니다. 제사장은 직책과 사명의 중요성 때문에 더욱 엄격한 정결 규례가 요구되었습니다. 우리는 '왕 같은 제사장'으로 부름받았습니다. 우리의 거룩한 정체성을 분명하게 기억해야 합니다.

시편 26-27편 : 행악자와 원수로부터 구원받는 자의 자격

- 내가 나의 완전함에 행하였사오며 흔들리지 아니하고 여호와를 의지하였사오니 여호와여 나를 판단하소서...(26:1~2)
- 여호와여 내가 무죄하므로 손을 씻고 주의 제단에 두루 다니며...(26:6~7)
- 나는 나의 완전함에 행하오리니 나를 속량하시고 내게 은혜를 베푸소서(26:11)
- 여호와는 나의 빛이요 나의 구원이시니 내가 누구를 두려워하리요 여호와는 내 생명의 능력이시니 내가 누구를 무서워하리요(27:1)
- 군대가 나를 대적하여 진 칠지라도 내 마음이 두렵지 아니하며 전쟁이 일어나 나를 치려 할지라도 나는 여전히 태연하리로다...(27:3~5)

(26편) 다윗은 '완전함에 행하는 삶'을 살았다고 선언합니다. 이것은 그의 삶이 완벽했다는 의미가 아니라 "하나님 앞에서"(Coram Deo) 삶을 추구했다는 것입니다. 다윗이 말하는 '완전함에 행하는 삶'은 진리(말씀) 가운데 행하는 것이며(3절), 악을 멀리 하는 것입니다(4, 5, 9, 10절). 그리고 거룩한 예배자로 사는 것입니다(6, 7, 12절).

(27편) 다윗은 현재 대적들로 둘러싸인 상황입니다. 그가 얼마나 두려운 현실을 마주하고 있는지 잘 나타나 있습니다('내 살을 먹으려고', '군대가 진 칠지라도'등, 2~3절). 그럼에도 하나님을 향한 신뢰 가운데 승리를 확신합니다. 오히려 다윗은 평생 하나님의 성전에 거하며 하나님과의 교제의 기쁨을 누리길 소원하고 있습니다(4절). 다윗은 자신

안에 있는 두려움을 그대로 드러냅니다. 그러나 우리가 마주할 두려운 현실 속에 주님은 임재해 계십니다.

전도서 4장 : 상을 얻기 위해 함께 살아갈 자가 갖추어야 할 자격

- 내가 다시 해 아래에서 행하는 모든 학대를 살펴 보았도다 보라 학대 받는 자들의 눈물이로다 그들에게 위로자가 없도다 그들을 학대하는 자들의 손에는 권세가 있으나 그들에게는 위로자가 없도다(1)
- 내가 또 본즉 사람이 모든 수고와 모든 재주로 말미암아 이웃에게 시기를 받으니 이것도 헛되어 바람을 잡는 것이로다...(4~5)
- 어떤 사람은 아들도 없고 형제도 없이 홀로 있으나 그의 모든 수고에는 끝이 없도다 또 비록 그의 눈은 부요를 족하게 여기지 아니하면서 이르기를...(8~12)

삶의 의미를 찾아가는 전도자는 인간의 삶에서 일어나는 몇 가지 일에 주목합니다. 약한 자에 대한 학대가 끊이지 않는 세상과 학대받는 자에게 위로자가 없다는 불합리한 현실(1~3절), 시기와 자족이 엉켜있는 인간의 삶(인간은 경쟁적으로 살아가는 방식과 중도적인 방식인 '자족'의 두 극단 사이에 있음, 4~6절), 후손이 없는 불행한 수고(7, 8절), 함께 함의 미덕(9~12절), 역사의 순환(13~16절) 등입니다. 참고로 4절 "수고와 재주로 인하여 이웃에게 시기를 받는다"는 내용은 더 정확히 해석하면 "모든 수고와 일을 하는 모든 재주들이 그의 이웃을 시기하는 것에서 온 것임을 보았다"가 됩니다. 서로의 경쟁을 통해 인류는 발전해 갑니다.

디모데전서 6장 : 믿음의 선한 싸움을 싸우는 하나님의 사람의 자격

- 믿는 상전이 있는 자들은 그 상전을 형제라고 가볍게 여기지 말고 더 잘 섬기게 하라 이는 유익을 받는 자들이 믿는 자요 사랑을 받는 자임이라 너는 이것들을 가르치고 권하라...(2~8)
- 돈을 사랑함이 일만 악의 뿌리가 되나니 이것을 탐내는 자들은 미혹을 받아 믿음에서 떠나 많은 근심으로써 자기를 찔렀도다...(10~12)
- 네가 이 세대에서 부한 자들을 명하여 마음을 높이지 말고 정함이 없는 재물에 소망을 두지 말고 오직 우리에게 모든 것을 후히 주사 누리게 하시는 하나님께 두며...(17~18)

바울은 마지막으로 디모데에게 몇 가지 권면을 하고 있습니다. 그리스도인인 종들의 바른 삶에 대한 권면(1, 2절), 거짓 교훈에 관한 권면(3~5절), 자족함에 대한 권면(6~8절), 돈의 위험성(9, 10절), 디모데에게 주는 신앙적 덕목(11~16절), 부자에게 주는 권고(17~19절), 최후의 권면(20, 21절)으로 구성되어 있습니다. 우리는 바른 교훈을 따르며 구별된 삶을 살아야 합니다.

흠이 많은 나의 죄를 용서하시고 정결케 하셔서 '왕 같은 제사장'으로 삼으신 놀라운 은혜를 이 아침에도 찬양합니다. 내 인생에 이해하기 힘든 일도 종종 일어나지만 하나님을 향한 신뢰는 변함없게 하옵소서. 늘 '하나님의 앞에서'의 삶을 살며 주님과 교통하는 기쁨이 오늘도 가득하게 하옵소서.

본문 레위기 22장 | 시편 28-29편 | 전도서 5장 | 디모데후서 1장

주제 속성 (屬性, 어떤 개체의 성질을 세분화하여 묘사한 것으로 기독교에서는 하나님의 고유한 성품을 말함)

창조주 하나님은 절대적 속성을 가지고 계신다. 또한 그의 주권적 속성으로 일꾼을 부르신다. 따라서 모든 피조물은 영광과 찬송을 받으시기에 합당하신 하나님께 제사와 예배와 기도로 나아가야 한다.

레위기 22장 : 제사를 받으시는 여호와 하나님의 거룩하신 속성

- 아론과 그의 아들들에게 말하여 그들로 이스라엘 자손이 내게 드리는 그 성물에 대하여 스스로 구별하여 내 성호를 욕되게 함이 없게 하라 나는 여호와이니라...(2~7)
- 일반인은 성물을 먹지 못할 것이며 제사장의 객이나 품꾼도 다 성물을 먹지 못할 것이니라(10)
- 아론과 그의 아들들과 이스라엘 온 족속에게 말하여 이르라 이스라엘 자손이나 그 중에 거류하는 자가 서원제물이나 자원제물로 번제와 더불어 여호와께 예물로 드리려거든...(18~20)
- 소나 양의 지체가 더하거나 덜하거나 한 것은 너희가 자원제물로는 쓰려니와 서원제물로 드리면 기쁘게 받으심이 되지 못하리라...(23~25)
- 너희가 여호와께 감사제물을 드리려거든 너희가 기쁘게 받으심이 되도록 드릴지며...(29~30)

하나님은 거룩한 성물을 대하는 제사장은 스스로 거룩하게 구별할 것을 명하십니다. 부정한 제사장은 성물 접촉이 제한되며, 성물 섭취도 제한됩니다. 일반인은 성물을 먹을 수 없으며, 일반인 가정으로 출가한 제사장의 딸도 금지됩니다. 부정한 상태의 제사장은 제단에 바친 성물 음식은 전면 섭취 금지가 됩니다(물론 일반 성물 음식은 가능합니다). 계속 강조하는 것은 구별됨입니다. 성도는 세상에서 스스로 구별되어 하나님의 이름을 영화롭게 해야 합니다(2절).

시편 28-29편 : 기도를 응답하시는 여호와 하나님의 전능하신 속성

- 여호와여 내가 주께 부르짖으오니 나의 반석이여 내게 귀를 막지 마소서 주께서 내게 잠잠하시면 내가 무덤에 내려가는 자와 같을까 하나이다...(28:1~2)
- 여호와를 찬송함이여 내 간구하는 소리를 들으심이로다...(28:6~9)
- 너희 권능 있는 자들아 영광과 능력을 여호와께 돌리고 돌릴지어다...(29:1~2)
- 여호와께서 홍수 때에 좌정하셨음이여 여호와께서 영원하도록 왕으로 좌정하시도다...(29:10~11)

(28편) 다윗은 '무덤으로 내려가는 자'와 같다고 느낄 정도로 깊은 절망 가운데 있습니다. 그는 지성소를 향해 손을 들고 부르짖으며 기도합니다. 하나님의 부정하는 악인과 하나님을 인정하는 자신을 구별해 달라고 호소합니다. 우리가 기도하는 것 자체가 하나님을 인정하는 것입니다. 다윗은 하나님이 그의 힘이요 방패가 되심을 수없이 경험했습니다. 그래서 그는 기도응답에 대해 확신하며, 하나님의 백성들을 위한 간구로 그의 기도의 영역을 넓혀 나갑니다.

(29편) 천상의 세계(하늘의 영적 존재들)든 지상의 세계든 모든 만물들은 여호와께 영광을 돌려야 합니다. 하나님께 마땅히 드려져야 할 영광(1, 2절), 자연현상 가운데 나타나는 하나님의 영광(3~9절), 자기 백성을 구원하시는 왕(10, 11절)에 대한 내용입니다.

전도서 5장 : 예배를 살피시는 여호와 하나님의 진실하신 속성

- 너는 하나님의 집에 들어갈 때에 네 발을 삼갈지어다 가까이 하여 말씀을 듣는 것이 우매한 자들이 제물 드리는 것보다 나으니 그들은 악을 행하면서도 깨닫지 못함이니라...(1~7)
- 은을 사랑하는 자는 은으로 만족하지 못하고 풍요를 사랑하는 자는 소득으로 만족하지 아니하나니 이것도 헛되도다(10)
- 노동자는 먹는 것이 많든지 적든지 잠을 달게 자거니와 부자는 그 부요함 때문에 자지 못하느니라...(12~16)
- 사람이 하나님께서 그에게 주신 바 그 일평생에 먹고 마시며 해 아래에서 하는 모든 수고 중에서 낙을 보는 것이 선하고 아름다움을 내가 보았나니 그것이 그의 몫이로다...(18~19)

전도자는 인간을 하나님과의 관계에서 설명합니다. 바른 제사는 하나님의 말씀을 듣는 것입니다(1절). 하나님에 앞에 서원한 것은 반드시 지켜야 합니다(2~7절). 하나님 앞에서 말한 것에 책임을 지는 삶입니다. 긍휼과 공의가 바로 서는 삶을 살아야 합니다(8, 9절). 재물은 재물을 사랑하는 자에게 참 만족과 유익을 주지 못하는 헛된 것임을 알아야 합니다(10~12절). 오히려 재물을 좇는 삶은 영생을 얻는 데 방해가 되며 근심과 질병, 분노, 불행을 불러옵니다(13~17절). 일평생 하나님이 베푸신 것을 선물로 여기며 감사함으로 사는 것이 선한 것입니다(18~20절).

디모데후서 1장 : 바울과 디모데를 부르신 여호와 하나님의 전지하신 속성

- 내가 밤낮 간구하는 가운데 쉬지 않고 너를 생각하여 청결한 양심으로 조상적부터 섬겨 오는 하나님께 감사하고...(3~8)
- 너는 그리스도 예수 안에 있는 믿음과 사랑으로써 내게 들은 바 바른 말을 본받아 지키고...(13~17)

디모데는 외조모로부터 시작된 참된 믿음을 이어받았습니다. 바울은 그것을 언급하며 디모데를 일깨워 그가 받았던 은사를 다시 불 일 듯 일으켜 주려고 합니다. 오직 은혜로 말미암은 구원이기에(9, 10절) 하나님은 이 복음의 전파를 위해 여러 일꾼을 세우셨습니다(11~14절). 복음을 위해 사슬에 매인 자가 있는 반면, 복음을 버린 자도 있습니다(15~18절).

하나님! 나를 세상 가운데서 구별하여 주신 은혜를 감사드립니다. 주님의 말씀에 귀를 기울이게 하시고, 주의 긍휼과 공의가 내 삶에 균형 있게 나타나게 하옵소서. 하나님의 권세와 위엄에 맞는 영광을 드리는 참 신자가 되게 하시고, 특히 신앙이 다음 세대에게 잘 전수되게 하옵소서.

본문 레위기 23장 | 시편 30편 | 전도서 6장 | 디모데후서 2장

주제 안식 (安息, 인간이 하나님의 은혜 안에서 영육간에 편안히 쉼을 얻음)

죄로 인하여 늙고 병들어 죽게 된 인간은 참된 안식을 소망하게 되었다. 오직 그 소망의 성취는 재물과 부요와 존귀와 수고에 있지 않고 주 예수 그리스도 안에서의 절기적 제사와 진실한 기도에 있다.

레위기 23장 : 이스라엘 백성이 절기를 통해 주 안에서 안식함

- 이스라엘 자손에게 말하여 이르라 이것이 나의 절기들이니 너희가 성회로 공포할 여호와의 절기들이니라...(2~3)
- 이스라엘 자손에게 말하여 이르라 너희는 내가 너희에게 주는 땅에 들어가서 너희의 곡물을 거둘 때에 너희의 곡물의 첫 이삭 한 단을 제사장에게로 가져갈 것이요...(10~12)
- 안식일 이튿날 곧 너희가 요제로 곡식단을 가져온 날부터 세어서 일곱 안식일의 수효를 채우고...(15~16)
- 이 날에 너희는 너희 중에 성회를 공포하고 어떤 노동도 하지 말지니...(21~22)
- 일곱째 달 열흘날은 속죄일이니 너희는 성회를 열고 스스로 괴롭게 하며 여호와께 화제를 드리고...(27~29)
- 이는 여호와의 안식일 외에, 너희의 헌물 외에, 너희의 모든 서원제물 외에...(38~40)

이스라엘이 지켜야 할 절기에 관한 규례입니다. 절기는 크게 숫자 '7'에 관한 절기들과 농사주기에 따른 절기로 나누어집니다. 7일 주기의 안식일, 7년 주기의 안식년, 7년 주기가 7번 반복되는 49년째의 희년이 있습니다(본문에 안식년, 희년은 등장하진 않습니다). 또한 농사주기와 관련된 연중 절기들은 유월절/무교절(보리 추수시기), 칠칠절(또는 오순절, 밀 추수시기), 초막절(또는 수장절, 가을 과일 추수시기)이 있습니다. 그러나 농사주기보다 더 중요한 의미가 있습니다. 유월절(무교절)은 어린양의 희생을 통한 출애굽의 구원사건과 밀접한 관련이 있고, 초막절 역시 광야 40년의 기간을 회상하며 지키게 됩니다. 16장에서 자세히 소개된 대속죄일 역시 매우 중요하게 지켜야 하는 절기입니다.

시편 30편 : 다윗이 고난 중에서 기도응답을 통해 안식함

- 여호와여 내가 주를 높일 것은 주께서 나를 끌어내사 내 원수로 하여금 나로 말미암아 기뻐하지 못하게 하심이니이다...(1~5)
- 여호와여 주의 은혜로 나를 산 같이 굳게 세우셨더니 주의 얼굴을 가리시매 내가 근심하였나이다(7)
- 여호와여 들으시고 내게 은혜를 베푸소서 여호와여 나를 돕는 자가 되소서...(10~11)

다윗은 심한 질병 가운데 놓여 있었다가 회복되었습니다. 질병의 원인은 그의 죄로 인한 것으로 보입니다. 하나님은 자비를 베푸셔서 그를 질병과 죽음에서 건져 내셨습니다(1~3절). 건짐받은 다윗은 "그의 노염은 잠깐이요 그의 은총은 평생"이라고 고백합니다(5절). 구원의 하나님을 찬송하며 감사하자고 선포합니다(4절). 우리의 슬픔과 절망을 기쁨과 소망으로 바꾸시는 주님을 찬양합니다.

전도서 6장 : 솔로몬이 해 아래 있는 거짓된 안식을 소개함

- 어떤 사람은 그의 영혼이 바라는 모든 소원에 부족함이 없어 재물과 부요와 존귀를 하나님께 받았으나 하나님께서 그가 그것을 누리도록 허락하지 아니하셨으므로 다른 사람이 누리나니 이것도 헛되어 악한 병이로다...(2~3)
- 그가 비록 천 년의 갑절을 산다 할지라도 행복을 보지 못하면 마침내 다 한 곳으로 돌아가는 것뿐이 아니냐...(6~9)

소유한 것을 누리지 못하는 삶, 자족하지 못하는 삶은 불행합니다(1~6절). 소유를 통해 참 만족을 누릴 수 없음을 깨닫지 못한 자 역시 불행합니다(7~9절). 본문은 인간의 한계에 대하여 "자기보다 강한 자와는 능히 다툴 수 없느니라"라는 말로 표현합니다(10절). 인간은 자기 운명을 바꾸기 위해 하나님과 다툴 수 있는 존재가 아니라는 것입니다. 진흙이 토기장이와 다툴 수 없습니다. 피조물의 한계를 넘어서려는 모든 시도는 헛된 것입니다. 현재의 삶이 하나님의 뜻 위에 있음을 확신할 때, 평안을 누리게 됩니다.

디모데후서 2장 : 모든 죄인이 예수 그리스도의 구원 안에서 안식함

- 너는 그리스도 예수의 좋은 병사로 나와 함께 고난을 받으라...(3~7)
- 그러므로 내가 택함 받은 자들을 위하여 모든 것을 참음은 그들도 그리스도 예수 안에 있는 구원을 영원한 영광과 함께 받게 하려 함이라...(10~12)
- 너는 진리의 말씀을 옳게 분별하며 부끄러울 것이 없는 일꾼으로 인정된 자로 자신을 하나님 앞에 드리기를 힘쓰라...(15~17)
- 큰 집에는 금 그릇과 은 그릇뿐 아니라 나무 그릇과 질그릇도 있어 귀하게 쓰는 것도 있고 천하게 쓰는 것도 있나니...(20~22)
- 주의 종은 마땅히 다투지 아니하고 모든 사람에 대하여 온유하며 가르치기를 잘하며 참으며...(24~26)

바울은 디모데의 소명을 일깨웁니다. 자신이 역경 속에서 복음을 전했던 것처럼, 디모데에게 자신을 본받아 복음을 전수하고, 다른 사람에게도 그렇게 가르치라고 합니다. 우리는 '그리스도의 병사로 복무하는 자'입니다(3, 4절). 좋은 병사는 자신을 모집한 자를 기쁘게 합니다. 복음 전파에는 고난이 따르나 주와 함께 다스리는 보상이 있습니다(8~13절). 이단과의 쓸데없는 논쟁을 금하고(14~19절) 깨끗한 그릇이 되어야 합니다(20, 21절). 마지막으로 주의 종에게 합당한 모습을 언급합니다(22~26절).

나를 구원하기 위한 예수님의 십자가 여정을 기억합니다. 그리고 내가 처음으로 예수님을 구주로 고백한 순간도 기억합니다. 나의 존재와 인생에 드리워진 어둠과 슬픔을 거두어 주시고, 기쁨을 주신 주님을 찬양합니다. 소유지향적인 세상에서 주님 한 분만으로 만족할 수 있는 신앙을 갖게 하시고, 예수 그리스도의 좋은 병사로 살게 하옵소서.

본문 레위기 24장 | 시편 31편 | 전도서 7장 | 디모데후서 3장

주제 지속 (持續, 어떤 상태가 끊이지 않고 오래 계속되거나 유지됨)

하나님은 성실하심이 크시고 영원하시다. 따라서 예수님을 믿은 하나님의 자녀는 기도와 말씀 그리고 제사드림과 경외함에 있어서 성실해야 한다. 성도의 능력은 성실함의 지속성에 있는 것이다.

레위기 24장 : 지속적으로 등잔불을 꺼뜨리지 않는 제사장

- 이스라엘 자손에게 명령하여 불을 켜기 위하여 감람을 찧어낸 순결한 기름을 네게로 가져오게 하여 계속해서 등잔불을 켜 둘지며...(2~3)
- 너는 고운 가루를 가져다가 떡 열두 개를 굽되 각 덩이를 십분의 이 에바로 하여...(5~6)
- 안식일마다 이 떡을 여호와 앞에 항상 진설할지니 이는 이스라엘 자손을 위한 것이요 영원한 언약이니라(8)
- 이스라엘 자손 중에 그의 어머니가 이스라엘 여인이요 그의 아버지는 애굽 사람인 어떤 사람이 나가서 한 이스라엘 사람과 진영 중에서 싸우다가...(10~11)
- 그 저주한 사람을 진영 밖으로 끌어내어 그것을 들은 모든 사람이 그들의 손을 그의 머리에 얹게 하고 온 회중이 돌로 그를 칠지니라...(14~16)

사람이 만일 그의 이웃에게 상해를 입혔으면 그가 행한 대로 그에게 행할 것이니...(19~20절) 등잔대의 관리 및 사용 규정, 진설상에 떡을 놓는 방법에 관한 규정입니다. 제사장들은 매일 등잔대를 점검하고 불이 24시간 꺼지지 않고 성막 안을 비추도록 해야 하며, 매주 언약의 빵을 진설해야 합니다. 언약의 빵인 진설병은 하나의 부피가 약 4.4리터로 12개를 놓아야 합니다. 하나님과의 언약의 식탁, 언약의 교제가 지속된다는 의미입니다. 등잔대의 불과 언약의 빵은 빛이 되시며, 생명의 떡이신 예수님을 생각나게 합니다. 성막과 관련된 지침과 더불어 약속의 땅에서 일어날 수 있는 범죄에 대한 규정에 대해서도 언급하고 있습니다(10~23절).

시편 31편 : 지속적으로 기도하여 건져내심을 받는 다윗

- 여호와여 내가 주께 피하오니 나를 영원히 부끄럽게 하지 마시고 주의 공의로 나를 건지소서...(1~5)
- 여호와여 내가 고통 중에 있사오니 내게 은혜를 베푸소서...(9~10)
- 내가 무리의 비방을 들었으므로 사방이 두려움으로 감싸였나이다...(13~14)
- 여호와여 내가 주를 불렀사오니 나를 부끄럽게 하지 마시고 악인들을 부끄럽게 하사 스올에서 잠잠하게 하소서(17)
- 주를 두려워하는 자를 위하여 쌓아 두신 은혜 곧 주께 피하는 자를 위하여 인생 앞에 베푸신 은혜가 어찌 그리 큰지요...(19~20)
- 너희 모든 성도들아 여호와를 사랑하라 여호와께서 진실한 자를 보호하시고 교만하게 행하는 자에게 엄중히 갚으시느니라...(23~24)

대적에게 쫓기는 다윗은 하나님께 피하며 긴급하게 호소합니다(1절). “나의 영을 주의 손에 부탁하나이다"(5절)라는 구절을 보면 그가 얼마나 위급한 상황이었는지 알 수 있습니다. 이 구절은 예수님이 십자가에서 인용한 구절이기도 합니다. 주님은 우리의 아픔과 고난을 아십니다. 고난에서 다시 일으키시는 분입니다. 이러한 신뢰가 다윗의 기도문에 담겨 있지만, 또한 고통 중에 있기에 탄식하는 내용도 함께 담겨 있습니다(9~13절). 그러나 결국에는 "주는 내 하나님"이시라는 고백과 함께(14절) 주의 놀라운 은혜에 대한 찬양(19~24절)으로 마무리합니다. 우리 인생의 최후의 보루, 바로 하나님이십니다.

전도서 7장 : 지속적으로 참된 신앙의 삶을 추구하는 인생

- 초상집에 가는 것이 잔칫집에 가는 것보다 나으니 모든 사람의 끝이 이와 같이 됨이라 산 자는 이것을 그의 마음에 둘지어다(2)
- 지혜자의 마음은 초상집에 있으되 우매한 자의 마음은 혼인집에 있느니라...(4~5)
- 옛날이 오늘보다 나은 것이 어찜이냐 하지 말라 이렇게 묻는 것은 지혜가 아니니라(10)
- 형통한 날에는 기뻐하고 곤고한 날에는 되돌아 보아라 이 두 가지를 하나님이 병행하게 하사 사람이 그의 장래 일을 능히 헤아려 알지 못하게 하셨느니라(14)
- 너는 이것도 잡으며 저것에서도 네 손을 놓지 아니하는 것이 좋으니 하나님을 경외하는 자는 이 모든 일에서 벗어날 것임이니라...(18~19)
- 내가 돌이켜 전심으로 지혜와 명철을 살피고 연구하여 악한 것이 얼마나 어리석은...(25~26)
- 내 마음이 계속 찾아 보았으나 아직도 찾지 못한 것이 이것이라...(28~29)

7장은 개별적인 잠언의 모음입니다. '~은 ~보다 낫다'로 표현되는 비교잠언(1~12절)과 비교잠언의 결론(13, 14절), 인간세계의 모순(즉 의인이 망하는 역설적인 상황과 의인을 찾기 힘든 현실, 15~22절)과 인간의 한계(23, 24절), 그리고 전도자가 발견한 세 가지 삶의 실체입니다(25~29절). 세 가지는 첫째 죄악으로 유혹하는 여인은 사망보다 더 쓰다는 것, 둘째 지혜자를 찾기 어렵다는 것, 셋째 하나님이 사람을 정직하게 만드셨으나 인간 스스로 창조질서를 파괴했다는 것입니다.

디모데후서 3장 : 지속적으로 경건과 말씀을 통해 구원받는 성도

- 너는 이것을 알라 말세에 고통하는 때가 이르러...(1~5)
- 나의 교훈과 행실과 의향과 믿음과 오래 참음과 사랑과 인내와...(10~12)
- 그러나 너는 배우고 확신한 일에 거하라 너는 네가 누구에게서 배운 것을 알며...(14~17)

바울은 디모데에게 마지막 때에 나타날 타락상과(1~5절) 경건의 모양만 갖춘 거짓 교사들에 대해 주의할 것을 가르칩니다. 특히 거짓 교사들은 집을 방문하여 신자들을 미혹하는 오늘날의 이단과 같은 존재들입니다. 마지막으로 고난을 이긴 자신을 본받을 것과(10~13절) 말씀 가운데 확신 있게 서 있을 것을 권면합니다(14~17절).

작은 성과에 교만하지 않게 하시고, 인간의 한계를 볼 때마다 하나님을 향한 경외함이 더하여지게 하옵소서. 참 빛이 되시며, 참된 양식이 되시는 주님! 내 영혼을 주의 손에 의탁합니다. 영생을 위하여 오직 당신만을 의지하오니 진리의 말씀이 주는 확신으로 충만하게 하옵소서.

본문 레위기 25장 | 시편 32편 | 전도서 8장 | 디모데후서 4장
주제 속량 (贖良, 예수가 인간의 죄와 고난을 대신 담당함으로 그를 구원해 주는 것)

세상은 마귀로 인하여 악하고, 인간은 부패함과 연약함 때문에 죄와 한계 속에서 산다. 성부, 성자, 성령 하나님은 채무와 빚, 허물과 죄, 불공평한 일, 고난과 해를 당하는 인생을 속량의 은혜로 구원해 주신다.

레위기 25장 : 채무와 빚에서 속량을 받음

- 이스라엘 자손에게 말하여 이르라 너희는 내가 너희에게 주는 땅에 들어간 후에 그 땅으로 여호와 앞에 안식하게 하라...(2~5)
- 너는 일곱 안식년을 계수할지니 이는 칠 년이 일곱 번인즉 안식년 일곱 번 동안 곧 사십구 년이라...(8~10)
- 만일 너희가 말하기를 우리가 만일 일곱째 해에 심지도 못하고 소출을 거두지도 못하면 우리가 무엇을 먹으리요 하겠으나...(20~24)
- 그러나 자기가 무를 힘이 없으면 그 판 것이 희년에 이르기까지 산 자의 손에 있다가 희년에 이르러 돌아올지니 그것이 곧 그의 기업으로 돌아갈 것이니라...(28~30)
- 만일 레위 사람이 무르지 아니하면 그의 소유 성읍의 판 가옥은 희년에 돌려 보낼지니 이는 레위 사람의 성읍의 가옥은 이스라엘 자손 중에서 받은 그들의 기업이 됨이니라(33)
- 너희는 그들을 너희 후손에게 기업으로 주어 소유가 되게 할 것이라 이방인 중에서는 너희가 영원한 종을 삼으려니와 너희 동족 이스라엘 자손은 너희가 피차 엄하게 부리지 말지니라(46)
- 자기 몸이 팔린 해로부터 희년까지를 그 산 자와 계산하여 그 연수를 따라서 그 몸의 값을 정할 때에 그 사람을 섬긴 날을 그 사람에게 고용된 날로 여길 것이라(50)
- 이스라엘 자손은 나의 종들이 됨이라 그들은 내가 애굽 땅에서 인도하여 낸 내 종이요 나는 너희의 하나님 여호와이니라(55)

7년마다 땅에게 휴식을 주는 안식년 제도와 50년 단위로 경제적 어려움에서 자유케 되는 희년 제도는 현실성이 떨어져 보이지만 하나님의 속성인 긍휼과 자비가 담긴 제도입니다. 토지는 근본적으로 하나님의 소유로 일시적으로 다른 사람에게 넘어간 토지는 원주인에게 반드시 반환되어야 한다는 것이 희년제도의 내용입니다. 구약의 대표적인 약자 보호법으로서 인간의 죄성과 정면으로 배치되는 이 은혜로운 법은 실제로는 거의 지켜지지 않았다고 합니다. 인간이 하나님의 뜻대로만 살아간다면, 이 세상이 얼마나 아름다울까요?

시편 32편 : 허물과 죄에서 속량을 받음

- 허물의 사함을 받고 자신의 죄가 가려진 자는 복이 있도다...(1~2)
- 내가 이르기를 내 허물을 여호와께 자복하리라 하고 주께 내 죄를 아뢰고 내 죄악을 숨기지 아니하였더니 곧 주께서 내 죄악을 사하셨나이다...(5~7)
- 악인에게는 많은 슬픔이 있으나 여호와를 신뢰하는 자에게는 인자하심이 두르리로다...(10~11)

가장 복된 자가 누구일까요? 허물의 사함을 받은 자입니다. 우리가 죄를 고백하면, 죄를 사하시고 깨끗케 하시며, 의롭게 하십니다(요일 1:9). 죄를 자복한 자에게(5절) 주의 인자하심을 나타내십니다(10절).

전도서 8장 : 불공평한 일에서 속량을 받음

- 누가 지혜자와 같으며 누가 사물의 이치를 아는 자이냐 사람의 지혜는 그의 얼굴에 광채가 나게 하나니 그의 얼굴의 사나운 것이 변하느니라(1)
- 명령을 지키는 자는 불행을 알지 못하리라 지혜자의 마음은 때와 판단을 분변하나니...(5~6)
- 내가 이 모든 것들을 보고 해 아래에서 행하는 모든 일을 마음에 두고 살핀즉 사람이 사람을 주장하여 해롭게 하는 때가 있도다...(9~14)
- 내가 마음을 다하여 지혜를 알고자 하며 세상에서 행해지는 일을 보았는데 밤낮으로 자지 못하는 자도 있도다...(16~17)

지혜로운 자는 왕(여기서는 하나님으로부터 지혜를 받은 자의 의미)의 권위에 대해 합당하게 복종합니다. 이후 '왕의 명령을 지키라'는 의미에서 사회 구조 속에서 지켜야 할 삶의 원리에 대한 교훈으로 내용이 확장됩니다. 그러나 비록 왕이라 할지라도 한계가 분명하므로(8절) 우리 인생 자체는 한계로 둘러싸여 있습니다. 변화시킬 수 없는 환경, 악과 불의와의 공존 및 득세 등 현실적 모순 속에서 우리는 살아갑니다. 그러므로 하나님을 경외하며, 내게 주어진 인생에 대해 감사하며 즐거워하는 것이 복입니다(15절).

디모데후서 4장 : 고난과 해에서 속량을 받음

- 하나님 앞과 살아 있는 자와 죽은 자를 심판하실 그리스도 예수 앞에서 그가 나타나실 것과 그의 나라를 두고 엄히 명하노니...(1~5)
- 나는 선한 싸움을 싸우고 나의 달려갈 길을 마치고 믿음을 지켰으니...(7~8)
- 누가만 나와 함께 있느니라 네가 올 때에 마가를 데리고 오라 그가 나의 일에 유익하니라...(11~15)
- 주께서 내 곁에 서서 나에게 힘을 주심은 나로 말미암아 선포된 말씀이 온전히 전파되어 모든 이방인이 듣게 하려 하심이니 내가 사자의 입에서 건짐을 받았느니라...(17~18)

주께서 곧 다시 오신다는 종말론적 신앙을 가지고 기회를 얻든지 못 얻든지 항상 말씀을 전하는 자가 되어야 합니다(1~8절). 본문은 바울이 재차 로마감옥에 투옥된 상황을 반영하고 있습니다. 그의 동역자들과 믿음을 버린 자에 대해 언급하면서(9~15절), 첫 번째 로마감옥에 갇혔을 때를 회상합니다(16~18절). 그때 그의 곁을 아무도 없었지만 주님이 그와 함께 하셨으며, 사자(네로 황제)의 입에서 건짐을 받았습니다.

죄인을 향한 하나님의 크고 놀라운 자비와 긍휼이 오늘도 나에게 임하고 있습니다. 그러므로 약자를 대할 때, 하나님이 나를 대하시는 방식으로 상대할 수 있도록 하나님의 마음을 우리에게 주시옵소서. 죄를 사함받은 기쁨으로 부모님과 이웃들에게 생명의 말씀을 담대히 전할 수 있도록 용기를 주시옵소서.

본문 레위기 26장 | 시편 33편 | 전도서 9장 | 디도서 1장

주제 경외 (敬畏, 하나님을 공경하고 두려워 함)

하나님은 우리를 창조하시고 구원하셨다. 그러므로 우리는 우상을 만들지 말고 주일을 지키며 즐겨 찬양하고 주신 것을 감사함으로 누리며, 주신 소명에 따라 전도하고 일꾼을 세워 그 나라와 의를 이루어가야 한다.

레위기 26장 : 하나님을 경외하는 자가 우상을 만들지 않고 안식일을 지킴

- 너희는 자기를 위하여 우상을 만들지 말지니 조각한 것이나 주상을 세우지 말며 너희 땅에 조각한 석상을 세우고 그에게 경배하지 말라 나는 너희의 하나님 여호와임이니라...(1~5)
- 또 너희 다섯이 백을 쫓고 너희 백이 만을 쫓으리니 너희 대적들이 너희 앞에서 칼에 엎드러질 것이며...(8~12)
- 내 규례를 멸시하며 마음에 내 법도를 싫어하여 내 모든 계명을 준행하지 아니하며 내 언약을 배반할진대...(15~16)
- 또 만일 너희가 그렇게까지 되어도 내게 청종하지 아니하면 너희의 죄로 말미암아 내가 너희를 일곱 배나 더 징벌하리라(18)
- 이런 일을 당하여도 너희가 내게로 돌아오지 아니하고 내게 대항할진대...(23~24)
- 너희가 이같이 될지라도 내게 청종하지 아니하고 내게 대항할진대...(27~30)
- 그들이 나를 거스른 잘못으로 자기의 죄악과 그들의 조상의 죄악을 자복하고...(40~42)
- 그런즉 그들이 그들의 원수들의 땅에 있을 때에 내가 그들을 내버리지 아니하며...(44~45)

율법 준수에 따른 축복(1~13절)과 저주(14~39절)가 선포됩니다. 우상숭배에 대한 경고(1절)에 이어 안식일을 지키며 성소를 경외하라고 말씀하십니다. 우상을 좇았던, 욕심을 좇았던 삶을 멈추고 하나님께로 다시 채널을 맞추는 시간이 바로 안식일(예배)입니다. 마지막 부분은 축복과 보호의 약속입니다. 비록 죄로 인해 하나님을 거역했을지라도 회개에 따른 언약의 회복을 약속해 주십니다(40~46절).

시편 33편 : 하나님을 경외하는 자가 그를 찬양하며 즐거워하고 의지함

- 너희 의인들아 여호와를 즐거워하라 찬송은 정직한 자들이 마땅히 할 바로다...(1~5)
- 온 땅은 여호와를 두려워하며 세상의 모든 거민들은 그를 경외할지어다(8)
- 여호와의 계획은 영원히 서고 그의 생각은 대대에 이르리로다...(11~12)
- 그는 그들 모두의 마음을 지으시며 그들이 하는 일을 굽어살피시는 이로다(15)
- 여호와는 그를 경외하는 자 곧 그의 인자하심을 바라는 자를 살피사...(18~21)

창조주 하나님의 통치와 다스림, 보호하심에 대한 찬양입니다. 다윗은 악기를 동반하여 기쁨으로 찬양하며, 회중에게 여호와를 즐거워하라고 선포합니다. 우리는 하나님의 창조의 역사, 그리고 진실과 공의의 성품을 찬양해야 합니다(4~8절). 우리는 하나님의 선택과 통치를 찬양해야 합니다(9~19절). 마지막으로 우리는 하나님의 인자하심을 찬양해야 합니다(20~22절).

전도서 9장 : 하나님을 경외하는 자가 그 손 안에서 복을 받으며 누림

- 이 모든 것을 내가 마음에 두고 이 모든 것을 살펴 본즉 의인들이나 지혜자들이나 그들의 행위나 모두 다 하나님의 손 안에 있으니 사랑을 받을는지 미움을 받을는지 사람이 알지 못하는 것은 모두 그들의 미래의 일들임이니라(1)
- 모든 사람의 결국은 일반이라 이것은 해 아래에서 행해지는 모든 일 중의 악한 것이니 곧 인생의 마음에는 악이 가득하여 그들의 평생에 미친 마음을 품고 있다가 후에는...(3~5)
- 너는 가서 기쁨으로 네 음식물을 먹고 즐거운 마음으로 네 포도주를 마실지어다 이는 하나님이 네가 하는 일들을 벌써 기쁘게 받으셨음이니라...(7~10)
- 분명히 사람은 자기의 시기도 알지 못하나니 물고기들이 재난의 그물에 걸리고 새들이 올무에 걸림 같이 인생들도 재앙의 날이 그들에게 홀연히 임하면 거기에 걸리느니라(12)
- 곧 작고 인구가 많지 아니한 어떤 성읍에 큰 왕이 와서 그것을 에워싸고 큰 흉벽을 쌓고...(14~15)

지혜가 무기보다 나으니라 그러나 죄인 한 사람이 많은 선을 무너지게 하느니라(18)

인간의 한계 중 최고봉은 죽음입니다. 죽음은 모든 사람을 기다리고 있습니다. 생명과 죽음은 하나님의 영역이며, 미래의 일을 알 수 없다는 것이 인간의 지적 한계입니다. 그러나 전도자는 죽음의 한계 앞에서 하나님이 주신 인생의 몫에 대하여 기뻐하며 즐겁게 누리라고 말합니다(9절). 전도자는 또 다른 한계를 지적합니다(11절). 그것은 인간의 기대와 현실 사이의 괴리입니다. 성읍을 구한 가난한 지혜자가 그에 합당한 대우를 받지 못했다는 예화를 통해 인간의 능력대로 보상받지 못하는 현실의 한계를 설명합니다(13~18절).

디도서 1장 : 하나님을 경외하는 자가 전도를 하며 일꾼을 세우고 가르치며 꾸짖음

- 영생의 소망을 위함이라 이 영생은 거짓이 없으신 하나님이 영원 전부터 약속하신 것인데...(2~3)
- 내가 너를 그레데에 남겨 둔 이유는 남은 일을 정리하고 내가 명한 대로 각 성에 장로들을 세우게 하려 함이니...(5~9)
- 불순종하고 헛된 말을 하며 속이는 자가 많은 중 할례파 가운데 특히 그러하니...(10~14)
- 그들이 하나님을 시인하나 행위로는 부인하니 가증한 자요 복종하지 아니하는 자요 모든 선한 일을 버리는 자니라(16)

바울은 젊은 목회자인 디도에게 장로와 감독을 세우는 기준에 대하여 가르칩니다. 본문의 내용은 디모데전서 3장 2~7절과 유사합니다. 장로들은 삶의 모범이 되어야 하며 도덕, 윤리적으로 흠이 없어야 합니다. 특히 나그네를 잘 대접하고, 선행을 좋아해야 합니다. 그리고 입으로는 하나님을 말하지만, 행위로는 부인하는 거짓 교사들을 항상 경계해야 합니다.

창조를 시작으로 지금까지 하나님이 행하신 모든 일은 내가 부를 노래의 가사들입니다. 하나님을 경외하는 마음으로 안식일을 준수하며, 율법을 지키고, 섬김과 사랑의 삶으로 그리스도인의 증거를 남기게 하옵소서. 복음의 통로로 살아가길 원합니다.

4/23

본문 레위기 27장 | 시편 34편 | 전도서 10장 | 디도서 2장

주제 작정 (作定, 일을 어떻게 하기로 마음속으로 단단히 결정함)

믿는 자는 평안할 때보다 어려운 일이 있을 때 하나님을 향하여 작정을 하게 된다. 때로는 물질로, 때로는 경건으로, 때로는 생활로, 때로는 성품으로 결단하고 작정하여 일을 견뎌내고 해결해 간다.

레위기 27장 : 선민이 예물과 집과 땅으로 서원하여 작정함

- 이스라엘 자손에게 말하여 이르라 만일 어떤 사람이 사람의 값을 여호와께 드리기로 분명히 서원하였으면 너는 그 값을 정할지니...(2~9)
- 만일 어떤 사람이 자기 집을 성별하여 여호와께 드리려하면 제사장이 그 우열간에 값을 정할지니 그 값은 제사장이 정한 대로 될 것이며...(14~16)
- 만일 그가 그 밭을 무르지 아니하려거나 타인에게 팔았으면 다시는 무르지 못하고...(20~21)
- 오직 가축 중의 처음 난 것은 여호와께 드릴 첫 것이라 소나 양은 여호와의 것이니 누구든지 그것으로는 성별하여 드리지 못할 것이며(26)
- 어떤 사람이 자기 소유 중에서 오직 여호와께 온전히 바친 모든 것은 사람이든지 가축이든지 기업의 밭이든지 팔지도 못하고 무르지도 못하나니 바친 것은 다 여호와께 지극히 거룩함이며...(28~30)

"그의 마음에 서원한 것은 해로울지라도 변하지 아니하며"(시 15:4) 여호와의 장막에 머무를 자 누구냐?에 대한 내용 중에 등장합니다. 27장은 각종 서원에 관한 내용입니다. 서원의 대상으로는 사람(1~8절), 제물(가축, 9~13절), 주택(14, 15절), 토지(16~25절)가 있습니다. 그 밖에 서원으로서는 첫 태생의 구별(가축의 첫 태생은 직접 드리거나 돈으로 환산하여 바침, 26~27절), 여호와께 온전히 바쳐진 것(일명 헤렘, 헤렘이 선언되면 사람이든 가축이든 토지이든 온전히 하나님의 소유임. 헤렘을 어긴 대표적인 사례가 여리고성 정복 후에 있었음. 여리고 성내 모든 물건에 대해 헤렘이 선언되었으나 아간이 일부를 가져다가 숨김. 결국 아간은 하나님의 소유를 훔친 대가로 죽임을 당함. 28~29절), 십일조(30~34절)가 있습니다. 우리는 서원에 대해 신중해야 하며, 서원한 것은 반드시 이행해야 합니다.

시편 34편 : 다윗이 고난 중에 찬송과 기도와 선을 작정함

- 내가 여호와를 항상 송축함이여 내 입술로 항상 주를 찬양하리이다...(1~4)
- 이 곤고한 자가 부르짖으매 여호와께서 들으시고 그의 모든 환난에서 구원하셨도다(6)
- 너희는 여호와의 선하심을 맛보아 알지어다 그에게 피하는 자는 복이 있도다...(8~10)
- 생명을 사모하고 연수를 사랑하여 복 받기를 원하는 사람이 누구뇨...(12~15)
- 의인이 부르짖으매 여호와께서 들으시고 그들의 모든 환난에서 건지셨도다...(17~18)

다윗이 사울에게 쫓겨 블레셋으로 망명을 간 이후, 아비멜렉 앞에서 미친 체하다가 쫓겨나서 지은 시입니다. 목숨을 구걸해야 하는 인생의 바닥을 경험하는 중임에도 그는 하나님의 선하심과 위대하심을 선포합니다. 그가 하나님을 높이는 이유는 비록 자신의 형편은 비참하기 이를 데 없지만, 자신의 부르짖음에 하나님이 응답하셔서 모든 환난에서 구원해 주실 것을 여전히 신뢰하기 때문입니다(5~7절). 그리고 주의 백성들에게도 여호와를 송축하라고 선포합니다. 하나님은 선하시며, 그에게 피하는 모든 자를 구원하시며, 모든 좋은 것에 부족함이 없게 하시는 분이기 때문입니다(8~10절). 의인은 고난이 많지만 하나님은 의인을 도우십니다(18~22절).

전도서 10장 : 지혜자가 마음과 말과 행함으로 삶을 작정함

- 죽은 파리들이 향기름을 악취가 나게 만드는 것 같이 적은 우매가 지혜와 존귀를 난처하게 만드느니라...(1~2)
- 주권자가 네게 분을 일으키거든 너는 네 자리를 떠나지 말라 공손함이 큰 허물을 용서받게 하느니라(4)
- 철 연장이 무디어졌는데도 날을 갈지 아니하면 힘이 더 드느니라 오직 지혜는 성공하기에 유익하니라(10)
- 지혜자의 입의 말들은 은혜로우나 우매자의 입술들은 자기를 삼키나니(12)
- 왕은 어리고 대신들은 아침부터 잔치하는 나라여 네게 화가 있도다...(16~17)
- 잔치는 희락을 위하여 베푸는 것이요 포도주는 생명을 기쁘게 하는 것이나 돈은 범사에 이용되느니라...(19~20)

지혜의 다양한 측면에 대한 잠언입니다. 지혜와 우매의 비교(1~4절), 창조질서의 일부인 '지혜'가 무너진 사회(재난을 경험함, 5~7절), 인생에 닥치는 불의의 사고에 대한 예들(8~11절), 우매자의 말(12~15절), 복된 지도자(17절의 "왕은 귀족들의 아들이요" → "왕은 고귀한 인격의 소유자"로 번역하는 것이 더 정확함, 16~17절), 게으른 자에 대한 경고(18절), 돈의 유용성(19절), 말의 영향력(부정적인 말, 저주의 말은 말하는 사람의 영혼을 피폐하게 만들며 축복의 말은 복으로 돌아옴, 20절).

디도서 2장 : 성도는 믿음과 사랑과 신중함으로 일을 작정함

- 늙은 남자로는 절제하며 경건하며 신중하며 믿음과 사랑과 인내함에 온전하게 하고...(2~8)
- 모든 사람에게 구원을 주시는 하나님의 은혜가 나타나...(11~12)
- 너는 이것을 말하고 권면하며 모든 권위로 책망하여 누구에게서든지 업신여김을 받지 말라(15)

그레데는 도덕적으로 타락한 도시입니다. 그래서 바른 교훈에 합당한 것을 말하라고 권면합니다(1절). 바울은 복음을 받아들인 자의 기본적인 삶에 대하여 남녀와 나이에 따라 구별하여 가르칩니다. 특히 7절을 보면, 디도에게 본을 보이며 가르치라고 강조합니다. 신앙은 삶으로 가르치는 것입니다.

하나님은 언약에 신실하십니다. 나도 하나님과의 약속을 잘 지키고, 서원한 것이 있다면 꼭 지키는 신실한 성도가 되기 원합니다. 우매자의 길을 따르지 않게 하시고, 삶의 현장에 하나님이 주신 지혜로 빛을 발하게 하옵소서. 하나님에 대한 믿음과 신뢰가 환경에 따라 달라지지 않게 하시고, 언제 어디서든 선하신 하나님을 고백하게 하옵소서. 믿음의 본으로 다음 세대를 양육하게 하시고, 복음을 전하게 하옵소서.

본문 민수기 1장 | 시편 35편 | 전도서 11장 | 디도서 3장
주제 점검 (點檢, 하나하나 상황과 상태를 자세히 검사함)

성도는 날마다 자신의 상황과 상태를 점검해야 한다. 선민공동체의 수요상황, 개인의 신앙상태, 개인의 행동양식, 공동체 안에서의 이단파악 등을 항상 조사하고 점검하여 온전한 열매를 맺고 유지해야 한다.

민수기 1장 : 2년 2월 1일에 싸움에 나갈 자를 계수하여 점검함

- 이스라엘 자손이 애굽 땅에서 나온 후 둘째 해 둘째 달 첫째 날에 여호와께서 시내 광야 회막에서 모세에게 말씀하여 이르시되...(1~4)
- 그들은 회중에서 부름을 받은 자요 그 조상 지파의 지휘관으로서 이스라엘 종족들의 우두머리라...(16~18)
- 르우벤 지파에서 계수된 자는 사만 육천오백 명이었더라(21)
- 시므온 지파에서 계수된 자는 오만 구천삼백 명이었더라(23)
- 갓 지파에서 계수된 자는 사만 오천육백오십 명이었더라(25)
- 유다 지파에서 계수된 자는 칠만 사천육백 명이었더라(27)
- 잇사갈 지파에서 계수된 자는 오만 사천사백 명이었더라(29)
- 스불론 지파에서 계수된 자는 오만 칠천사백 명이었더라(31)
- 에브라임 지파에서 계수된 자는 사만 오백 명이었더라(33)
- 므낫세 지파에서 계수된 자는 삼만 이천이백 명이었더라(35)
- 베냐민 지파에서 계수된 자는 삼만 오천사백 명이었더라(37)
- 단 지파에서 계수된 자는 육만 이천칠백 명이었더라(39)
- 아셀 지파에서 계수된 자는 사만 천오백 명이었더라(41)
- 납달리 지파에서 계수된 자는 오만 삼천사백 명이었더라(43)
- 계수된 자의 총계는 육십만 삼천오백오십 명이었더라(46)
- 너는 레위 지파만은 계수하지 말며 그들을 이스라엘 자손 계수 중에 넣지 말고...(49~53)

하나님은 모세에게 인구조사를 명합니다. 정확히 말하면 병적조사입니다. 20세 이상으로 전쟁을 할 수 있는 장정의 수를 계수합니다. 비록 이집트에서 노예로 살았던 기간이 길었지만 아브라함에게 주셨던 약속("너로 큰 민족을 이루고", 창 12:2)은 이상 없이 성취되었습니다. 성막에서 특별한 임무를 수행하는 레위지파는 병역의무에서 면제되었기에 3장에서 별도로 계수됩니다. 언약을 성취하신 하나님은 광야를 지나는 당신의 백성들과 동행하십니다.

시편 35편 : 다윗이 고난 중에 자기 신앙을 기도와 찬양으로 점검함

- 여호와여 나와 다투는 자와 다투시고 나와 싸우는 자와 싸우소서...(1~4)
- 그들이 까닭 없이 나를 잡으려고 그들의 그물을 웅덩이에 숨기며 까닭 없이 내 생명을 해하려고 함정을 팠사오니...(7~8)
- 불의한 증인들이 일어나서 내가 알지 못하는 일로 내게 질문하며...(11~13)
- 주여 어느 때까지 관망하시려 하나이까 내 영혼을 저 멸망자에게서 구원하시며 내 유일한 것

을 사자들에게서 건지소서...(17~19)
- 여호와여 주께서 이를 보셨사오니 잠잠하지 마옵소서 주여 나를 멀리하지 마옵소서...(22~23)
- 나의 재난을 기뻐하는 자들이 함께 부끄러워 낭패를 당하게 하시며 나를 향하여 스스로 뽐내는 자들이 수치와 욕을 당하게 하소서(26)

다윗은 자신의 실수나 죄가 아닌 이유를 알 수 없는 고난 가운데 놓여 있습니다. 하나님의 구원을 간절히 요청하고 있습니다. 다윗은 억울함을 호소하면서(11~18절), 원수들에 대해 하나님이 공정하게 심판하여 주시길 간구합니다(4~8절, 19~21절, 22~25절). "원수 갚는 것이 내게 있으니 내가 갚으리라"(히 10:30). 그는 감사할 수 없는 중에 감사하며, 찬양할 수 없는 중에 찬양합니다(18절). 하나님은 공의로우신 심판을 행하실 것입니다(26~28절).

전도서 11장 : 앞날을 모르는 자가 지혜로운 판단으로 자신을 점검함

- 너는 네 떡을 물 위에 던져라 여러 날 후에 도로 찾으리라...(1~2)
- 바람의 길이 어떠함과 아이 밴 자의 태에서 뼈가 어떻게 자라는지를 네가 알지 못함 같이 만사를 성취하시는 하나님의 일을 네가 알지 못하느니라...(5~6)
- 청년이여 네 어린 때를 즐거워하며 네 청년의 날들을 마음에 기뻐하여 마음에 원하는 길들과 네 눈이 보는 대로 행하라 그러나 하나님이 이 모든 일로 말미암아 너를 심판하실 줄 알라...(9~10)

알 수 없는 미래가 인간의 한계이자 당면한 현실이며(1~6절) 그러므로 현재와 다가올 죽음 사이에서 의미있는 삶을 살아야 합니다(삶을 즐거워하면서도 캄캄한 날이 기다리고 있음을 알고 악을 멀리해야 함, 7~10절).

디도서 3장 : 구원받은 성도는 복음과 바른 행실로 이단을 점검함

- 너는 그들로 하여금 통치자들과 권세 잡은 자들에게 복종하며 순종하며 모든 선한 일 행하기를 준비하게 하며...(1~7)
- 그러나 어리석은 변론과 족보 이야기와 분쟁과 율법에 대한 다툼은 피하라 이것은 무익한 것이요 헛된 것이니라...(9~10)
- 또 우리 사람들도 열매 없는 자가 되지 않게 하기 위하여 필요한 것을 준비하는 좋은 일에 힘쓰기를 배우게 하라(14)

우리의 삶의 기초는 단연코 삼위일체 하나님이 주시는 구원에 있습니다(4~7절). 우리 죄를 깨끗게 하시고, 성령 안에서 새롭게 하심으로 우리는 새로운 존재가 되었습니다(5절). 영생의 소망을 따라 후사(상속자)가 되었습니다(7절). 이것이 우리의 경건의 근거이며 동기입니다.

구원의 하나님, 내일을 알 수 없는 나그넷길을 가는 나와 언제나 동행하여 주심에 감사드립니다. 이유를 알 수 없는 고난이 닥쳐와도 내 입술은 변치 않고 구원의 하나님, 임마누엘의 하나님을 찬양하게 하옵소서. 중생의 씻음과 성령의 새롭게 하심으로 영생을 얻은 상속자 되게 하셨으니, 이 진리가 내 삶을 이끌어 가게 하옵소서.

본문 민수기 2장 | 시편 36편 | 전도서 12장 | 빌레몬서 1장
주제 위치 (位置, 사람이나 사물이 어떤 특정한 곳에 자리를 정함)

사람은 언제나 공간적으로나 신분적으로 제약을 받는다. 그러므로 자기 자신을 어디에 위치시키느냐에 따라 생의 결과가 달라진다. 개인이든 단체든, 영혼이든 육신이든, 주인이든 종이든 위치선정이 중요하다.

민수기 2장 : 12지파가 동서남북으로 진영을 친 위치

- 이스라엘 자손은 각각 자기의 진영의 군기와 자기의 조상의 가문의 기호 곁에 진을 치되 회막을 향하여 사방으로 치라...(2~3)
- 그 곁에 진 칠 자는 잇사갈 지파라 잇사갈 자손의 지휘관은 수알의 아들 느다넬이요(5)
- 그리고 스불론 지파라 스불론 자손의 지휘관은 헬론의 아들 엘리압이요(7)
- 남쪽에는 르우벤 군대 진영의 군기가 있을 것이라 르우벤 자손의 지휘관은 스데울의 아들 엘리술이요(10)
- 그 곁에 진 칠 자는 시므온 지파라 시므온 자손의 지휘관은 수리삿대의 아들 슬루미엘이요(12)
- 또 갓 지파라 갓 자손의 지휘관은 르우엘의 아들 엘리아삽이요(14)
- 그 다음에 회막이 레위인의 진영과 함께 모든 진영의 중앙에 있어 행진하되 그들의 진 친 순서대로 각 사람은 자기의 위치에서 자기들의 기를 따라 앞으로 행진할지니라...(17~18)
- 그 곁에는 므낫세 지파가 있을 것이라 므낫세 자손의 지휘관은 브다술의 아들 가말리엘이요(20)
- 또 베냐민 지파라 베냐민 자손의 지휘관은 기드오니의 아들 아비단이요(22)
- 북쪽에는 단 군대 진영의 군기가 있을 것이라 단 자손의 지휘관은 암미삿대의 아들 아히에셀이요(25)
- 그 곁에 진 칠 자는 아셀 지파라 아셀 자손의 지휘관은 오그란의 아들 바기엘이요(27)
- 또 납달리 지파라 납달리 자손의 지휘관은 에난의 아들 아히라요(29)
- 이스라엘 자손이 여호와께서 모세에게 명령하신 대로 다 준행하여 각기 종족과 조상의 가문에 따르며 자기들의 기를 따라 진 치기도 하며 행진하기도 하였더라(34)

시내산을 출발하여 가나안을 향해 갈 때의 지파별 부대편성과 위치, 행군순서에 관한 내용입니다. 동서남북으로 각각 세 지파씩 편성되어 있으며, 이스라엘 진영의 중심에는 '회막'(이동성전)이 위치합니다. "하나님 중심의 질서 있는 삶" - 본문이 우리에게 가르치는 내용입니다. 우리 삶의 중심에는 하나님이 계셔야 합니다.

시편 36편 : 다윗이 악인과 다르게 영혼의 거처를 둔 위치

- 악인의 죄가 그의 마음속으로 이르기를 그의 눈에는 하나님을 두려워하는 빛이 없다 하니...(1~2)
- 여호와여 주의 인자하심이 하늘에 있고 주의 진실하심이 공중에 사무쳤으며...(5~10)

다윗은 이스라엘의 왕이지만, 여호와의 종임을 고백합니다(표제어). 그는 36편에서 하나님의 인자하심에 대해 찬양합니다. 하나님은 피난처가 되어 주심으로(7절), 그의 필요를 공급해 주심으로(8절), 구원으로 인도하심으로(9절), 악인을 심판하심으로(11, 12절) 당신의 인자하심을 나타내셨습니다.

전도서 12장 : 청년이 쇠하기 전에 착념해야 할 마음의 위치

- 너는 청년의 때에 너의 창조주를 기억하라 곧 곤고한 날이 이르기 전에, 나는 아무 낙이 없다고 할 해들이 가깝기 전에...(1~7)
- 지혜자들의 말씀들은 찌르는 채찍들 같고 회중의 스승들의 말씀들은 잘 박힌 못 같으니 다 한 목자가 주신 바이니라...(11~14)

11장 9절부터 연결되는 내용입니다. 우리는 주어진 인생을 즐거워하되, 하나님의 심판이 있음을 기억해야 합니다(11:9, 10절). 청년의 때에(1절), 노년의 어둠이 오기 전에(2~5절), 죽음의 때가 이르기 전에(6~8절) 창조주 하나님을 기억해야 합니다. 전도자가 인생의 진정한 의미를 찾고자 수고했던 모든 시간들이 그를 피곤하게 했습니다(9~12절). 그러나 전도자는 인생의 순례를 통해 마침내 깨달았습니다. "하나님을 경외하고 그의 명령을 지키는 것이 사람의 본분인 것을"(13절).

빌레몬서 1장 : 오네시모가 빌레몬 앞에서 새롭게 된 위치

- 내가 항상 내 하나님께 감사하고 기도할 때에 너를 말함은...(4~6)
- 도리어 사랑으로써 간구하노라 나이가 많은 나 바울은 지금 또 예수 그리스도를 위하여 갇힌 자 되어...(9~12)
- 아마 그가 잠시 떠나게 된 것은 너로 하여금 그를 영원히 두게 함이리니...(15~21)

바울은 빌레몬에게 오네시모의 죄에 대하여 용서를 구하고 있습니다. 오네시모는 빌레몬의 도망친 노예입니다. 이 시대 도망쳤다가 붙잡힌 노예는 죽임을 당했습니다. 그런데 도망친 기간 동안 오네시모는 예수 그리스도를 만났고, 지금은 바울의 동역자가 되어 있는 놀라운 변화가 있었습니다. 빌레몬은 복수 내신 그리스도 안에서 한 형세요, 바울의 동역자로서의 오네시모를 받아들여야 하는 입장입니다. 빌레몬은 바울에게 복음의 빚진 자였기에, 바울의 간절한 호소는 결국 놀라운 변화를 가져오게 되었습니다. 이 편지를 받게 될 빌레몬이 어떻게 결정했는지 본문에는 나와 있지 않지만, 빌레몬서가 신약성경으로 우리에게 전해져 내려오고 있다는 사실만으로도 우리는 그것을 유추할 수 있습니다.

인생의 어둠이 오기 전에 창조주 하나님, 구원의 하나님을 경외하는 삶을 살게 된 것은 이 땅에서 누릴 수 있는 최고의 복임을 고백합니다. 인생의 남은 시간 동안 하나님의 인자하심을 맛보며 살아가기를 소원합니다. 하나님 중심의 질서가 내 삶에 있게 하시고 복음이 주는 놀라운 변화와 축복이 바로 가정, 이웃에게 나타나게 하옵소서.

본문 민수기 3장 | 시편 37편 | 아가 1장 | 히브리서 1장

주제 소유 (所有, 한 존재가 차지하여 소속되며 전적으로 영향을 받게 되는 관계)

세상의 모든 것은 주인이 있다. 천지만물은 하나님의 소유다. 하나님은 특정한 것을 소유하심으로 전체의 주권을 보여주신 주인이시다. 또한 사랑의 하나님은 인간에게 땅과 사람을 소유하도록 허락하셨다.

민수기 3장 : 레위지파와 첫 것은 하나님의 소유

- 여호와께서 시내 산에서 모세와 말씀하실 때에 아론과 모세가 낳은 자는 이러하니라...(1~4)
- 레위 지파는 나아가 제사장 아론 앞에 서서 그에게 시종하게 하라...(6~9)
- 보라 내가 이스라엘 자손 중에서 레위인을 택하여 이스라엘 자손 중에 태를 열어 태어난 모든 맏이를 대신하게 하였은즉 레위인은 내 것이라...(12~13)
- 레위의 아들들의 이름은 이러하니 게르손과 고핫과 므라리요(17)
- 게르손에게서는 립니 종족과 시므이 종족이 났으니 이들이 곧 게르손의 조상의...(21~22)
- 고핫에게서는 아므람 종족과 이스할 종족과 헤브론 종족과 웃시엘 종족이 났으니...(27~28)
- 므라리에게서는 말리 종족과 무시 종족이 났으니 이들은 곧 므라리 종족들이라...(33~34)
- 모세와 아론이 여호와의 명령을 따라 레위인을 각 종족대로 계수한즉...(39~43)
- 이스라엘 자손의 처음 태어난 자가 레위인보다 이백칠십삼 명이 더 많은즉 속전으로...(46~48)

이스라엘의 성직자 그룹은 크게 두 부류로 나뉩니다. 기름부음을 받고 제사장직에 임명된 제사장과 별도의 임명식 없이 성소 봉사를 위해 구별된 레위인입니다. 물론 제사장도 레위 지파에 속해 있습니다. 제사장 직분을 맡은 자에 대한 설명과 함께(1~4절) 레위인의 직무에 관한 각종 규정, 인구조사에 관한 내용입니다(5~51절). 레위지파는 게르손 자손(성막의 장식들과 연관된 장비 운반), 고핫 자손(성막의 성물 담당), 므라리 자손(성막의 목재 기구들과 기타 장비 관할) 등 가문별로 각기 다른 직무를 맡고 있습니다.

시편 37편 : 땅은 의인과 온유한 자의 소유

- 악을 행하는 자들 때문에 불평하지 말며 불의를 행하는 자들을 시기하지 말지어다...(1~8)
- 의인의 적은 소유가 악인의 풍부함보다 낫도다(16)
- 여호와께서 온전한 자의 날을 아시나니 그들의 기업은 영원하리로다(18)
- 악인은 꾸고 갚지 아니하나 의인은 은혜를 베풀고 주는도다(21)
- 여호와께서 사람의 걸음을 정하시고 그의 길을 기뻐하시나니...(23~25)
- 여호와는 그를 악인의 손에 버려 두지 아니하시고 재판 때에도 정죄하지 아니하시리로다(33)
- 온전한 사람을 살피고 정직한 자를 볼지어다 모든 화평한 자의 미래는 평안이로다(37)
- 의인들의 구원은 여호와로부터 오나니 그는 환난 때에 그들의 요새이시로다(39)

악인의 형통 및 악인으로 인한 의인의 고통은 쉽게 풀리지 않는 숙제입니다. 시인은 악인으로 인해 불평하거나 시기하지 말고(1, 2절) 하나님을 신뢰하고 선을 행하라고 합니다(3~6절). 우리는 하나님을 신뢰하며 하나님이 어떻게 하시는지를 기다려야 합니다(7~9절). 참된 믿음을 소유한 자는 기다릴 줄 압니다. 의인과 악인의 삶의 형편을 볼 때 불공평해 보이는 일들이 많이 일어나지만, 분명한 것은 의인과 악인의 마지막은 완전히 대조적이라는 것입니다(20~22절). 하나님은 의인을 버리시지 않으며(27~29절) 의인을 보호하시고, 악인은 결국 심판하십니다(30~40절).

아가 1장 : 사랑받는 자는 사랑하는 자의 소유

- 솔로몬의 아가라...(1~2)
- 왕이 나를 그의 방으로 이끌어 들이시니 너는 나를 인도하라 우리가 너를 따라 달려가리라 우리가 너로 말미암아 기뻐하며 즐거워하니 네 사랑이 포도주보다 더 진함이라 처녀들이 너를 사랑함이 마땅하니라...(4~6)
- 내 사랑아 내가 너를 바로의 병거의 준마에 비하였구나...(9~11)
- 나의 사랑하는 자는 내 품 가운데 몰약 향주머니요...(13~17)

아가서는 사랑하는 남녀의 노래입니다. 가정에 대한 교훈임과 동시에 신앙적인 의미를 담고 있습니다. 다소 노골적인 묘사가 나오는 부분이 있긴 하지만, 남녀 간의 친밀감에 비유될 정도로 하나님의 당신의 백성을 향한 지고한 사랑, 십자가에서 자신의 생명까지도 아낌없이 내어주시는 예수 그리스도(신랑)의 성도(신부)를 향한 사랑의 구약 버전이라고 보면 됩니다. 1장의 내용은 오빠들에게 미움과 학대를 받으며 포도원에서 일하는 피부가 검어진 한 여인이 있었는데, 어느 날 그곳을 방문한 한 남자(솔로몬)와 서로 사랑하게 됩니다. 솔로몬의 포도원 방문은 예수님의 이 땅에 오심, 미움과 학대를 받아 오던 검은 여인은 죄인인 우리라고 본다면 사랑받을 자격이 없는 자를 찾아오셔서 품어주신 십자가 복음을 생각나게 합니다.

히브리서 1장 : 모든 피조물은 예수 그리스도의 소유

- 옛적에 선지자들을 통하여 여러 부분과 여러 모양으로 우리 조상들에게 말씀하신 하나님이...(1~4)
- 아들에 관하여는 하나님이여 주의 보좌는 영영하며 주의 나라의 규는 공평한 규이니이다...(8~12)
- 모든 천사들은 섬기는 영으로서 구원 받을 상속자들을 위하여 섬기라고 보내심이 아니냐(14)

히브리서는 하나님의 아들 예수 그리스도, 우리의 대제사장 되시는 예수 그리스도에 대한 탁월함, 우월함에 대한 위대한 교훈입니다. 예수 그리스도는 선지자들보다 우월하십니다(1~4절). 하나님의 본성을 그대로 가지고 계시며, 세상을 창조 및 운행하시고, 죄를 사하시고, 하나님 우편에 계십니다. 예수 그리스도는 천사보다 뛰어나십니다(5~14절). 예수님은 하나님이 만드신 모든 것을 통치하는 권한이 있으시며, 왕으로서 하나님 우편에 계시고, 변함이 없고 영원하십니다. 반면 천사는 예수님을 경배해야 하며, 하나님과 성도를 섬기는 존재입니다. 천사는 감히 예수님과 비교의 대상이 될 수 없는 존재입니다.

십자가는 하나님의 사랑의 확증입니다. 내가 하나님의 지고한 사랑의 대상이 된 것이 얼마나 놀랍고도 놀라운 소식인지요? 이것은 모든 것 위에 뛰어나시며 탁월하신 대제사장 예수 그리스도로 말미암아 누리게 된 축복입니다. 나의 주 그리스도를 찬양합니다. 예배합니다. 참믿음을 가지고, 하나님을 신뢰하며 선을 행하게 하옵소서.

본문 민수기 4장 | 시편 38편 | 아가 2장 | 히브리서 2장
주제 담당 (擔當, 어떤 일을 책임지고 맡음)

예수 그리스도는 인간을 구원하시기 위해 대속의 고난을 담당하셨다. 그러므로 구원받은 그리스도인은 주의 일을 담당하고 또 잘못하면 죄값을 담당하며 믿는 자간에는 사랑과 행복을 담당해야 한다

민수기 4장 : 고핫, 게르손, 므라리 자손이 회막의 일을 담당

- 레위 자손 중에서 고핫 자손을 그들의 종족과 조상의 가문에 따라 집계할지니...(2~16)
- 그들은 잠시라도 들어가서 성소를 보지 말라 그들이 죽으리라(20)
- 게르손 자손도 그 조상의 가문과 종족에 따라 계수하되...(22~23)
- 너는 므라리 자손도 그 조상의 가문과 종족에 따라 계수하되...(29~30)
- 곧 그 종족대로 계수된 자가 이천칠백오십 명이니(36)
- 그 종족과 조상의 가문을 따라 계수된 자는 이천육백삼십 명이니(40)
- 그 종족을 따라 계수된 자는 삼천이백 명이니(44)
- 삼십 세부터 오십 세까지 회막 봉사와 메는 일에 참여하여 일할 만한 모든 자...(47~48)

3장에 나온 내용이 구체화됩니다. 레위지파의 가문별로 관련된 직무를 자세히 설명합니다. 순서는 고핫 자손부터입니다. 고핫 자손은 유일하게 회막 안 지성물을 담당합니다. 나머지 두 가문(게르손, 므라리)은 성막 외부에 딸린 여러 기구들을 담당합니다. 인구조사에 대한 가문별 구체적인 숫자가 공개됩니다. 총 8,580명의 사람들은 이스라엘 전체를 대표해 하나님을 섬기도록, 성막에서 종사하도록 부름을 받았습니다. 이들에게 이스라엘 공동체의 영적 건강이 달려 있습니다.

시편 38편 : 다윗이 고통과 단절로 자신의 죄값을 담당

- 여호와여 주의 노하심으로 나를 책망하지 마시고 주의 분노하심으로 나를 징계하지 마소서...(1~8)
- 내가 사랑하는 자와 내 친구들이 내 상처를 멀리하고 내 친척들도 멀리 섰나이다...(11~14)
- 내가 넘어지게 되었고 나의 근심이 항상 내 앞에 있사오니...(17~18)
- 또 악으로 선을 대신하는 자들이 내가 선을 따른다는 것 때문에 나를 대적하나이다(20)

하나님의 백성은 하나님께 징계를 받는 중에도 하나님께 더 가까이 나아가야 합니다. 마치 꾸중을 들은 아이가 부모의 품에 달려와 안기는 것처럼요. 다윗은 지금 그의 범죄로 인해 징계를 받고 있습니다. 그는 하나님이 분노로써 징계하지 않으시기를 간구합니다. 분노로 징계하신다는 것은 버리신다는 의미입니다. 그는 범죄로 인한 하나님의 징계로 몸과 마음이 병들었습니다. 자신의 절망적인 상황을 고백하며(2~8절), 회복을 위해 간구합니다(9, 10절). 그는 하나님의 응답을 기다리며(15~20절) 다시 한번 하나님이 자신을 버리지 마시길, 멀리하지 마시길 간곡히 호소하며 기도를 마칩니다(21, 22절).

아가 2장 : 사랑함으로 서로 속한 자는 상대의 행복을 담당

- 나는 사론의 수선화요 골짜기의 백합화로다...(1~4)
- 내 사랑하는 자의 목소리로구나 보라 그가 산에서 달리고 작은 산을 빨리 넘어오는구나...(8~16)

사랑하는 남녀의 아름다운 대화가 오고갑니다. 여러 가지 비유로 서로를 향한 사랑을 고백하고 있습니다. 여기서 위기도 찾아옵니다. 포도원을 허무는 작은 여우가 등장합니다. 우리는 주님과 성도 간의 사랑과 신뢰를 깨뜨리려는 많은 위기를 마주합니다. 주님과의 사랑의 관계 속에서 위기를 극복해 나가야 하며, 깨어질 수 없는 언약을 기초한 주님과의 사랑은 더욱 깊어져야 합니다.

히브리서 2장 : 예수가 모든 사람을 위하여 죽음의 고난을 담당

- 우리가 이같이 큰 구원을 등한히 여기면 어찌 그 보응을 피하리요 이 구원은 처음에 주로 말씀하신 바요 들은 자들이 우리에게 확증한 바니...(3~4)
- 만물을 그 발 아래에 복종하게 하셨느니라 하였으니 만물로 그에게 복종하게 하셨은즉 복종하지 않은 것이 하나도 없어야 하겠으나 지금 우리가 만물이 아직 그에게 복종하고 있는 것을 보지 못하고...(8~11)
- 자녀들은 혈과 육에 속하였으매 그도 또한 같은 모양으로 혈과 육을 함께 지니심은 죽음을 통하여 죽음의 세력을 잡은 자 곧 마귀를 멸하시며...(14~18)

예수님을 통해 누리게 된 큰 구원을 안 뒤에는 이 구원을 등한히 하는 인생이 될 수 없습니다. 우리가 구원의 말씀에 귀를 기울여야 하는 이유는 아들(주)을 통해 주신 하나님의 말씀이며, 아들을 통해 복음을 경험한 자들이 우리에게 증언한 내용이기 때문입니다(3절). 예수님은 천사보다 뛰어난 존재입니다. 천사는 몸을 입지 않는 영적 존재입니다. 반면 예수님은 이 땅에서 인간의 몸을 입고 천사보다 못한 상태로 지내셨습니다. 인간처럼 혈과 육에 속한 삶을 사셨으며 고난을 당하시고, 죽임을 당하셨습니다. 인간의 죄를 대신 담당하고, 대신 죽으심으로 죽음의 세력(사망의 권세)을 멸하셨습니다. 신실한 대제사장으로서 우리 죄를 속량하셨습니다. 이렇게 고난과 죽음을 맛보신 예수님이기에 고난당한 자, 시험받은 자를 능히 도우실 수 있습니다(17, 18절).

하나님이 구별하여 세우신 주의 종들을 붙드시고, 은혜를 베풀어 주옵소서. 건강한 교회를 통해 건강한 신앙인들이 양육되게 하옵소서. 날마다 주님과 가까워지게 하시고, 주님과의 관계를 깨뜨리려는 사탄에게 속지 않게 하옵소서. 나는 '내가 너를 떠나지 않으며, 버리지 아니하리라'는 주님의 약속을 꼭 붙잡습니다. 이 땅에 오셔서 인간이 겪을 수 있는 모든 고난을 하나도 빠뜨리지 않고 당하시고 죽음의 자리까지 내려가신 주님이시기에 나의 마음과 형편을 가장 잘 이해해 주십니다. 오늘도 은혜로 붙드시는 주님을 높이길 원합니다.

본문 민수기 5장 | 시편 39편 | 아가 3장 | 히브리서 3장
주제 조심 (操心, 잘못이나 실수가 없도록 말이나 행동에 신경을 씀)

성도는 주의 말씀과 계명 안에서 자유한다. 그러므로 늘 주님에게서 멀어지지 않도록 조심해야 한다. 특히 부정한 곳에 머무르지 않도록 해야 하며, 말과 행동뿐 아니라 완고한 마음과 유혹을 조심해야 한다.

민수기 5장 : 이스라엘 자손이 진영에서 나병과 유출증과 범죄를 조심함

- 이스라엘 자손에게 명령하여 모든 나병 환자와 유출증이 있는 자와 주검으로 부정하게 된 자를 다 진영 밖으로 내보내되...(2~3)
- 이스라엘 자손에게 이르라 남자나 여자나 사람들이 범하는 죄를 범하여 여호와께 거역함으로 죄를 지으면...(6~8)
- 이스라엘 자손에게 말하여 그들에게 이르라 만일 어떤 사람의 아내가 탈선하여 남편에게 신의를 저버렸고...(12~15)
- 이 저주가 되게 하는 이 물이 네 창자에 들어가서 네 배를 붓게 하고 네 넓적다리를 마르게 하리라 할 것이요 여인은 아멘 아멘 할지니라(22)
- 이는 의심의 법이니 아내가 그의 남편을 두고 탈선하여 더럽힌 때나...(29~30)

하나님의 놀라운 구원으로 인하여 생겨난 이스라엘 공동체는 정결하고 거룩하게 유지되어야 합니다. 진영을 정결하게 지키는 일은 부정을 제거하는 것으로부터 시작합니다. 부정한 자를 진영 밖으로 내보내는 것은 진영 안은 거룩하다는 전제가 깔려 있는 것입니다. 정결한 공동체가 되기 위해서는 가정의 정결함이 필수입니다. 본문은 결혼한 여인의 간음죄에 대한 내용입니다. 당시 가부장적인 사회구조였음을 우리는 충분히 고려해야 하며, 또 한편으로는 의심에 사로잡힌 남편의 폭력으로부터 여성을 보호하기 위한 기능도 있음을 알아야 합니다.

시편 39편 : 연약한 다윗이 하나님과 사람 앞에서 말과 행위를 조심함

- 내가 말하기를 나의 행위를 조심하여 내 혀로 범죄하지 아니하리니 악인이 내 앞에 있을 때에 내가 내 입에 재갈을 먹이리라 하였도다...(1~2)
- 여호와여 나의 종말과 연한이 언제까지인지 알게 하사 내가 나의 연약함을 알게 하소서...(4~7)
- 내가 잠잠하고 입을 열지 아니함은 주께서 이를 행하신 까닭이니이다(9)
- 여호와여 나의 기도를 들으시며 나의 부르짖음에 귀를 기울이소서 내가 눈물 흘릴 때에 잠잠하지 마옵소서 나는 주와 함께 있는 나그네이며 나의 모든 조상들처럼 떠도나이다...(12~13)

탄식시로 분류되는 다윗의 시입니다. 다윗은 나이가 들어 연약해진 상태에서 인생의 덧없음을 느끼며, 하나님 앞에서 자신을 성찰합니다. 다윗은 범죄하지 않기 위해 침묵을 지키며, 원수 앞에서까지 입에 재갈을 물려 입술로 범죄하지 않겠다고 다짐합니다(1절). 그러나 그의 마음에 고통은 더해졌습니다(2절). 그는 덧없는 인생에 대하여 탄식하지만(4~6절) 인생의 허무함으로 빠지지 않고 그의 소망을 주께 둘 것이라고 고백합니다(7~11절). 그는 죄 용서를 구하며, 소망의 하나님이 응답해 주시길 간구합니다(12, 13절).

아가 3장 : 찾고 찾았던 사랑이 주변으로부터 방해받지 않도록 조심함

- 내가 밤에 침상에서 마음으로 사랑하는 자를 찾았노라 찾아도 찾아내지 못하였노라...(1~4)
- 몰약과 유향과 상인의 여러 가지 향품으로 향내 풍기며 연기 기둥처럼 거친 들에서 오는 자가 누구인가...(6~8)
- 시온의 딸들아 나와서 솔로몬 왕을 보라 혼인날 마음이 기쁠 때에 그의 어머니가 씌운 왕관이 그 머리에 있구나(11)

3장은 꿈 장면입니다. 술람미 여인은 꿈속에서 사랑하는 자를 찾아 헤맵니다. 성안 곳곳을 찾아 헤메디가 때미침 솔로몬 왕이 지신을 맞으러 오는 장면을 보게 됩니다. 지신을 찾아온 솔로몬에 대한 술람미 여인의 가슴 벅찬 환희를 엿볼 수 있습니다. 우리를 찾아 인간의 몸을 입고 이 땅에 오신 예수 그리스도에 대해 지식적으로도 알아야 하겠지만, 예수님이 나와 영원히 함께 한다는 것의 의미를 알고 그것이 주는 기쁨으로 더욱 충만하기를 소망합니다.

히브리서 3장 : 그리스도와 함께 참여한 자가 하나님께로부터 떨어질까 조심함

- 그러므로 함께 하늘의 부르심을 받은 거룩한 형제들아 우리가 믿는 도리의 사도이시며 대제사장이신 예수를 깊이 생각하라...(1~3)
- 그리스도는 하나님의 집을 맡은 아들로서 그와 같이 하셨으니 우리가 소망의 확신과 자랑을 끝까지 굳게 잡고 있으면 우리는 그의 집이라(6)
- 형제들아 너희는 삼가 혹 너희 중에 누가 믿지 아니하는 악한 마음을 품고 살아 계신 하나님에게서 떨어질까 조심할 것이요...(12~14)
- 또 하나님이 사십 년 동안 누구에게 노하셨느냐 그들의 시체가 광야에 엎드러진 범죄한 자들에게가 아니냐...(17~19)

신실하신 대제사장 예수를 깊이 생각하라고 권면합니다(1, 2절). 모세와 예수님은 자기를 세우신 이(하나님)에게 신실했습니다. 그러나 그 둘은 분명한 차이가 있으니, 첫째, '집 지은 자'와 '집'의 차이입니다(3, 4절). 즉 예수님은 창조주이지만, 모세는 피조물입니다. 둘째, 신분의 차이입니다(5, 6절). 예수님은 '아들'이지만, 모세는 '종'입니다. 모세와 비교할 수 없는 위대한 믿음의 주이신 예수님은 영원한 안식으로 우리를 인도하십니다(7~11절). 그리스도와 함께 영생에 참여하게 된 우리들은(14절) 불신(12절)과 죄의 유혹(13, 14절)을 경계하고, 그리스도께 온전히 순종해야 합니다(15~19절).

나에게는 영원하시며 신실하신 대제사장 예수님이 계십니다. 영원으로 인도하시는 주님이 함께 하셔서 기쁨을 충만케 하시니 그 은혜를 날마다 노래합니다. 오직 주님께 소망을 두고, 주님께 신실하길 원하오니, 나의 삶에 부정을 제하여 주옵소서.

본문 민수기 6장 | 시편 40-41편 | 아가 4장 | 히브리서 4장
주제 각오 (覺悟, 해야 할 일이나 당할 어려움에 대해 마음의 준비를 단단히 함)

은혜를 입은 자는 은혜를 베푸신 하나님과 타인 그리고 자신에게 새로운 삶에 대한 각오를 한다. 나실인은 금기를, 구원받은 자는 선포를, 사랑하는 자는 축복을, 안식에 들어갈 자는 순종을 각오한다.

민수기 6장 : 하나님께 드린 바 된 나실인이 세 가지 금지할 행동을 각오

- 이스라엘 자손에게 전하여 그들에게 이르라 남자나 여자가 특별한 서원 곧 나실인의 서원을 하고 자기 몸을 구별하여 여호와께 드리려고 하면...(2~6)
- 제사장은 그 하나를 속죄제물로, 하나를 번제물로 드려서 그의 시체로 말미암아...(11~15)
- 자기의 몸을 구별한 나실인은 회막 문에서 자기의 머리털을 밀고 그것을 화목제물 밑에 있는 불에 둘지며(18)
- 여호와 앞에 요제로 흔들 것이며 그것과 흔든 가슴과 받들어올린 넓적다리는 성물이라 다 제사장에게 돌릴 것이니라 그 후에는 나실인이 포도주를 마실 수 있느니라(20)
- 아론과 그의 아들들에게 말하여 이르기를 너희는 이스라엘 자손을 위하여...(23~27)

나실인은 하나님께 자기를 봉헌하기로 서약하고 스스로를 구별한 사람입니다. 나실인의 서약을 한 사람은 나실인의 기간 동안 지켜야 할 규율이 있습니다(1~12절). 대표적인 것이 포도와 관련된 것을 먹을 수 없고, 머리털을 밀어서는 안 되며, 시체와 접촉해서는 안 된다는 것입니다. 나실인의 작정 기간이 끝나고 일반인으로 돌아갈 때에도 정해진 절차와 규정에 따라야 합니다(13~21절). 22~27절은 제사장의 축복 선언입니다. 하나님은 우리에게 복, 은혜, 평강을 주시길 원하십니다.

시편 40-41편 : 구원받은 자가 받은 은혜를 타인에게 전할 뜻을 각오

내가 여호와를 기다리고 기다렸더니 귀를 기울이사 나의 부르짖음을 들으셨도다...(40:1~5)
나의 하나님이여 내가 주의 뜻 행하기를 즐기오니 주의 법이 나의 심중에 있나이다 하였나이다...(40:8~10)
수많은 재앙이 나를 둘러싸고 나의 죄악이 나를 덮치므로 우러러볼 수도 없으며 죄가 나의 머리털보다 많으므로 내가 낙심하였음이니이다(40:12)
주를 찾는 자는 다 주 안에서 즐거워하고 기뻐하게 하시며 주의 구원을 사랑하는 자는 항상 말하기를 여호와는 위대하시다 하게 하소서...(40:16~17)
그러하오나 주 여호와여 내게 은혜를 베푸시고 나를 일으키사 내가 그들에게 보응하게 하소서 이로써...(41:10~12)

(40편) 40편에서 다윗은 (질병, 죄, 악인 등으로 인한) 고통 속에서 기도하며 기다린 끝에 하나님의 응답을 받고, 감사의 고백을 드립니다. 과거에 경험한 구원에 대한 고백과 찬양(1~5절), 하나님의 뜻을 따라 살았던 지난날에 대한 회고(6~10절), 하나님의 긍휼과 도움을 구함(11~15절), 하나님을 찾는 자에게 주시는 기쁨과 확신(16, 17절)으로 구성되어 있습니다.

(41편) 총 5부로 구성된 시편에서 41편은 1부의 마지막 시편입니다. 다윗은 자신이 병들었을 때의 경험을 떠올리며, 가난한 처지에 있는 사람을 보살피는 사람이 복 있는 사람이라고 말합니다. 긍휼히 여기는 자는 긍휼히 여김을 받습니다(팔복 중 하나, 마 5:7). 다윗은 자신의 죄를 용서해 달라고 간청합니다(4절). 반면 다윗의 병듦을 보고 대적자들은 그를 긍휼히 여기기는커녕 악담하고 저주를 합니다(5~9절). 다윗은 변함없는 은혜를 구하며 자신을 온전히 지켜 달라고 간구합니다(10~12절).

아가 4장 : 솔로몬이 술람미에게 사랑을 고백하고 축복을 각오

내 사랑 너는 어여쁘고도 어여쁘다 너울 속에 있는 네 눈이 비둘기 같고 네 머리털은 길르앗 산기슭에 누운 염소 떼 같구나...(1~6)
내 누이, 내 신부야 네가 내 마음을 빼앗았구나 네 눈으로 한 번 보는 것과 네 목의 구슬 한 꿰미로 내 마음을 빼앗았구나...(9~12)
너는 동산의 샘이요 생수의 우물이요 레바논에서부터 흐르는 시내로구나...(15~16)

4장은 남자(솔로몬)의 사랑 고백으로서, 당시에 표현할 수 있는 최고의 비유를 들어 여인의 아름다움을 묘사하고 있습니다(1~5절). 그 후 여인을 즐거움과 향품이 있는 정원으로 묘사합니다(8~15절). "내 사랑 너는 어여쁘고도 어여쁘다"(1절) 이것은 우리에게 들려주시는 주님의 음성입니다. 부족한 우리지만, 주님의 가슴 벅찬 사랑의 대상이라는 것을 꼭 기억하시기 바랍니다. 주님은 조건을 걸고 우리를 사랑하시는 분이 아닙니다. "그가 너로 말미암아 기쁨을 이기지 못하시며 너를 잠잠히 사랑하시며 너로 말미암아 즐거이 부르며 기뻐하시리라"(습 3:17).

히브리서 4장 : 신자가 안식에 들어가기 위해 복음에 순종할 것을 각오

그러므로 우리는 두려워할지니 그의 안식에 들어갈 약속이 남아 있을지라도 너희 중에는 혹 이르지 못할 자가 있을까 함이라...(1~2)
그러면 거기에 들어갈 자들이 남아 있거니와 복음 전함을 먼저 받은 자들은 순종하지 아니함으로 말미암아 들어가지 못하였으므로(6)
이미 그의 안식에 들어간 자는 하나님이 자기의 일을 쉬심과 같이 그도 자기의 일을 쉬느니라...(10~16)

구원받은 하나님의 백성은 구원받음으로 인하여 크게 기뻐함과 동시에 안식에 들어갈 약속이 아직 남아 있기에 두려워하기도 해야 합니다(1절). 이 말은 자기의 노력으로 구원을 완성하라는 뜻이 아닙니다. 하나님의 영원한 약속이 완전히 성취될 때까지 하나님의 약속에 신실하게 응답하는 삶을 살아야 한다는 의미입니다. 우리는 영원한 안식에 들어가길 힘써야 합니다(10, 11절). 하나님의 말씀은 살아 역사하며(12, 13절) 예수 그리스도는 하나님의 약속입니다(14~16절).

이 땅에서 구별된 삶을 사는 것을 짐으로 여기지 않는 것은 내가 하나님의 특별한 사랑의 대상이기 때문입니다. 나에게는 영원히 변하지 않는 구원의 약속이 있습니다. 두렵고 떨림으로 이 약속에 응답하는 삶을 살아가길 원합니다. 고난과 질병, 대적의 공격이 있을 때 주의 긍휼하심을 더하여 주시고, 승리하게 하시며 감사하게 하옵소서.

본문 민수기 7장 | 시편 42-43편 | 아가 5장 | 히브리서 5장

주제 헌물 (獻物, 하나님이나 특별히 관계된 자에게 헌신의 마음으로 드리는 물건)

헌물은 간절한 마음의 표현이다. 성도는 하나님과 예수님께 특별한 마음으로 헌물뿐만 아니라 자신도 드린다. 성막이 세워진 후 지파의 감독 된 자들은 하나님께 헌물을 드렸고, 다윗과 대제사장과 죄인들도 속죄의 헌물을 드렸으며, 솔로몬은 술람미를 향해 모든 것을 주었다.

민수기 7장 : 이스라엘 지휘관들 감독 된 자들이 재물과 가축을 헌물로 드림

- 모세가 장막 세우기를 끝내고 그것에 기름을 발라 거룩히 구별하고 또 그 모든 기구와 제단과 그 모든 기물에 기름을 발라 거룩히 구별한 날에...(1~2)
- 그것을 그들에게서 받아 레위인에게 주어 각기 직임대로 회막 봉사에 쓰게 할지니라(5)
- 곧 게르손 자손들에게는 그들의 직임대로 수레 둘과 소 네 마리를 주었고...(7~9)
- 둘째 날에는 잇사갈의 지휘관 수알의 아들 느다넬이 헌물을 드렸으니(18)
- 셋째 날에는 스불론 자손의 지휘관 헬론의 아들 엘리압이 헌물을 드렸으니(24)
- 넷째 날에는 르우벤 자손의 지휘관 스데울의 아들 엘리술이 헌물을 드렸으니(30)
- 다섯째 날에는 시므온 자손의 지휘관 수리삿대의 아들 슬루미엘이 헌물을 드렸으니(36)
- 이는 곧 제단에 기름 바르던 날에 이스라엘 지휘관들이 드린 바 제단의 봉헌물이라 은 쟁반이 열둘이요 은 바리가 열둘이요 금 그릇이 열둘이니(84)
- 모세가 회막에 들어가서 여호와께 말하려 할 때에 증거궤 위 속죄소 위의 두 그룹 사이에서 자기에게 말씀하시는 목소리를 들었으니 여호와께서 그에게 말씀하심이었더라(89)

본문은 제단에 기름을 바르던 날에 각 지파의 지휘관들이 제단의 봉헌을 위해 드린 예물을 소개하고 있습니다. 12지파의 지휘관들이 바치는 예물은 동일하기에, 동일한 기사가 12번 반복됩니다. 아마 동일한 내용을 12번 반복해서 읽느라 여러분은 다소 지루하고 피곤했을 것입니다. 이런 생각을 해 보았습니다. 우리는 매주 동일한 형태의 예배를 드리며, 이것을 평생 반복하고 있습니다. 하나님이 매주 우리가 드리는 예배에 대해 피곤해하거나 싫증이 나실까? 매일이 새롭고, 매주가 새롭습니다. 하나님은 우리가 예배할 때마다 우리의 예배를 기뻐 받으십니다.

시편 42-43편 : 낙심과 불안 중에 있던 다윗이 진심으로 자신을 헌물로 드림

- 하나님이여 사슴이 시냇물을 찾기에 갈급함 같이 내 영혼이 주를 찾기에 갈급...(42:1~3)
- 내 영혼아 네가 어찌하여 낙심하며 어찌하여 내 속에서 불안해 하는가 너는 하나님께 소망을 두라 그가 나타나 도우심으로 말미암아 내가 여전히 찬송하리로다(42:5)
- 낮에는 여호와께서 그의 인자하심을 베푸시고 밤에는 그의 찬송이 내게 있어 생명의 하나님께 기도하리로다(42:8)
- 내 뼈를 찌르는 칼 같이 내 대적이 나를 비방하여 늘 내게 말하기를 네 하나님이 어디 있느냐 하도다...(42:10~11)
- 주는 나의 힘이 되신 하나님이시거늘 어찌하여 나를 버리셨나이까 내가 어찌하여 원수의 억

압으로 말미암아 슬프게 다니나이까...(43:2~5)

(42편) 42편과 43편은 원래 하나의 시편입니다. 대적들의 압제로부터 건져 주셔서 다시금 주의 전에서 예배할 수 있게 해 달라는 간구의 기도입니다. 내 영혼이 간절히 주를 갈망하나이다(1~4절). 주여, 어찌하여 나를 잊으시나이까?(6~10절). 내 영혼아 너는 하나님을 바랄지어다(5, 8, 11절).
(43편) 불의한 자에게서 나를 건져 주시며(1절), 주의 거룩한 산에 이르게 하옵소서(2~4절). 내 영혼아 너는 하나님을 바라라(5절).

아가 5장 : 솔로몬이 술람미를 사랑함으로 자신의 것과 마음을 헌물로 줌

- 내 누이, 내 신부야 내가 내 동산에 들어와서 나의 몰약과 향 재료를 거두고 나의 꿀송이와 꿀을 먹고 내 포도주와 내 우유를 마셨으니 나의 친구들아 먹으라 나의 사랑하는 사람들아 많이 마시라...(1~6)
- 내 사랑하는 자는 희고도 붉어 많은 사람 가운데에 뛰어나구나...(10~16)

솔로몬과 여인이 멀어진 상황이 발생합니다. 솔로몬이 밤에 여인을 찾아 왔으나, 여인은 옷을 벗었으므로 다시 입기 귀찮아서 문을 여는 것을 지체합니다(3절). 기다리다가 지친 솔로몬은 마침내 그녀의 집에서 떠납니다. 여인은 뒤늦게 집을 뛰쳐나와 솔로몬을 찾아 나섭니다(2~8절). 애타는 마음으로 솔로몬을 찾던 여인은 솔로몬의 머리로부터 다리에 이르기까지 각 신체들을 아름다운 단어들로 묘사합니다(10~16절). 사랑하는 연인을 회상하는 것으로 본문은 마무리됩니다. 잠시 멀어진 상황이지만 사랑은 더욱 깊어갑니다.

히브리서 5장 : 대제사장과 무식하고 미혹된 자 모두 속죄를 위해 헌물을 드림

- 대제사장마다 사람 가운데서 택한 자이므로 하나님께 속한 일에 사람을 위하여 예물과 속죄하는 제사를 드리게 하나니...(1~3)
- 또한 이와 같이 그리스도께서 대제사장 되심도 스스로 영광을 취하심이 아니요 오직 말씀하신 이가 그에게 이르시되 너는 내 아들이니 내가 오늘 너를 낳았다 하셨고...(5~7)
- 때가 오래 되었으므로 너희가 마땅히 선생이 되었을 터인데 너희가 다시 하나님의 말씀의 초보에 대하여 누구에게서 가르침을 받아야 할 처지이니 단단한 음식은 못 먹고 젖이나 먹어야 할 자가 되었도다...(12~14)

대제사장 예수님의 위대함(예수 : 하나님의 아들이며 죄 없으신 분, 4:14~15), 인간 대제사장(자기도 연약에 휩싸여 있는 존재, 1~3절), 연약한 인간을 대변하시는 하나님이 세우신 대제사장(4~10절), 믿음이 장성한 자가 되어야 함(11~14절). 이렇게 세 단락으로 구성되어 있습니다.

죄와 죽음에서 건지신 영원하신 대제사장 예수 그리스도가 나와 함께 하십니다. 나와 영원히 함께 하시는 주님을 이전보다 더 사랑하기 원합니다. 주를 예배함이 내게는 큰 기쁨입니다.

May
5월

본문 민수기 8장 | 시편 44편 | 아가 6장 | 히브리서 6장

주제 **과정** (過程, 일이나 상태나 관계가 진행하는 경로)

모든 시작에는 이유와 목적이 있다. 그 목적을 달성하기 위해서는 성공적인 과정이 있어야 한다. 제사에도, 구원에도, 심판에도, 사랑에도 다 필수적인 과정이 있다. 특히 성도가 구원의 소망을 이루는 데는 유혹과 타락을 이기는 거룩하고 구별된 힘든 과정이 있다.

민수기 8장 : 이스라엘 자손 중 레위인을 회막 봉사자로 세우시는 과정

- 아론에게 말하여 이르라 등불을 켤 때에는 일곱 등잔을 등잔대 앞으로 비추게 할지니라 하시매...(2~4)
- 이스라엘 자손 중에서 레위인을 데려다가 정결하게 하라...(6~11)
- 네가 그들을 정결하게 하여 요제로 드린 후에 그들이 회막에 들어가서 봉사할 것이니라(15)
- 이스라엘 자손 중에 처음 태어난 것은 사람이든지 짐승이든지 다 내게 속하였음은 내가 애굽 땅에서 모든 처음 태어난 자를 치던 날에 그들을 내게 구별하였음이라...(17~19)
- 레위인은 이같이 할지니 곧 이십오 세 이상으로는 회막에 들어가서 복무하고 봉사할 것이요...(24~26)

레위지파는 이스라엘 백성을 대표하여 하나님(성막)을 섬기는 자들이며, 특별하게 하나님께 드려진 지파입니다. 본문은 레위인을 이스라엘 자손들 가운데 구별하여 세우기 위한 정결예식을 다루고 있습니다(5~13절). 이어서 레위 사람들의 지위와 직무, 시무 연령들에 대한 규정을 소개합니다. 그들은 하나님께 드려진 살아있는 제물(요제)입니다(11절). 이 구절은 그리스도인의 거룩한 삶에 대한 하나님의 뜻이 담긴 로마서 12장 1절을 생각나게 합니다. "내가 하나님의 모든 자비하심으로 너희를 권하노니 너희 몸을 하나님이 기뻐하시는 거룩한 산 제물로 드리라 이는 너희가 드릴 영적 예배니라"

시편 44편 : 하나님이 이스라엘을 구원하시고 또 심판하시는 과정

- 하나님이여 주께서 우리 조상들의 날 곧 옛날에 행하신 일을 그들이 우리에게 일러 주매 우리가 우리 귀로 들었나이다...(1~3)
- 나는 내 활을 의지하지 아니할 것이라 내 칼이 나를 구원하지 못하리이다...(6~7)
- 그러나 이제는 주께서 우리를 버려 욕을 당하게 하시고 우리 군대와 함께 나아가지 아니하시나이다...(9~14)
- 이 모든 일이 우리에게 임하였으나 우리가 주를 잊지 아니하며 주의 언약을 어기지 아니하였나이다...(17~21)
- 주여 깨소서 어찌하여 주무시나이까 일어나시고 우리를 영원히 버리지 마소서(23)
- 일어나 우리를 도우소서 주의 인자하심으로 말미암아 우리를 구원하소서(26)

이스라엘이 대적들에게서 큰 고초와 유린을 당한 이후, 하나님의 도우심을 구하며 부르짖는 기도입니다. 여호사밧이나 히스기야 때에 유다왕국이 큰 침략을 당했던 상황과 유사한 것으로 보입니다. 과거의 승리로 인한 찬양(1~8절), 현재의 패배와 패배로 인한 결과(9~16절), 무죄함의 호소(17~22절), 기도와 간구(23~26절)의 내용으로 구성되어 있습니다.

아가 6장 : 솔로몬과 술람미 여자가 애틋한 사랑을 표현하는 과정

- 여자들 가운데에서 어여쁜 자야 네 사랑하는 자가 어디로 갔는가 네 사랑하는 자가 어디로 돌아갔는가 우리가 너와 함께 찾으리라...(1~4)
- 왕비가 육십 명이요 후궁이 팔십 명이요 시녀가 무수하되...(8~10)
- 돌아오고 돌아오라 술람미 여자야 돌아오고 돌아오라 우리가 너를 보게 하라 너희가 어찌하여 마하나임에서 춤추는 것을 보는 것처럼 술람미 여자를 보려느냐(13)

마침내 여인은 솔로몬을 다시 찾았고 둘은 재회하게 됩니다. 서로의 사랑을 확인한 그들은 더욱 깊은 사랑의 관계에 들어갑니다. 솔로몬은 다시 한번 그녀의 아름다움을 묘사합니다(4~9절). 솔로몬은 많은 왕비와 후궁이 있지만, 술람미 여인만이 그의 유일한 사랑임을 고백합니다. 우리는 예수님과 십자가 언약으로 맺어진 관계입니다. 무엇으로도 이 사랑은 끊을 수 없습니다. "...다른 어떤 피조물이라도 우리를 우리 주 그리스도 예수 안에 있는 하나님의 사랑에서 끊을 수 없으리라"(롬 8:39).

히브리서 6장 : 그리스도의 도를 따르는 자가 타락하거나 소망 중에 구원 얻는 과정

- 그러므로 우리가 그리스도의 도의 초보를 버리고 죽은 행실을 회개함과 하나님께 대한 신앙과...(1~2)
- 한 번 빛을 받고 하늘의 은사를 맛보고 성령에 참여한 바 되고...(4~6)
- 사랑하는 자들아 우리가 이같이 말하나 너희에게는 이보다 더 좋은 것 곧 구원에 속한 것이 있음을 확신하노라...(9~12)
- 하나님은 약속을 기업으로 받는 자들에게 그 뜻이 변하지 아니함을 충분히 나타내시려고 그 일을 맹세로 보증하셨나니...(17~18)

성령의 역사로 인하여 예수 그리스도를 만난 참 신자는 다시 과거로, 배교의 길로 나아갈 수 없습니다. 참된 그리스도인은 어떤 상황에서도 그리스도를 떠나는 일이 없습니다. 우리가 갈 수 있는 길은 하나밖에 없습니다. 이미 홍해를 건넜기 때문에 다시 이집트로 돌아갈 수 없습니다. 지금의 세대는 조급합니다. 그러나 아브라함은 하나님의 약속을 받고 오랜 기간 기다린 끝에 약속의 성취를 맛보았습니다. 우리는 하나님의 약속을 신뢰하며, 소망의 근거로 삼아야 합니다(16~20절).

십자가 언약으로 나를 살리신 주님! 나는 예수님을 알지 못했던 이전의 시간으로 돌아가지 않을 것입니다. 그것이 무엇을 의미하는지 알기 때문입니다. 어떤 고난이 와도 하나님을 찾을 것이며, 하나님께 드리는 거룩한 산 제물로 나를 드리오니 나를 사용하여 주옵소서.

본문 민수기 9장 | 시편 45편 | 아가 7장 | 히브리서 7장

주제 인도 (引導, 정신적, 사상적, 정서적, 환경적으로 잘 지도하여 이끌어 줌)

전능하신 하나님은 사람을 창조하시고 타락한 인간을 죄에서 구원하셨다. 또한 구원받은 영혼을 천국에 이르기까지 구름과 불로, 진리와 공의와 공평으로 끊임없이 인도하신다. 이와 같은 사실을 때로는 시와 문학을 통해 비유하시고 또 깨닫게 하시며 가르쳐 주신다.

민수기 9장 : 이스라엘 자손을 구름과 불로 인도하시는 여호와

- 애굽 땅에서 나온 다음 해 첫째 달에 여호와께서 시내 광야에서 모세에게 말씀하여 이르시되...(1~3)
- 그 때에 사람의 시체로 말미암아 부정하게 되어서 유월절을 지킬 수 없는 사람들이 있었는데 그들이 그 날에 모세와 아론 앞에 이르러...(6~8)
- 이스라엘 자손에게 말하여 이르라 너희나 너희 후손 중에 시체로 말미암아 부정하게 되든지 먼 여행 중에 있다 할지라도 다 여호와 앞에 마땅히 유월절을 지키되...(10~13)
- 성막을 세운 날에 구름이 성막 곧 증거의 성막을 덮었고 저녁이 되면 성막 위에 불 모양 같은 것이 나타나서 아침까지 이르렀으되...(15~17)
- 혹시 구름이 성막 위에 머무는 날이 적을 때에도 그들이 다만 여호와의 명령을 따라 진영에 머물고 여호와의 명령을 따라 행진하였으며...(20~22)

9:1~10:10은 시내산에서 가나안 땅을 향해 출발하기 전, 마지막 점검하는 내용입니다. 첫 번째로 시내산을 떠나기 전 유월절을 지키라고 하십니다(1~14절). 유월절을 지킴으로 하나님의 백성으로서의 정체성(출 12장의 어린양의 희생을 통한 구원을 상기)을 다시 한번 확인합니다. 부정함 때문에 지키지 못하는 사람들은 그 다음 달 정해진 기간에 반드시 지켜야 합니다. 모든 백성이 신앙안에서 동일한 정체성을 확인합니다. 두 번째로 그들을 인도하는 구름에 관하여 말씀하십니다(15~23절). 하나님은 구름을 통해 이스라엘의 광야 행진을 인도하실 것을 약속하십니다. 우리 역시 말씀의 구름을 따라 하나님과 함께 이 땅에서 행진해야 합니다.

시편 45편 : 왕을 진리, 온유, 공의, 공평으로 인도하시는 하나님

- 왕은 사람들보다 아름다워 은혜를 입술에 머금으니 그러므로 하나님이 왕에게 영원히 복을 주시도다...(2~7)
- 딸이여 듣고 보고 귀를 기울일지어다 네 백성과 네 아버지의 집을 잊어버릴지어다...(10~15)

하나님이 세우신 왕의 아름다움을 노래합니다. 왕은 탁월한 전사로서 진리와 온유와 공의를 위한 거룩한 전쟁에서 반드시 승리할 것이며(3~5절), 의로운 통치를 하게 될 것입니다(6, 7절). 후반부 주요 내용은 왕의 신부에게 주는 축복의 권면입니다(10~15절). 왕의 사랑을 받을 것이며, 많은 이들이 왕후에게 와서 은혜를 구하게 될 것입니다. 왕과 함께 하나님의 은혜와 정의를 세상에 베푸는 복된 왕후의 모습을 그리고 있습니다. 우리의 구원자요 통치자(왕)이신 예수 그리스도는 우리를 그의 신부로 부르시고, 하나님의 뜻을 세상 가운데 펼치는 일에 동역하길 원하십니다.

아가 7장 : 사랑하는 술람미를 복된 곳으로 인도하는 솔로몬

- 귀한 자의 딸아 신을 신은 네 발이 어찌 그리 아름다운가 네 넓적다리는 둥글어서 숙련공의 손이 만든 구슬 꿰미 같구나...(1~2)
- 목은 상아 망대 같구나 눈은 헤스본 바드랍빔 문 곁에 있는 연못 같고 코는 다메섹을 향한 레바논 망대 같구나...(4~6)
- 나는 내 사랑하는 자에게 속하였도다 그가 나를 사모하는구나...(10~13)

신랑(솔로몬)은 발에서부터 머리까지 구체적인 묘사를 신부의 아름다움을 표현하고 있습니다(1~6절). 지혜의 왕인 솔로몬이기에 그 당시 표현할 수 있는 최고의 아름다운 어휘를 동원하여 신부(술람미 여인)에 대해 묘사했을 것입니다. 잠깐의 위기를 극복한 둘의 사랑은 더욱 깊어졌습니다. 솔로몬에게 받은 사랑에 겨워 여인은 이렇게 고백합니다. "나는 내 사랑하는 자에게 속하였도다 그가 나를 사모하는구나"(10절). 나의 구원자, 나의 주님을 두고서 행복한 마음으로 우리가 그렇게 고백할 수 있습니다.

히브리서 7장 : 모든 영혼을 구원으로 인도하시는 대제사장 예수

- 이 멜기세덱은 살렘 왕이요 지극히 높으신 하나님의 제사장이라 여러 왕을 쳐서 죽이고 돌아오는 아브라함을 만나 복을 빈 자라...(1~4)
- 논란의 여지 없이 낮은 자가 높은 자에게서 축복을 받느니라(7)
- 주께서는 유다로부터 나신 것이 분명하도다 이 지파에는 모세가 제사장들에 관하여 말한 것이 하나도 없고...(14~16)
- 전에 있던 계명은 연약하고 무익하므로 폐하고...(18~26)

창 14장에서 갑자기 등장하는 살렘 왕 멜기세덱은 하나님의 제사장이었습니다. 그는 여러 왕을 쳐서 승리하고 돌아오는 아브라함에게 전리품의 십분의 일을 받았고, 그를 축복한 사람입니다. 그는 족보도 없고, 시작한 날도, 생명의 끝도 없습니다. 아브라함을 축복한 멜기세덱은 아브라함보다 영적으로 우월한 존재입니다. 아론 계열의 이스라엘의 제사장들은 모세의 율법에 따라 제사장 직분을 맡은 자들이지만, 예수 그리스도는 하나님께로부터 난 대제사장이십니다. 그분은 자존(불멸)하시며(3절), 영원하십니다(24절). 더 좋은 언약의 보증이 되시며(20~22절), 온전히 구원하시며(25절), 단번에 자기를 드려 죄사함을 위한 제사를 완성하셨습니다(27절).

내가 처음으로 예수님을 구주로 고백한 날을 잊을 수 없습니다. 그날은 나의 구원의 날입니다. 내가 주님께 속한 자가 된 날입니다. 기쁨으로 주의 부르심에 응답하며 주와 동행하게 하옵소서.

5/3

본문 민수기 10장 | 시편 46-47편 | 아가 8장 | 히브리서 8장

주제 **따름** (앞에서 인도하는 자를 신뢰하고 지시나 행동을 그대로 쫓아감)

하나님은 우리를 늘 인도하신다. 자녀 된 우리는 그의 뜻과 명령을 온전히 따름으로써 놀라운 은혜와 축복을 받게 된다. 때로는 따르기에 부담스럽고 힘들 때도 있으나 참고 견디면 복된 열매를 맛보게 된다.

민수기 10장 : 행진, 전쟁, 절기 때 두 나팔소리를 듣고 따름

- 은 나팔 둘을 만들되 두들겨 만들어서 그것으로 회중을 소집하며 진영을 출발하게...(2~12)
- 이에 성막을 걷으매 게르손 자손과 므라리 자손이 성막을 메고 출발하였으며(17)
- 고핫인은 성물을 메고 행진하였고 그들이 이르기 전에 성막을 세웠으며(21)
- 모세가 모세의 장인 미디안 사람 르우엘의 아들 호밥에게 이르되 여호와께서 주마 하신 곳으로 우리가 행진하나니 우리와 동행하자 그리하면 선대하리라 여호와께서 이스라엘에게 복을 내리리라 하셨느니라...(29~36)

세 번째로 나팔 신호에 관한 규정입니다. 나팔소리는 하나님의 임재를 보여주는 상징(성막 위 구름)을 이스라엘 백성에게 전달하는 방식입니다. 이스라엘 백성들은 눈으로 보고(구름), 귀로 들으며(나팔소리) 하나님의 명령과 지시에 따라 약속의 땅을 향해 갑니다. 우리는 눈과 귀, 오감을 열어 다양하게 말씀하시는 하나님의 음성을 들어야 합니다. 드디어 구름이 움직입니다. 그들은 정해진 순서에 따라 질서 있게 시내산을 출발하여 바란 광야를 향해 갑니다(11~28절). 하나님이 앞서서 행하십니다. 모세는 장인의 아들 호밥을 만나게 되고, 그에게 길 안내를 부탁하게 됩니다(29~32절). 광야지형에 익숙한 유능한 호밥이긴 하지만 그는 자기 친족이 있는 곳으로 돌아갔습니다. 그러나 광야 길의 안내는 하나님(언약궤)이 친히 하십니다(33~36절).

시편 46-47편 : 찬송 받으실 피난처이신 하나님을 따름

- 하나님은 우리의 피난처시요 힘이시니 환난 중에 만날 큰 도움이시라...(46:1~3)
- 하나님이 그 성 중에 계시매 성이 흔들리지 아니할 것이라 새벽에 하나님이 도우시리로다...(46:5~7)
- 이르시기를 너희는 가만히 있어 내가 하나님 됨을 알지어다 내가 뭇 나라 중에서 높임을 받으리라 내가 세계 중에서 높임을 받으리라 하시도다...(46:10~11)
- 너희 만민들아 손바닥을 치고 즐거운 소리로 하나님께 외칠지어다...(47:1~2)
- 하나님께서 즐거운 함성 중에 올라가심이여 여호와께서 나팔 소리 중에...(47:5~7)

(46편) 여호와께서 시온에 계시니 그의 백성들은 안전합니다. 환난 날의 피난처가 되시며(자연재해로부터의 보호, 1~3절), 대적들로부터 백성을 지키시는(대적의 침략으로부터의 보호, 4~7절) 하나님은 열방 중에서 높임을 받으실 것입니다(8~11절).
(47편) 하나님은 온 우주의 통치자이십니다. 온 세상의 왕이신 하나님이(1~4절), 성전에

오르십니다(5, 6절). 그분은 성전에서 열방을 통치하십니다(7~9절). 하나님의 법궤가 성전으로 올라가는 행렬을 보며, 백성들이 환호하는 장면이 그려집니다. 유대인들은 이 시를 신년축제 때 사용했습니다.

아가 8장 : 행복한 삶으로 인도하는 사랑하는 자를 따름

- 네가 내 어머니의 젖을 먹은 오라비 같았더라면 내가 밖에서 너를 만날 때에 입을 맞추어도 나를 업신여길 자가 없었을 것이라...(1~3)
- 너는 나를 도장 같이 마음에 품고 도장 같이 팔에 두라 사랑은 죽음 같이 강하고 질투는 스올 같이 잔인하며 불길 같이 일어나니 그 기세가 여호와의 불과 같으니라...(6~7)
- 솔로몬 너는 천을 얻겠고 열매를 지키는 자도 이백을 얻으려니와 내게 속한 내 포도원은 내 앞에 있구나(12)
- 내 사랑하는 자야 너는 빨리 달리라 향기로운 산 위에 있는 노루와도 같고 어린 사슴과도 같아라(14)

신랑과 신부는 시골집으로 내려갑니다. 그곳에서 서로에 대한 사랑을 다시 한번 확인합니다. 사랑의 언약을 통해 맺어진 그 관계는 무엇으로도 끊을 수 없습니다. “많은 물도 이 사랑을 끄지 못하겠고 홍수라도 삼키지 못하나니”(7절) 이 구절은 “내가 확신하노니 사망이나 생명이나... 우리를 우리 주 그리스도 예수 안에 있는 하나님의 사랑에서 끊을 수 없으리라”(롬 8:38, 39) 이 말씀을 떠올리게 합니다.

히브리서 8장 : 새 언약되신 대제사장 예수 그리스도를 따름

- 지금 우리가 하는 말의 요점은 이러한 대제사장이 우리에게 있다는 것이라 그는 하늘에서 지극히 크신 이의 보좌 우편에 앉으셨으니(1)
- 대제사장마다 예물과 제사 드림을 위하여 세운 자니 그러므로 그도 무엇인가 드릴 것이 있어야 할지니라...(3~7)
- 또 주께서 이르시되 그 날 후에 내가 이스라엘 집과 맺을 언약은 이것이니 내 법을 그들의 생각에 두고 그들의 마음에 이것을 기록하리라 나는 그들에게 하나님이 되고 그들은 내게 백성이 되리라(10)
- 또 주께서 이르시되 그 날 후에 내가 이스라엘 집과 맺을 언약은 이것이니 내 법을 그들의 생각에 두고 그들의 마음에 이것을 기록하리라 나는 그들에게 하나님이 되고...(12~13)

예수 그리스도는 하늘 성소에서 우리를 섬기는 대제사장이시며(1, 2절), 더 좋은 언약의 중보자이십니다(4~6절). 하나님은 예레미야 선지자를 통해 새 언약에 대해 예고하셨습니다(8~12절). 새 언약은 예수 그리스도를 통해 온전히 성취되었습니다(13절).

영원한 대제사장이신 예수 그리스도를 통해 약속하신 새 언약이 온전히 성취되었습니다. 그리고 나는 새 언약의 수혜자가 되었습니다. 이제 나는 환난이 다가오면 주께로 피할 것입니다. 나의 모든 감각이 주의 음성을 듣는 것에 더욱 훈련되게 하셔서 하나님의 뜻을 잘 분별하여 그 뜻대로 살아가게 하옵소서.

본문 민수기 11장 | 시편 48편 | 이사야 1장 | 히브리서 9장

주제 **위대** (偉大, 뛰어나고 훌륭함)

성삼위일체 하나님은 위대하시다. 사람을 창조하신 후 불순종한 죄인을 구원하시기 위하여 이스라엘 백성을 선택하셨다. 그들의 원망과 범죄 가운데서도 끝까지 인도하시고 용서하시며 중보자를 보내 주셨다.

민수기 11장 : 이스라엘 백성의 원망까지 응답하시는 여호와의 위대하심

- 여호와께서 들으시기에 백성이 악한 말로 원망하매 여호와께서 들으시고 진노하사 여호와의 불을 그들 중에 붙여서 진영 끝을 사르게 하시매...(1~6)
- 밤에 이슬이 진영에 내릴 때에 만나도 함께 내렸더라(9)
- 모세가 여호와께 여짜오되 어찌하여 주께서 종을 괴롭게 하시나이까 어찌하여 내게 주의 목전에서 은혜를 입게 아니하시고 이 모든 백성을 내게 맡기사 내가 그 짐을 지게 하시나이까...(11~20)
- 여호와께서 구름 가운데 강림하사 모세에게 말씀하시고 그에게 임한 영을 칠십 장로에게도 임하게 하시니 영이 임하신 때에 그들이 예언을 하다가 다시는 하지 아니하였더라...(25~26)
- 모세가 그에게 이르되 네가 나를 두고 시기하느냐 여호와께서 그의 영을 그의 모든 백성에게 주사 다 선지자가 되게 하시기를 원하노라(29)

광야행군을 시작하자 불평과 탄식이 쏟아져 나오기 시작합니다. 광야에서의 자유보다 도리어 노예생활을 그리워하며 고기가 먹고 싶다는 탐욕을 부립니다. 불평은 전염이 빠르며, 공동체를 파괴시키는 질병과도 같습니다. 감당할 수 없는 짐과 같은 이스라엘 백성들로 인해 모세는 매우 지쳤으며, 차라리 죽는 게 낫다는 생각마저 하게 됩니다. 하나님은 메추라기를 보내어 그들의 욕구에 응답하셨지만, 동시에 징계도 내리셨습니다(31~35절).

시편 48편 : 이스라엘 백성을 죽기까지 인도하시는 여호와의 위대하심

- 여호와는 위대하시니 우리 하나님의 성, 거룩한 산에서 극진히 찬양 받으시리로다(1)
- 우리가 들은 대로 만군의 여호와의 성, 우리 하나님의 성에서 보았나니 하나님이 이를 영원히 견고하게 하시리로다...(8~14)

하나님이 함께 계시는 시온성이 얼마나 안전한지를 노래하는 시입니다. 시온성이 난공불락의 요새인 이유는 해발 800미터의 지리적 요건이나 성곽의 견고함 때문이 아니라 이스라엘의 진정한 피난처요 요새가 되시는 하나님이 그들과 함께 하시기 때문입니다.

이사야 1장 : 회개하고 돌아오기까지 기다리시는 여호와의 위대하심

- 유다 왕 웃시야와 요담과 아하스와 히스기야 시대에 아모스의 아들 이사야가 유다와 예루살

렘에 관하여 본 계시라...(1~6)

- 여호와께서 말씀하시되 너희의 무수한 제물이 내게 무엇이 유익하뇨 나는 숫양의 번제와 살진 짐승의 기름에 배불렀고 나는 수송아지나 어린 양이나 숫염소의 피를 기뻐하지 아니하노라...(11~13)
- 너희가 손을 펼 때에 내가 내 눈을 너희에게서 가리고 너희가 많이 기도할지라도 내가 듣지 아니하리니 이는 너희의 손에 피가 가득함이라...(15~18)
- 신실하던 성읍이 어찌하여 창기가 되었는고 정의가 거기에 충만하였고 공의가 그 가운데에 거하였더니 이제는 살인자들뿐이로다(21)

하나님은 이스라엘을 재판정에 세우십니다. 땅과 하늘은 이스라엘의 범죄를 목격한 증인입니다. 유다는 멸망 직전까지 가다가 경우 살아납니다(BC 701년 앗수르의 침공, 4~9절). 그럼에도 하나님께 돌아오기를 거절합니다. 하나님이 원하시는 것은 다양한 제사와 입술의 기도가 아니라 언약 백성으로서의 성실한 삶입니다(10~17절). 하나님은 범죄한 이스라엘을 무조건적인 용서의 자리로 초청하십니다(18~20절). 하나님은 예루살렘의 정화를 위해 잠시 심판을 허락하실 것이며(24~26절), 그 후 시온의 구원과 악인의 종말이 이루어질 것입니다(27~31절).

히브리서 9장 : 단번에 제물로 드려 죄를 없이 하신 예수 그리스도의 위대하심

- 첫 언약에도 섬기는 예법과 세상에 속한 성소가 있더라(1)
- 이 모든 것을 이같이 예비하였으니 제사장들이 항상 첫 장막에 들어가 섬기는 예식을 행하고...(6~12)
- 하물며 영원하신 성령으로 말미암아 흠 없는 자기를 하나님께 드린 그리스도의 피가 어찌 너희 양심을 죽은 행실에서 깨끗하게 하고 살아 계신 하나님을 섬기게 하지...(14~15)
- 율법을 따라 거의 모든 물건이 피로써 정결하게 되나니 피흘림이 없은즉 사함이 없느니라(22)
- 그리스도께서는 참 것의 그림자인 손으로 만든 성소에 들어가지 아니하시고 바로 그 하늘에 들어가사 이제 우리를 위하여 하나님 앞에 나타나시고...(24~28)

성전은 아무나 들어갈 수 있는 곳이 아닙니다. 첫 장막 뒤, 성소에는 제사장들만이 들어갈 수 있고, 둘째 장막 뒤, 지성소에는 대제사장만이 그것도 일 년에 단 한 번 대속죄일에만 들어갈 수 있습니다. 우리의 대제사장 예수 그리스도는 자기의 피로 영원한 속죄를 이루셨습니다(11, 12절). 그리스도는 그의 피로 인하여 단번에 하나님과 우리 사이의 새 언약의 중보자가 되셨습니다(15절).

나는 자기의 피로 말미암아 영원한 속죄를 이루신 새 언약의 중보이며, 영원하신 대제사장이신 예수 그리스도를 믿습니다. 예수 그리스도의 부르심이 나로 하여금 여기까지 오게 했습니다. 예수 그리스도께 무한한 신뢰를 보내며 믿음으로 인생의 길을 걷게 하시고, 영원한 피난처이신 주님 안에서 날마다 안식과 평강을 누리게 하옵소서.

본문 민수기 12-13장 | 시편 49편 | 이사야 2장 | 히브리서 10장
주제 **착각** (錯覺, 어떤 사물이나 사실을 실제와 다르게 느끼거나 잘못 지각함)

타락한 인간은 자기중심적일 때가 많다. 자기중심적 사고는 많은 착각을 일으킨다. 정탐한 일에 대한 주관적 착각, 재물을 가진 자의 교만한 착각, 불신자나 잘못된 가르침에 빠진 자의 착각 등이 자멸을 부른다.

민수기 12-13장 - 열 지파의 수령인 부정적 정탐꾼들의 착각

- 모세가 구스 여자를 취하였더니 그 구스 여자를 취하였으므로 미리암과 아론이 모세를 비방하니라...(12:1~8)
- 아론이 이에 모세에게 이르되 슬프도다 내 주여 우리가 어리석은 일을 하여 죄를 지었으나 청하건대 그 벌을 우리에게 돌리지 마소서...(12:11~12)
- 이에 미리암이 진영 밖에 이레 동안 갇혀 있었고 백성은 그를 다시 들어오게 하기까지 행진하지 아니하다가(12:15)
- 사람을 보내어 내가 이스라엘 자손에게 주는 가나안 땅을 정탐하게 하되 그들의 조상의 가문 각 지파 중에서 지휘관 된 자 한 사람씩 보내라...(13:2~3)
- 이는 모세가 땅을 정탐하러 보낸 자들의 이름이라 모세가 눈의 아들 호세아를 여호수아라 불렀더라...(13:16~20)
- 또 에스골 골짜기에 이르러 거기서 포도송이가 달린 가지를 베어 둘이 막대기에 꿰어 메고 또 석류와 무화과를 따니라(13:23)
- 모세에게 말하여 이르되 당신이 우리를 보낸 땅에 간즉 과연 그 땅에 젖과 꿀이 흐르는데 이것은 그 땅의 과일이니이다...(13:27~28)

(12장) 모세에게 지도력에 대한 미리암과 아론의 도전을 다룹니다. 표면상은 모세의 결혼문제(그의 아내 십보라가 구스 출신일 수도 있고 새로이 구스 여인을 아내로 맞이했을 수도 있음)였지만, 실제로는 모세와 같은 위치에 서길 원하는 것이었습니다. "여호와께서 모세와만 말씀하셨느냐 우리와도 말씀하지 아니하셨느냐 하매"(2절). 하나님은 모세의 행위에 앞서 미리암과 아론의 모세를 향한 비난과 권위에 대한 도전 자체를 문제 삼으셨습니다. 공동체에 미치는 영향이 크기 때문입니다. 지도자가 다소 부족하다 해서 그 권위에 도전하는 행위는 옳지 않습니다.
(13장) 각 지파에서 한 명씩 총 12명의 특공대를 선발하여 약속의 땅 가나안을 정탐합니다. 정탐에 대한 결과는 크게 달랐습니다. 하나님이 주실 약속의 땅을 거주민을 삼키는 땅으로 보고하여 공동체에게 큰 절망을 주는 10명과 하나님이 주실 약속의 땅이므로 올라가 취하자고 주장하는 2명의 의견이 갈리었습니다.

시편 49편 : 재물이 많고 어리석어 깨닫지 못하는 자들의 착각

- 죄악이 나를 따라다니며 나를 에워싸는 환난의 날을 내가 어찌 두려워하랴...(5~13)
- 사람이 치부하여 그의 집의 영광이 더할 때에 너는 두려워하지 말지어다...(16~20)

부와 죽음의 문제에 대해 다룹니다. 우리는 재물보다 하나님을 더욱 신뢰해야 합니다. 죽음의 문제에는 모두가 예외 없습니다. 그러나 많은 사람이 죽음을 의식하지 않고 살아갑니다. 부를 추종한 자의 결말은 심판입니다.

이사야 2장 : 교만, 거만, 자고하고 부패한 야곱 족속의 착각

- 아모스의 아들 이사야가 받은 바 유다와 예루살렘에 관한 말씀이라...(1~4)
- 주께서 주의 백성 야곱 족속을 버리셨음은 그들에게 동방 풍속이 가득하며 그들이 블레셋 사람들 같이 점을 치며 이방인과 더불어 손을 잡아 언약하였음이라(6)
- 그 땅에는 우상도 가득하므로 그들이 자기 손으로 짓고 자기 손가락으로 만든 것을...(8~12)
- 그 날에 자고한 자는 굴복되며 교만한 자는 낮아지고 여호와께서 홀로 높임을 ...(17~22)

마지막 때, 하나님은 전쟁과 인간의 탐욕의 역사를 그치게 할 것입니다(2~5절). 이사야는 죄로 물든 이스라엘을 고발합니다(6~11절). 여호와의 날이 임하면 인간의 죄와 교만, 우상은 심판을 받게 될 것이며(12~18절), 여호와의 영광과 위엄이 나타나게 될 것입니다(19~22절).

히브리서 10장 : 율법과 제사 아래 있는 자와 불신자들의 착각

- 율법은 장차 올 좋은 일의 그림자일 뿐이요 참 형상이 아니므로 해마다 늘 드리는 같은 제사로는 나아오는 자들을 언제나 온전하게 할 수 없느니라...(1~5)
- 위에 말씀하시기를 주께서는 제사와 예물과 번제와 속죄제는 원하지도 아니하고...(8~14)
- 모세의 법을 폐한 자도 두세 증인으로 말미암아 불쌍히 여김을 받지 못하고...(28~29)
- 우리는 뒤로 물러가 멸망할 자가 아니요 오직 영혼을 구원함에 이르는 믿음을 가진 자니라(39)

예수님이 오시기 전의 율법과 제사는 그림자와 같습니다(1~4절). 예수님은 자신의 몸으로 참된 제사를 드리셨습니다(5~10절). 그리스도께서 참된 제사를 드리셨기 때문에 우리에게 또 다른 제사는 필요치 않습니다(11~18절). 예수님 이전의 유대인들은 성전 뜰만 밟을 수 있었으며, 제사장은 성소에, 대제사장은 일 년에 단 한 번만 지성소에 들어갈 수 있었습니다. 이제는 예수님의 보혈의 힘으로 담대하게 하나님 앞에 설 수 있게 되었습니다(19~22절). 예수님의 보혈의 힘으로 하나님 보좌 앞에 서게 된 무리들은 한 공동체를 이루게 되었습니다. 바로 교회입니다. 교회는 사랑과 선행을 격려하며 함께 성전을 이루며 살아가야 합니다(23~25절). 예수님을 영접한 유대인들은 동족으로부터 다시 기존의 유대인 공동체로 들어오라는 회유와 협박, 핍박을 많이 받았습니다. 히브리서 기자는 살아계신 하나님을 두려워하며 진리 가운데서 떠나지 말라고 경고합니다(26~31절). 하나님의 약속을 받아 누리기 위해서는 믿음을 지키며, 인내해야 합니다(32~39절).

주의 영광과 은총이 가득할 그 날을 기다리며, 주님이 정해 놓으신 질서 안에서 건강한 신앙생활을 하게 하옵소서. 친히 자신의 몸을 드림으로 나를 정결케 하시고, 하나님 보좌 앞에 설 수 있는 은혜를 주신 주님! 주의 보혈을 힘입은 자들이 모인 우리 교회를 축복하여 주시고, 언제나 하나님의 약속 안에서 인내하며 믿음을 지켜 나가게 하옵소서.

본문 민수기 14장 | 시편 50편 | 이사야 3-4장 | 히브리서 11장

주제 책임 (責任, 맡아서 행해야 할 의무나 임무)

하나님의 선민이거나 예수를 믿고 하나님의 자녀가 된 자는 책임이 따른다. 또한 하나님께 소명을 받은 일꾼들도 사명을 잘 감당할 책임이 따른다. 이를 행할 때와 그렇지 않을 때 구원과 심판의 갈림길에 서게 된다.

민수기 14장 : 원망하는 백성을 구하기 위한 모세, 갈렙, 여호수아의 책임

- 온 회중이 소리를 높여 부르짖으며 백성이 밤새도록 통곡하였더라...(1~10)
- 이제 주께서 이 백성을 하나 같이 죽이시면 주의 명성을 들은 여러 나라가 말하여...(15~20)
- 그러나 내 종 갈렙은 그 마음이 그들과 달라서 나를 온전히 따랐은즉 그가 갔던 땅으로 내가 그를 인도하여 들이리니 그의 자손이 그 땅을 차지하리라(24)
- 여분네의 아들 갈렙과 눈의 아들 여호수아 외에는 내가 맹세하여 너희에게 살게...(30~34)
- 아침에 일찍이 일어나 산 꼭대기로 올라가며 이르되 보소서 우리가 여기 있나이다...(40~45)

10명의 정탐꾼의 보고에 백성은 크게 낙심하였고, 그 원망은 하나님께로 향했습니다(1~4절). 백성의 마음을 돌리려는 여호수아와 갈렙의 시도는 실패했습니다(5~10절). 하나님은 모세를 통해 새로운 민족을 세우려는 계획을 말씀하셨으나(11, 12절) 모세는 백성들을 위해 변호하고 생명을 건 간구를 합니다(13~19절). 모세의 중보에 하나님은 백성들을 용서하고 새로운 민족에 대한 계획을 취소하셨지만, 대신 그들은 하나님의 백성이 되기 위한 광야에서의 훈련기간이 설정됩니다(20~35절). 부정 보고의 당사자인 10명의 정탐꾼은 하나님의 심판으로 죽게 되었습니다(36~38절). 이스라엘 백성들은 뒤늦게 가나안 땅으로 가려 하나 이미 늦었습니다(39~45절).

시편 50편 : 제사하는 백성에게 주인 되신 하나님을 알리기 위한 아삽의 책임

- 우리 하나님이 오사 잠잠하지 아니하시니 그 앞에는 삼키는 불이 있고...(3~8)
- 내가 가령 주려도 네게 이르지 아니할 것은 세계와 거기에 충만한 것이 내 것임이로다(12)
- 감사로 하나님께 제사를 드리며 지존하신 이에게 네 서원을 갚으며...(14~15)
- 네가 이 일을 행하여도 내가 잠잠하였더니 네가 나를 너와 같은 줄로 생각하였도다 그러나 내가 너를 책망하여 네 죄를 네 눈 앞에 낱낱이 드러내리라 하시는도다...(21~23)

50편은 성전예배용 시입니다. 제사에 대한 백성들의 잘못된 생각에 대한 책망의 내용은 꼭 선지자의 메시지를 연상케 합니다. 하나님은 재판장으로서 언약백성을 불러 모으십니다(1~6절). 제물을 가지고 하나님을 조정할 수 있다는 생각하는 것은 잘못된 생각입니다(많이 드리면 하나님이 좋아할 것이다?, 7~15절). 하나님은 백성들이 하나님을 의지하고, 감사하며 찬양하는 것을 기뻐하십니다. 율법을 거부하고 하나님을 의지하지 않는 악한 자들에 대하여 경고하십니다(16~22절). 미신적, 형식적인 제사가 아닌 감사의 마음으로 드리는 제사가 하나님을 영화롭게 합니다(23절).

이사야 3-4장 : 범죄한 백성에게 하나님의 멸망과 회복을 알리기 위한 이사야의 책임

- 보라 주 만군의 여호와께서 예루살렘과 유다가 의뢰하며 의지하는 것을 제하여...(3:1~5)
- 예루살렘이 멸망하였고 유다가 엎드러졌음은 그들의 언어와 행위가 여호와를 거역하여 그의 영광의 눈을 범하였음이라(3:8)
- 여호와께서 또 말씀하시되 시온의 딸들이 교만하여 늘인 목, 정을 통하는 눈으로 다니며 아기작거려 걸으며 발로는 쟁쟁한 소리를 낸다 하시도다...(3:16~23)
- 그 날에 여호와의 싹이 아름답고 영화로울 것이요 그 땅의 소산은 이스라엘의 피난한 자를 위하여 영화롭고 아름다울 것이며...(4:2~4)

(3장) 예루살렘과 유다는 파국을 맞이하게 될 것입니다. 하나님은 이스라엘 백성이 의지하고 있는 것들을 제거하실 것입니다(1절). 큰 혼란이 일어나게 될 것입니다. 특히 하나님은 백성의 지도자들을 고발하십니다(12~15절). 뿐만 아니라 사치와 허영에 빠진 여인들도 고발의 대상입니다(16~24절).
(4장) 그러나 하나님은 멸망을 목적으로 예루살렘을 심판하시는 분이 아닙니다. 하나님은 심판을 통해 예루살렘을 깨끗케 하신 후, 다시 회복시키십니다.

히브리서 11장 : 각 시대의 한계를 뛰어넘어 응답받은 믿음 있는 자들의 책임

- 믿음은 바라는 것들의 실상이요 보이지 않는 것들의 증거니(1)
- 믿음으로 모든 세계가 하나님의 말씀으로 지어진 줄을 우리가 아나니 보이는 것은...(3~8)
- 믿음으로 사라 자신도 나이가 많아 단산하였으나 잉태할 수 있는 힘을 얻었으니 이는 약속하신 이를 미쁘신 줄 알았음이라(11)
- 그들이 이제는 더 나은 본향을 사모하니 곧 하늘에 있는 것이라 이러므로..(16~17)
- 그가 하나님이 능히 이삭을 죽은 자 가운데서 다시 살리실 줄로 생각한지라...(19~27)
- 그들은 믿음으로 나라들을 이기기도 하며 의를 행하기도 하며 약속을 받기도 하며...(33~38)

믿음은 바라는 것들의 실상입니다(1절). 여기서 바라는 것은 내 꿈이 아닙니다. "하나님이 약속하신 것"입니다. 우리가 믿음을 통해 얻는 것은 나의 꿈이 아니라 하나님이 나를 위해 준비하신 그의 나라입니다. 우리의 하나님의 나라, 하나님이 통치하시는 나라를 바라고 소망해야 합니다. 믿음은 하나님의 약속을 보증해 줍니다. 믿음이 없이는 하나님을 기쁘시게 할 수 없습니다(6절). 선진들은 그들의 삶에 믿음의 증거를 가지고 있었습니다. 선진들은 나그네 인생을 살면서 영원히 살게 된 본향을 사모하며 살았습니다. 믿음으로 시험을 이겼습니다. 이 땅의 상이 아니라 영원한 상을 바라보았습니다. 믿음으로 고난을 이기고, 믿음으로 이 땅의 부와 영광을 포기했습니다. 그의 나라에서의 영광을 미리 내다 보았기 때문입니다.

하나님 아버지! 내 안에 있는 신앙의 불순물을 제하여 주시고, 나를 정결케 하여 주옵소서. 하나님께 드리는 예배를 성공의 기회로 여기지 않게 하시고, 감사와 찬양으로 하나님을 영화롭게 하는 참 신자가 되게 하옵소서. 해산의 수고로 또 다른 생명을 낳는 제자가 되게 하시며, 믿음의 선진들이 보인 발자취를 따라 그 길을 걸어가게 하옵소서.

본문 민수기 15장 | 시편 51편 | 이사야 5장 | 히브리서 12장

주제 죄악 (罪惡, 하나님의 계명이나 윤리에 어긋나거나 반하는 행위)

성경이 말하는 불법, 불의, 불선, 불신을 행하면 죄가 된다. 이스라엘 선민과 다윗이 불법을 행하고, 예루살렘과 온 유다가 불의와 불신을 행하며, 예수 그리스도를 믿는 자가 계명을 어기고 선을 행하지 않음으로 죄를 범하여 사망에 이르게 되었다. 오직 예수 그리스도의 보혈이 아니면 용서받지 못하고 구원에 이르지 못한다.

민수기 15장 : 이스라엘 회중과 개인이 부지중에 지은 죄악

- 이스라엘 자손에게 말하여 그들에게 이르라 너희는 내가 주어 살게 할 땅에 들어가서...(2~5)
- 누구든지 본토 소생이 여호와께 향기로운 화제를 드릴 때에는 이 법대로 할 것이요...(13~14)
- 이스라엘 자손에게 말하여 이르라 너희는 내가 인도하는 땅에 들어가거든...(18~20)
- 곧 여호와께서 모세를 통하여 너희에게 명령한 모든 것을 여호와께서 명령한 날 이후부터 너희 대대에 지키지 못하여...(23~25)
- 제사장은 그 부지중에 범죄한 사람이 부지중에 여호와 앞에 범한 죄를 위하여 속죄하여 그 죄를 속할지니 그리하면 사함을 얻으리라(28)
- 본토인이든지 타국인이든지 고의로 무엇을 범하면 누구나 여호와를 비방하는 자니 그의 백성 중에서 끊어질 것이라...(30~35)

약속의 땅에 입성하는 시기가 많이 늦어지긴 하겠지만, 때가 되면 결국 들어가게 됩니다. 이스라엘 백성들이 드려야 할 제사 규정이 소개됩니다(3~10절). 약속의 땅에 들어가서 그 땅의 산물로 양식을 먹을 때에 거제를 드려야 합니다(17~21절). 약속의 땅을 주신 하나님을 기억하며 감사를 드리는 것입니다. 죄를 범했을 때의 제사 규정도 언급합니다(22~36절). 안식일을 의도적으로 거역한 사람에 대해서는 무거운 징계가 내려집니다(32~36절). 하나님의 백성으로서의 정체성을 부정하는 것으로 여겼기 때문입니다.

시편 51편 : 다윗이 밧세바와 고의적으로 지은 죄악

- 하나님이여 주의 인자를 따라 내게 은혜를 베푸시며 주의 많은 긍휼을 따라 내 죄악을 지워 주소서...(1~7)
- 주의 얼굴을 내 죄에서 돌이키시고 내 모든 죄악을 지워 주소서...(9~12)
- 하나님이여 나의 구원의 하나님이여 피 흘린 죄에서 나를 건지소서 내 혀가 주의 의를 높이 노래하리이다...(14~15)
- 하나님께서 구하시는 제사는 상한 심령이라 하나님이여 상하고 통회하는 마음을 주께서 멸시하지 아니하시리이다(17)

다윗의 대표적인 참회시입니다. 죄사함을 구하는 서론적 기도(1, 2절), 죄의 고백(3~6절), 죄 용서의 간구(7~9절), 정결한 마음과 자원하는 심령을 구함(10~12절), 찬양과 가르침의 맹세(상한 심령이 드리는 기도, 13~17절), 시온의 회복을 위한 기도(18, 19절)로 구성되어 있습니다.

이사야 5장 : 예루살렘과 유다가 총체적으로 지은 죄악

- 나는 내가 사랑하는 자를 위하여 노래하되 내가 사랑하는 자의 포도원을 노래하리라 내가 사랑하는 자에게 포도원이 있음이여 심히 기름진 산에로다...(1~3)
- 이제 내가 내 포도원에 어떻게 행할지를 너희에게 이르리라 내가 그 울타리를 걷어 먹힘을 당하게 하며 그 담을 헐어 짓밟히게 할 것이요...(5~8)
- 아침에 일찍이 일어나 독주를 마시며 밤이 깊도록 포도주에 취하는 자들은 화 있을진저(11)
- 여느 사람은 구푸리고 존귀한 자는 낮아지고 오만한 자의 눈도 낮아질 것이로되...(15~16)
- 거짓으로 끈을 삼아 죄악을 끌며 수레 줄로 함 같이 죄악을 끄는 자는 화 있을진저(18)
- 악을 선하다 하며 선을 악하다 하며 흑암으로 광명을 삼으며 광명으로 흑암을 삼으며 쓴 것으로 단 것을 삼으며 단 것으로 쓴 것을 삼는 자들은 화 있을진저...(20~24)

구약에서 이스라엘은 흔히 포도나무에 비유됩니다. 하나님이 애쓰고 가꾸었지만 이스라엘은 하나님이 원하시는 의의 열매를 맺지 못했습니다. 이에 주인은 포도원을 갈아엎기로 결정합니다. 이사야 선지자는 이스라엘에서 자행되고 있는 6가지 악행에 대해 고발합니다(8~23절). 이에 하나님은 이방나라의 군대(앗수르 군대)를 통해 이스라엘을 심판하실 것을 계획하십니다(24~30절).

히브리서 12장 : 징계를 받을 무거운 죄와 얽매이기 쉬운 죄악

- 이러므로 우리에게 구름 같이 둘러싼 허다한 증인들이 있으니 모든 무거운 것과 얽매이기 쉬운 죄를 벗어 버리고 인내로써 우리 앞에 당한 경주를 하며...(1~3)
- 너희가 참음은 징계를 받기 위함이라 하나님이 아들과 같이 너희를 대우하시나니 어찌 아버지가 징계하지 않는 아들이 있으리요...(7~15)
- 그러나 너희가 이른 곳은 시온 산과 살아 계신 하나님의 도성인 하늘의 예루살렘과 천만 천사와...(22~24)
- 그러므로 우리가 흔들리지 않는 나라를 받았은즉 은혜를 받자 이로 말미암아 경건함과 두려움으로 하나님을 기쁘시게 섬길지니...(28~29)

우리는 신앙의 경주자들입니다. 우리를 응원하는 이 경주를 마친 믿음의 선조들이 있으며, 특히 믿음을 주시며 온전케 하시는 예수 그리스도를 우리는 바라보아야 합니다(1~4절). 우리가 잘못된 길을 갈 때, 우리를 징계하시는 하나님을 만나게 됩니다. 그러나 이는 자녀 됨의 증거입니다(5~8절). 우리는 신앙의 경주나 죄로 인한 징계가 있을 때 인내해야 합니다(9~11절). 믿음 위에서 연약한 형제들을 도우며(12, 13절) 화평함과 거룩함을 추구해야 합니다(14~17절). 우리는 흔들리지 않는 나라(하늘성전)를 상속받았습니다(28, 29절). 땅의 성전은 때가 되면 소멸될 것입니다.

긍휼이 풍성하신 주님! 의와 평강의 열매를 맺으며 살아야 하는데, 그렇지 못한 나를 불쌍히 여겨주옵소서. 믿음의 주요 온전케 하시는 예수님을 바라보며 인내로써 경주하게 하시고, 죄로 인하여 무너질 때에는 애통해하며 참회하는 자가 되게 하옵소서.

본문 민수기 16장 | 시편 52-54편 | 이사야 6장 | 히브리서 13장

주제 **교만** (驕慢, 하나님과 사람 앞에 잘난 체하는 태도로 겸손함이 없이 건방짐)

하나님이 가장 미워하시는 죄는 교만이다. 그러기에 하나님은 겸손한 자에게 은혜를 베푸신다. 고라, 다단, 아비람, 도엑, 이스라엘 선민, 유대인, 말씀으로 인도함을 받는 자 등은 모두 교만의 죄에 빠짐으로 하나님의 심판을 받았음을 기억하고 늘 겸손한 삶을 살아야 한다.

민수기 16장 : 모세를 향한 고라, 다단, 아비람의 교만

- 레위의 증손 고핫의 손자 이스할의 아들 고라와 르우벤 자손 엘리압의 아들...(1~14)
- 고라가 온 회중을 회막 문에 모아 놓고 그 두 사람을 대적하려 하매 여호와의 영광이 온 회중에게 나타나시니라(19)
- 너희는 이 회중에게서 떠나라 내가 순식간에 그들을 멸하려 하노라...(21~22)
- 모세가 회중에게 말하여 이르되 이 악인들의 장막에서 떠나고 그들의 물건은 아무 것도 만지지 말라 그들의 모든 죄중에서 너희도 멸망할까 두려워하노라 하매(26)
- 모세가 이르되 여호와께서 나를 보내사 이 모든 일을 행하게 하신 것이요...(28~33)
- 여호와께로부터 불이 나와서 분향하는 이백오십 명을 불살랐더라(35)

고라, 다단, 아비람과 온이 모세와 아론의 권위에 도전합니다. 무려 250여 족장이 그들을 따랐으니 상당히 큰 규모의 반역이 일어난 것입니다. 모세는 하나님께 모든 판단을 맡깁니다(4~7절). 성막에서의 일반 직무가 아닌 제사장직 자체를 요구하는 고라 일당을 모세는 책망하고(8~11절), 다단과 아비람은 모세를 비난합니다(12~14절). 상황의 위급함 때문에 하나님이 바로 개입하셔서 그들을 심판할 계획을 모세에게 알려 주십니다(20~24절). 결국 땅이 갈라져 반역의 무리들을 삼킴으로 상황은 일단락되었습니다(31~35절). 그런데 이제는 회중들이 나서서 모세와 아론이 여호와의 백성(고라 일당들)을 죽였다고 비난하기 시작합니다(41~45절). 이번에도 하나님은 바로 개입하셔서 염병으로 백성을 심판하시면서 동시에 속죄의 방법도 알려주십니다(46~50절).

시편 52-54편 : 다윗을 향한 도엑과 어리석은 자의 교만

- 포악한 자여 네가 어찌하여 악한 계획을 스스로 자랑하는가 하나님의 인자하심은...(52:1~4)
- 이 사람은 하나님을 자기 힘으로 삼지 아니하고 오직 자기 재물의 풍부함을...(52:7~8)
- 어리석은 자는 그의 마음에 이르기를 하나님이 없다 하도다 그들은 부패하며...(53:1~3)
- 어리석은 자는 그의 마음에 이르기를 하나님이 없다 하도다 그들은 부패하며...(53:5~6)
- 하나님이여 주의 이름으로 나를 구원하시고 주의 힘으로 나를 변호하소서...(54:1~3)
- 주께서는 내 원수에게 악으로 갚으시리니 주의 성실하심으로 그들을 멸하소서(54:5)

(52편) 다윗은 자신의 대적(포악한 자)을 고발합니다(1~4절). 하나님이 악한 자는 심판할 것이나(5~7절) 하나님을 의지하는 의인의 미래는 견고할 것입니다(8, 9절).
(53편) 어리석은 자는 마음으로 하나님을 부정합니다(1~3절). 의도적으로 하나님을 거부

하는 것입니다. 어리석은 자의 종말은 수치스러울 것이나(4, 5절) 하나님은 어리석은 악인들로부터 이스라엘을 구원하실 것입니다.
(54편) 생명을 위협하는 원수들로부터 구원받기를 간구하고 있습니다. 다윗은 구원자요 심판자 되시는 하나님을 애타게 부릅니다(1, 2절). 하나님은 그의 생명을 붙들어 주실 것이며(4, 5절) 다윗은 승리를 확신하며 감사의 제사를 드리겠다고 맹세합니다.

이사야 6장 : 듣지도 보지도 깨닫지도 못하는 자의 교만

- 웃시야 왕이 죽던 해에 내가 본즉 주께서 높이 들린 보좌에 앉으셨는데...(1~10)
- 그 중에 십분의 일이 아직 남아 있을지라도 이것도 황폐하게 될 것이나 밤나무와 상수리나무가 베임을 당하여도 그 그루터기는 남아 있는 것 같이 거룩한 씨가 이 땅의 그루터기니라 하시더라(13)

이사야가 선시사로 부름받는 소명장입니다. 보좌에 앉으신 하나님은(1~4절) 이사야를 부르십니다. 하나님의 절대 거룩함 앞에 선 이사야는 자신의 부정함으로 인해 죽음의 두려움을 느끼지만, 하나님의 천사는 그의 죄가 사하여졌음을 선언하고, 이사야는 하나님의 부르심에 응답하게 됩니다(5~8절). 하나님은 하나님께 등을 돌린 이스라엘에 대한 심판을 선언하십니다(9~13절).

히브리서 13장 : 말씀을 인도하는 자에게 순종하지 않는 교만

- 형제 사랑하기를 계속하고...(1~5)
- 하나님의 말씀을 너희에게 일러 주고 너희를 인도하던 자들을 생각하며...(7~8)
- 그러므로 예수도 자기 피로써 백성을 거룩하게 하려고 성문 밖에서 고난을...(12~17)
- 우리 형제 디모데가 놓인 것을 너희가 알라 그가 속히 오면 내가 그와 함께 가서 너희를 보리라(23)

하나님이 기뻐하시는 산 제사를 드리는 삶에 대한 내용입니다. 이웃을 사랑하기를 힘쓰며(1~3절), 계명을 지키며(4, 5절) 말씀을 가르치고 인도하는 자들을 보고, 그들의 믿음을 본받아야 합니다(6~8절). 이는 교회의 지도자나 먼저 믿은 성도들이 어떻게 살아야 하는지를 잘 보여주고 있습니다. 성전제사(다른 교훈)와 성찬은 함께 할 수 없습니다(9~11절). 오직 예수님의 피로써만이 하나님 앞에 설 수 있기 때문입니다. 그러므로 이제는 성 밖으로, 즉 유대종교와 유대문화 밖으로 나가야 합니다(13절). 선행과 순종의 참된 제사를 드려야 합니다(15~17절). 이제는 아론 계열의 구별된 제사장도, 레위인의 찬송도, 화목을 위한 제물이 필요하지 않습니다. 예수 그리스도가 대제사장이시며, 예수 그리스도가 순전한 제물입니다. 제사는 성찬 및 예배를 통해 그리스도를 기념하고 경배하는 것으로 바뀌었습니다.

내 죄를 사하시고 자녀로, 사명자로 불러주신 은혜를 찬양합니다. 대제사장이시며, 화목제물 되시는 예수 그리스도를 통해 이 은혜를 누리게 되었습니다. 세상에는 여전히 하나님을 부정하는 자들이 많으나 하나님은 나의 현재와 미래를 견고케 하셨습니다. 신앙이 도전받는 상황에서도 하나님을 굳건히 신뢰하며 나아가게 하옵소서.

본문 민수기 17-18장 | 시편 55편 | 이사야 7장 | 야고보서 1장
주제 대안 (代案, 어떤 문제에 답이 될 만한 것이나 해결할 만한 방안)

모든 문제에는 답이 있다. 영적인 질서의 문제나 개인적인 인간관계의 문제, 더 나아가 국가의 문제나 성도의 삶의 문제에도 다 대안이 있다. 이 모든 대안은 하나님의 말씀과 구체적인 도우심에 있다.

민수기 17-18장 : 아론 제사장의 일을 넘보지 못하게 하신 여호와의 대안은 싹이 남

- 너는 이스라엘 자손에게 말하여 그들 중에서 각 조상의 가문을 따라 지팡이 하나씩을 취하되 곧 그들의 조상의 가문대로 그 모든 지휘관에게서 지팡이 열둘을 취하고...(17:2~5)
- 이튿날 모세가 증거의 장막에 들어가 본즉 레위 집을 위하여 낸 아론의 지팡이에 움이 돋고 순이 나고 꽃이 피어서 살구 열매가 열렸더라...(17:8~10)
- 여호와께서 아론에게 이르시되 너와 네 아들들과 네 조상의 가문은 성소에 대한 죄를 함께 담당할 것이요 너와 네 아들들은 너희의 제사장 직분에 대한 죄를 함께...(18:1~4)
- 보라 내가 이스라엘 자손 중에서 너희의 형제 레위인을 택하여 내게 돌리고 너희에게 선물로 주어 회막의 일을 하게 하였나니...(18:6~8)
- 지극히 거룩하게 여김으로 먹으라 이는 네게 성물인즉 남자들이 다 먹을지니라(18:10)

(17장) 모세와 아론의 권위에 대한 반역 사건 이후 하나님은 자신이 제사장으로 누구를 선택했는지 확실하게 보여줍니다. 레위지파 아론입니다. 그의 지팡이에서만 싹이 났습니다. 아론만이 제사장으로서 이스라엘 백성의 대표로서 하나님께 나아갈 수 있습니다. (18장) 하나님은 제사장으로서 아론을 선택하셨음을 보여 주셨습니다. 이제는 제사장과 레위 지파의 직부에 대하여 말씀하십니다(1~5절). 하나님은 아론과 레위인의 관계를 분명히 하셨습니다(6, 7절). 레위인은 아론을 섬기라고 명하십니다. 또한 제사장이 여호와를 섬김으로써 받을 수 있는 몫을 설명하십니다(8~19절). 레위인은 분깃은 백성들이 내는 십일조입니다(20~24절). 그러나 레위인도 수입의 십일조를 드려야 합니다(25~32절).

시편 55편 : 원수의 위험에서 구원을 얻는 다윗의 대안은 간절한 탄원기도

- 하나님이여 내 기도에 귀를 기울이시고 내가 간구할 때에 숨지 마소서...(1~3)
- 내가 성내에서 강포와 분쟁을 보았사오니 주여 그들을 멸하소서 그들의 혀를 잘라 버리소서(9)
- 나를 책망하는 자는 원수가 아니라 원수일진대 내가 참았으리라 나를 대하여 자기를 높이는 자는 나를 미워하는 자가 아니라 미워하는 자일진대 내가 그를 피하여 숨었으리라...(12~14)
- 나는 하나님께 부르짖으리니 여호와께서 나를 구원하시리로다...(16~17)
- 네 짐을 여호와께 맡기라 그가 너를 붙드시고 의인의 요동함을 영원히 허락하지...(22~23)

가까운 사람들의 배신으로 인해 고통받는 다윗이 하나님의 도움을 구하는 시입니다. 아마도 압살롬의 반란 때에 지어진 것으로 추측됩니다. 다윗은 얼마나 절박했던지 원수들로부터 구원해 주시기를 간구하며 원수들의 멸망을 구하는 기도로 나아갑니다(1~11절). 다윗은 자신을 괴롭히는 자들이 바로 자신의 친구라는 것을 상기시키며 탄식합니다(12~14절). 그와 함께 했던 자들의 배반으로 인한 큰 고통을 토로합니다. 절박한 심정으로 간구하던 다윗은 마침내 자신의 기도가 응답될 것을 확신하며, 그 확신을 하나님께 고백합니다(16~23절).

이사야 7장 : 아람과 이스라엘의 동맹이 유다를 넘볼 때 주님의 대안은 임마누엘

- 웃시야의 손자요 요담의 아들인 유다의 아하스 왕 때에 아람의 르신 왕과 르말리야의 아들 이스라엘의 베가 왕이 올라와서 예루살렘을 쳤으나 능히 이기지 못하니라...(1~4)
- 주 여호와의 말씀이 그 일은 서지 못하며 이루어지지 못하리라...(7~9)
- 너는 네 하나님 여호와께 한 징조를 구하되 깊은 데에서든지 높은 데에서든지 구하라...(11~12)

아람(시리아)과 에브라임(북이스라엘)이 연합하여 유다를 치려 하고, 이 소식을 들은 유다의 아하스 왕은 두려움에 사로잡히게 됩니다(2절). 하나님은 이사야를 통해 그들의 계획은 실패할 것이니, 두려워하지 말라고 하십니다(3~9절). 그러나 실제로 아하스는 하나님을 신뢰하지 않았고, 앗수르(앗시리아)에게 뇌물을 바치며 도움을 청하여 앗수르 군대를 끌어들임으로써 아람-에브라임 연합군의 침공 위기에서 벗어납니다. 그러나 하나님을 신뢰하지 않은 대가는 혹독했습니다. 난폭한 국가인 앗수르의 속국이 된 것입니다(20절).

야고보서 1장 : 믿는 자들이 시험을 당할 때 승리하는 대안은 인내와 지혜

- 내 형제들아 너희가 여러 가지 시험을 당하거든 온전히 기쁘게 여기라...(2~7)
- 부한 자는 자기의 낮아짐을 자랑할지니 이는 그가 풀의 꽃과 같이 지나감이라...(10~15)
- 온갖 좋은 은사와 온전한 선물이 다 위로부터 빛들의 아버지께로부터 내려오나니 그는 변함도 없으시고 회전하는 그림자도 없으시니라(17)
- 내 사랑하는 형제들아 너희가 알지니 사람마다 듣기는 속히 하고 말하기는 더디...(19~22)

그리스인에게는 시험이 많습니다. 야고보는 시험을 잘 이기려면 지혜가 필요하다고 강조합니다. 하나님은 구하는 자에게 시험을 이길 지혜와 인내를 주십니다. 그래서 시험을 통해 더 견고하게 하십니다. 고난도 영원하지 않고, 순탄한 삶도 영원하지 않으며, 풍요로움과 안락함도 언제나 지속되지 않습니다. 사도는 시험의 두 종류인 '테스트'와 '유혹'을 구별하여 설명합니다. 시험을 잘 분별해야 합니다. 성도는 사탄의 달콤한 유혹에 속지 말아야 합니다. 온갖 좋은 은사와 온전한 선물은 하나님이 주시는 것입니다. 우리는 말씀을 행하는 자가 되어야 합니다. 듣기만 하여 자신을 속이는 자가 되지 말아야 합니다(22절).

하나님이 세우신 건강한 질서에 순응하는 지혜가 있게 하시고, 두려운 상황을 만났을 때 불신앙의 길로 가지 않게 하시며, 극심한 절망 속에서도 역사의 주관자 되시는 하나님을 향한 신뢰가 흔들리지 않게 하옵소서. 시험에서 승리하게 하시고, 말씀을 행하는 참 신자가 되게 하옵소서.

본문 민수기 19장 | 시편 56-57편 | 이사야 8장- 9장1-7절 | 야고보서 2장
주제 **부정** (不淨, 하나님 앞에서 율법을 어기거나 죄를 범하여 더러워진 상태)

모든 사람은 죄인이다. 의인은 없나니 하나도 없다. 더러운 것을 만짐으로 부정해지고, 사람을 미워하고 괴롭힘으로 부정해지며, 주의 명령을 거역함으로 부정해지고, 행함 없는 믿음으로 부정해진다. 이 모든 부정은 오직 예수 그리스도를 믿는 믿음으로 정결해진다.

민수기 19장 : 시체를 접한 모든 것의 영적, 상태적, 상황적인 부정

- 여호와께서 명령하시는 법의 율례를 이제 이르노니 이스라엘 자손에게 일러서 온전하여 흠이 없고 아직 멍에 메지 아니한 붉은 암송아지를 네게로 끌어오게 하고...(2~9)
- 사람의 시체를 만진 자는 이레 동안 부정하리니...(11~13)
- 뚜껑을 열어 놓고 덮지 아니한 그릇은 모두 부정하니라...(15~18)
- 부정한 자가 만진 것은 무엇이든지 부정할 것이며 그것을 만지는 자도 저녁까지 부정하리라(22)

하나님은 모세에게 정결함을 위해서 사용하는 물을 만들기 위해 암송아지를 불사르라고 명령하십니다(1~10절). 이는 부정을 깨끗케 하는 물을 만들기 위한 제사입니다. 이어서 시신을 만져서 부정하게 된 경우의 정결케 되는 방법을 소개하고 있습니다(11~22절). 거룩하신 하나님은 부정과 더러움을 멀리하고 거룩할 것을 요구하십니다.

시편 56-57편 : 다윗의 원수들이 행하는 사악한 죄악의 부정

- 하나님이여 내게 은혜를 베푸소서 사람이 나를 삼키려고 종일 치며 압제하나이다...(56:1~5)
- 나의 유리함을 주께서 계수하셨사오니 나의 눈물을 주의 병에 담으소서 이것이 주의 책에 기록되지 아니하였나이까...(56:8~11)
- 하나님이여 내게 은혜를 베푸소서 내게 은혜를 베푸소서 내 영혼이 주께로 피하되 주의 날개 그늘 아래에서 이 재앙들이 지나기까지 피하리이다...(57:1~3)
- 하나님이여 내 마음이 확정되었고 내 마음이 확정되었사오니 내가 노래하고...(57:7~11)

(56편) 원수들의 공격으로 생명의 위협을 느끼는 시인이 하나님의 도움을 구합니다. 배경은 다윗이 가드 왕 아기스에게 잡혀 죽을 뻔한 사건입니다(표제어 참조). 내용은 도입 기도와 하나님에 대한 신뢰의 고백(1~4절), 원수들에 대한 고발(5~7절), 돌보심을 간구(8~11절), 응답에 대한 확신 및 감사제에 대한 맹세(12, 13절)입니다.
(57편) 대적에 의해 위협을 받는 상황에서 구원을 간구하는 내용입니다. 배경은 사울 왕에게 쫓기는 때입니다(표제어 참조). 구원에 대한 간구(1~4절), 하나님의 구원을 확신하며 찬양(6~10절), 후렴구(주의 영광이 선포되길 간구, 5, 11절).

이사야 8장 ~ 9장 1~7절 : 율법과 증거의 말씀을 떠난 백성과 사람들의 부정

- 내가 내 아내를 가까이 하매 그가 임신하여 아들을 낳은지라 여호와께서 내게...(8:3~4)
- 이 백성이 천천히 흐르는 실로아 물을 버리고 르신과 르말리야의 아들을...(8:6~13)

- 너는 증거의 말씀을 싸매며 율법을 내 제자들 가운데에서 봉함하라...(8:16~18)
- 마땅히 율법과 증거의 말씀을 따를지니 그들이 말하는 바가 이 말씀에 맞지 아니하면 그들이 정녕 아침 빛을 보지 못하고(8:20)
- 전에 고통 받던 자들에게는 흑암이 없으리로다 옛적에는 여호와께서 스불론 땅과 납달리 땅이 멸시를 당하게 하셨더니 후에는 해변 길과 요단 저쪽 이방의 갈릴리를 영화롭게...(9:1~4)

시리아-북이스라엘 연합군에 의해 큰 위기에 놓인 유다를 구원하시겠다는 하나님의 뜻이 전달됩니다(1~4절). 그러나 이사야를 통해 전달된 하나님의 구원하심을 신뢰하지 않고 앗수르를 의지한 유다는 도리어 앗수르에 의해 시리아-북이스라엘이 처하게 될 운명과 같은 운명에 처하게 될 것입니다(5~8절). 하나님 없이 세워진 계획과 전략들은 결국 실패할 것입니다(9, 10절). 하나님의 뜻에서 벗어나 있는 사람(민족)은 하나님을 심판자로 만나게 됩니다(11~15절). 하나님이 구원하실 것이라는 자신의 선포에 대해 믿지 않는 유다의 아하스 왕으로 인해 이사야는 실망하게 되지만, 지금은 얼굴을 가리고 계신 하나님이 때가 되면 나타나실 것(구원)에 대한 소망을 놓치지 않습니다(16~18절). 하나님은 거짓 선지자들을 심판할 것입니다(19~22절). 흑암의 시대가 끝나면 새로운 구원의 시대가 열릴 것입니다(9:1~7절). 여호와의 열심이 이 일을 이루실 것입니다. 역사적으로 앗수르에게 빼앗겼던 영토가 회복되지는 않았습니다. 9장의 예언은 예수 그리스도로 말미암아 완전히 성취되었습니다.

야고보서 2장 : 사람을 차별하고 행동 없는 믿음을 보인 신자의 부정

- 만일 너희 회당에 금 가락지를 끼고 아름다운 옷을 입은 사람이 들어오고...(2~5)
- 긍휼을 행하지 아니하는 자에게는 긍휼 없는 심판이 있으리라 긍휼은 심판을...(13~17)
- 네가 하나님은 한 분이신 줄을 믿느냐 잘하는도다 귀신들도 믿고 떠느니라(19)
- 우리 조상 아브라함이 그 아들 이삭을 제단에 바칠 때에 행함으로 의롭다 하심을...(21~22)
- 이로 보건대 사람이 행함으로 의롭다 하심을 받고 믿음으로만은 아니니라(24)
- 영혼 없는 몸이 죽은 것 같이 행함이 없는 믿음은 죽은 것이니라(26)

야고보서는 끊임없이 '행함이 없는 믿음은 죽은 믿음'임을 강조합니다. 참된 믿음의 소유자는 사람을 편애하거나 차별하지 않습니다(1~9절). 우리가 율법을 다 지킴으로써 의롭게 되는 것은 불가능합니다(10, 11절). 그런 면에서 율법은 불완전합니다. 율법을 통한 구원을 해결해 준 것이 바로 그리스도의 십자가 사랑입니다. 예수 그리스도의 대속의 사랑을 힘입은 자는 사랑과 긍휼을 베풀어야 합니다(10~13절). 행함이 없는 믿음은 무익합니다(14~26절). 행함은 참믿음의 증표입니다. 믿음은 행함으로 증명이 됩니다.

하나님! 하나님의 거룩하심을 닮게 하시고, 은혜로 받은 구원이니 은혜를 베푸는 삶을 살게 하옵소서. 인생의 위기에서도 주의 인자하심과 성실하심을 믿기에 주를 찬양합니다. 하나님의 구원과 승리에 대한 소망을 잃지 않게 하옵소서.

본문 민수기 20장 | 시편 58-59편 | 이사야 9장 8절-10장 4절 | 야고보서 3장
주제 **섭리** (攝理, 천지만물을 창조하신 하나님이 세상만물을 다스리는 뜻과 이치)

세상에는 세 가지의 뜻이 있다. 하나님의 뜻과 사람의 뜻과 사탄의 뜻이다. 하지만 최종적으로 구원과 심판을 이루는 뜻은 하나님의 뜻이다. 이 하나님의 뜻을 섭리라 한다.

민수기 20장 : 모세와 아론의 운명을 향한 하나님의 섭리

- 회중이 물이 없으므로 모세와 아론에게로 모여드니라...(2~6)
- 모세와 아론이 회중을 그 반석 앞에 모으고 모세가 그들에게 이르되 반역한 너희여 들으라 우리가 너희를 위하여 이 반석에서 물을 내랴 하고...(10~14)
- 청하건대 우리에게 당신의 땅을 지나가게 하소서 우리가 밭으로나 포도원으로 지나가지 아니하고 우물물도 마시지 아니하고 왕의 큰길로만 지나가고 당신의 지경에서 나가기까지 왼쪽으로나 오른쪽으로나 치우치지 아니하리이다 한다고 하라 하였더니...(17~19)
- 아론은 그 조상들에게로 돌아가고 내가 이스라엘 자손에게 준 땅에는 들어가지 못하리니 이는 너희가 므리바 물에서 내 말을 거역한 까닭이니라...(24~26)
- 온 회중 곧 이스라엘 온 족속이 아론이 죽은 것을 보고 그를 위하여 삼십 일 동안 애곡하였더라(29)

이스라엘 백성은 신 광야의 가데스에서 물 문제로 인해 모세와 아론을 원망했습니다. 하나님은 반석에서 물을 내게 하셨는데, 이때 모세와 아론이 백성 앞에서 하나님의 영광을 나타내지 않았습니다(1~13절). 이는 가나안땅에 들어가지 못하는 결과를 가져옵니다. 모세는 이스라엘 백성의 에돔 지역 통과를 위해 에돔 왕에게 승인요청을 의뢰했으나 에돔 왕은 그 요청을 거절했습니다(14~21절). 아론이 죽고 엘르아살이 대제사장직을 이어갑니다(22~29절).

시편 58-59편 : 악을 행하는 자들을 향한 하나님의 섭리

- 통치자들아 너희가 정의를 말해야 하거늘 어찌 잠잠하냐 인자들아 너희가 올바르게 판결해야 하거늘 어찌 잠잠하냐...(58:1~2)
- 그들이 급히 흐르는 물 같이 사라지게 하시며 겨누는 화살이 꺾임 같게 하시며...(58:7~9)
- 그 때에 사람의 말이 진실로 의인에게 갚음이 있고 진실로 땅에서 심판하시는 하나님이 계시다 하리로다(58:11)
- 그들이 나의 생명을 해하려고 엎드려 기다리고 강한 자들이 모여 나를 치려 하오니 여호와여 이는 나의 잘못으로 말미암음이 아니요 나의 죄로 말미암음도 아니로소이다(59:3)
- 그들의 입으로는 악을 토하며 그들의 입술에는 칼이 있어 이르기를 누가 들으리요 하나이다...(59:7~13)
- 나는 주의 힘을 노래하며 아침에 주의 인자하심을 높이 부르오리니 주는 나의 요새이시며 나의 환난 날에 피난처심이니이다...(59:16)

(58편) 시인은 불의한 통치자들을 심판하시고 의인들의 무죄함을 변호해 주시기를 간구합니다. 불의한 통치자들을 고발하고(1~5절), 공의로우신 재판관이신 하나님의 심판을 요청하며, 의인의 억울함을 풀어주실 것을 확신합니다(6~11절).
(59편) 이 시는 사울이 다윗을 죽이려고 밤에 군사들을 미갈의 집으로 보냈지만, 다윗이 극적으로 탈출하여 구원의 아침을 맞이하는 장면과 연관된 것으로 보입니다. 자신을 위기에서 건져달라는 기도(1~5절, 10~13절)와 하나님이 대적을 멸하실 것이기에 하나님을 바라고 찬송하겠다는 내용(6~9절, 14~17절)으로 크게 두 부분으로 구성되어 있습니다.

이사야 9장 8절 ~ 10장 4절 : 거역하는 이스라엘을 향한 하나님의 섭리

- 모든 백성 곧 에브라임과 사마리아 주민이 알 것이어늘 그들이 교만하고 완악한 마음으로 말하기를...(9:9~15)
- 이 백성이 모두 경건하지 아니하며 악을 행하며 모든 입으로 망령되이 말하니 그러므로 주께서 그들의 장정들을 기뻐하지 아니하시며 그들의 고아와 과부를 긍휼히 여기지 아니하시리라 그럴지라도 여호와의 진노가 돌아서지 아니하며 그의 손이 여전히 펴져 있으리라(9:17)
- 만군의 여호와의 진노로 말미암아 이 땅이 불타리니 백성은 불에 섶과 같을 것이라 사람이 자기의 형제를 아끼지 아니하며...(9:19~21)
- 불의한 법령을 만들며 불의한 말을 기록하며...(10:1~4)

이스라엘에 거듭해서 임한 하나님의 심판을 보여줍니다(8~21절). 지속적인 심판을 경험하면서도 그들은 회개하지 않았으며, 하나님 아닌 자신의 힘을 의지합니다. 법을 만들고 집행하는 자들이 더욱 불법을 자행합니다(10:1~4절).

야고보서 3장 : 마음과 혀의 결과에 권징을 보이시는 하나님의 섭리

- 내 형제들아 너희는 선생된 우리가 더 큰 심판을 받을 줄 알고 선생이 많이 되지 말라...(1~11)
- 너희 중에 지혜와 총명이 있는 자가 누구냐 그는 선행으로 말미암아 지혜의 온유함으로 그 행함을 보일지니라...(13~14)
- 시기와 다툼이 있는 곳에는 혼란과 모든 악한 일이 있음이라...(16~18)

우리는 말에 있어서 실수가 많습니다. 3장은 말에 대한 교훈입니다. 말에는 권세가 있어서(1~5절), 잘못된 언어는 파괴적이고 부정적인 영향을 초래합니다(6~8절). 하나님을 찬양하는 성도는 축복의 언어를 사용해야 합니다(9~12절). 두 종류의 지혜가 있습니다(13~18절). 땅 위의 지혜는 세상적, 정욕적이며 자기중심적인 지혜로 시기와 질투를 유발하고, 다툼을 일으킵니다. 반면, 위로부터 난 지혜는 하나님이 부어주시는 선하심과 온유하심으로 나타납니다. 성도는 위로부터 난 지혜를 사모해야 합니다.

하나님! 오늘의 말씀으로 기도드립니다. 사람의 영광이 아닌 하나님의 영광을 구하는 삶을 살게 하시며, 혹 죄로 인하여 넘어질 때 다윗처럼 즉시 회개하게 하옵소서. 신앙이 흔들릴 만한 시련과 고난 속에서도 공의의 하나님을 의지하게 하옵소서. 하나님이 입술의 권세와 능력을 주셨으니 축복의 말을 사용하게 하옵소서.

본문 민수기 21장 | 시편 60-61편 | 이사야 10장 5-34절 | 야고보서 4장

주제 전쟁 (戰爭, 나라나 단체 또는 세력 사이에 전략과 무력을 써서 다투는 싸움)

성경에는 다양한 전쟁의 기록이 있다. 선민과 이방민족의 전쟁, 다윗과 이방 장수와의 전쟁, 북왕국과 남왕국이 북방과 남방세력과 다투는 전쟁, 성도가 마귀와 악한 영에 대하여 싸우는 영적 전쟁 등이다.

민수기 21장 : 아모리 왕 시혼과 바산 왕 옥에 대한 이스라엘의 전쟁

- 여호와께서 이스라엘의 목소리를 들으시고 가나안 사람을 그들의 손에 넘기시매 그들과 그들의 성읍을 다 멸하니라 그러므로 그 곳 이름을 호르마라 하였더라...(3~9)
- 거기서 브엘에 이르니 브엘은 여호와께서 모세에게 명령하시기를 백성을 모으라 내가 그들에게 물을 주리라 하시던 우물이라...(16~18)
- 이스라엘이 아모리 왕 시혼에게 사신을 보내어 이르되...(21~26)
- 모세가 또 사람을 보내어 야셀을 정탐하게 하고 그 촌락들을 빼앗고 그 곳에 있던 아모리인을 몰아 내었더라...(32~35)

이스라엘의 고질병인 원망, 불평이 또 쏟아지고 하나님은 그들을 뱀을 통해 징계하십니다. 이스라엘의 회개로 인해 하나님은 '놋뱀을 바라보면 살게 된다'는 처방을 내려 주십니다(4~9절). 이 사건을 예수님을 언급하십니다. "모세가 광야에서 뱀을 든 것 같이 인자도 들려야 하리니"(요 3:14). 요단 동편을 향해 이스라엘은 계속해서 이동합니다(10~20절). 가데스바네아(12정탐꾼을 가나안땅으로 보낸 곳)에서 세렛 골짜기에(12절) 이르기까지 38년이 걸렸습니다. "가데스 바네아에서 떠나 세렛 시내를 건너기까지 삼십팔 년 동안이라"(신 2:14). 이스라엘은 요단 동편 땅을 점령하기 시작합니다(21~35절).

시편 60-61편 : 이방민족과 대적 원수에 대한 다윗의 전쟁

- 하나님이여 주께서 우리를 버려 흩으셨고 분노하셨사오나 지금은 우리를 회복시키소서(60:1)
- 주께서 주의 백성에게 어려움을 보이시고 비틀거리게 하는 포도주를 우리에게 마시게 하셨나이다...(60:3~5)
- 하나님이여 주께서 우리를 버리지 아니하셨나이까 하나님이여 주께서 우리 군대와 함께 나아가지 아니하시나이다...(60:10~12)
- 하나님이여 나의 부르짖음을 들으시며 내 기도에 유의하소서...(61:1~5)
- 그가 영원히 하나님 앞에서 거주하리니 인자와 진리를 예비하사 그를 보호하소서...(61:7~8)

(60편) 민족적으로 여러 대적과 싸워야 하는 상황에서 하나님의 도우심과 회복을 구하는 기도입니다. 배경에는 이스라엘이 전쟁에서 당한 패배(아마도 에돔)가 전제되어 있습니다. 시는 탄식으로 시작되나(1~3절), 곧 도우심을 구하는 기도(4~8절)와 승리의 확신(9~12절)으로 마무리됩니다.

(61편) 시인은 죽음의 위협 속에서 하나님이 멀게 느껴지는 가운데 자신을 건져 달라고

부르짖습니다(1~3절). 그는 하나님의 성소(주의 날개) 아래 돌아가기를 열망하며(4, 5절) 하나님의 은혜 가운데 장구하기를 소원합니다(6, 7절).

이사야 10장 5~34절 : 경건치 못한 이스라엘에 대한 앗수르의 심판 전쟁

- 앗수르 사람은 화 있을진저 그는 내 진노의 막대기요 그 손의 몽둥이는 내 분노라...(5~7)
- 내 손이 이미 우상을 섬기는 나라들에 미쳤나니 그들이 조각한 신상들이 예루살렘과 사마리아의 신상들보다 뛰어났느니라...(10~15)
- 그 날에 이스라엘의 남은 자와 야곱 족속의 피난한 자들이 다시는 자기를 친 자를 의지하지 아니하고 이스라엘의 거룩하신 이 여호와를 진실하게 의지하리니...(20~22)
- 내가 오래지 아니하여 네게는 분을 그치고 그들은 내 진노로 멸하리라 하시도다...(25~26)

민족들의 역사에 대한 절대주권은 강대국이 아니라 하나님께 있습니다. 하나님은 앗수르를 유다(예루살렘)에 내한 심판의 도구로 사용하실 것입니다(5~11절). 그러나 인간의 한계를 인정하지 않고, 극도로 교만한 앗수르를 심판하실 것입니다(12~19절). 앗수르에 대한 심판과 맞물려 이스라엘의 남은 자들(일부)이 하나님께 돌아올 것입니다(20~23절). 위대하게 보이는 앗수르는 하나님의 진노의 막대기(심판의 도구)에 불과합니다. 하나님은 예루살렘에 대한 진노를 그치고, 하나님의 의도를 벗어나 절대 권력을 휘두르는 교만한 앗수르를 심판하실 것이기에 앗수르를 두려워할 필요가 없습니다(24~34절).

야고보서 4장 : 세상과 마귀에 대한 성도의 영적인 전쟁

- 너희 중에 싸움이 어디로부터 다툼이 어디로부터 나느냐 너희 지체 중에서 싸우는 정욕으로부터 나는 것이 아니냐...(1~4)
- 그런즉 너희는 하나님께 복종할지어다 마귀를 대적하라 그리하면 너희를 피하리라...(7~10)
- 들으라 너희 중에 말하기를 오늘이나 내일이나 우리가 어떤 도시에 가서 거기서 일 년을 머물며 장사하여 이익을 보리라 하는 자들아...(13~15)

잘못된 동기(정욕)는 다툼의 원인이 되며, 기도하여도 응답되지 않는 이유이기도 합니다(1~3절). 세상과 벗(영적 간음, 4절)하는 것은 상대적으로 하나님과 원수가 되는 것입니다(4~6절). 우리는 세상과 하나님을 동시에 섬길 수 없습니다. 정욕을 이기고, 세상과 벗하지 않으려면 하나님을 가까이해야 합니다(7~10절). 두 마음을 품어 죄를 짓지 말고, 마음을 정결하게 하며 겸손해야 합니다. 서로 비방하지 말고, 세속적 가치에 무게를 두지 말며, 주의 뜻을 행해야 합니다(11~17절).

오래전 광야에서 장대 끝에 높이 들린 놋 뱀처럼 십자가 위에 높이 달리신 예수 그리스도를 묵상합니다. 예수 그리스도는 영원한 저주와 심판에 대한 유일한 처방이십니다. 또한 온 세상의 주권자요 통치자이신 전능하신 하나님을 바라봅니다. 지금 전 세계적으로 어려운 시기를 보내고 있지만, 역사가 하나님의 주권에 있는 것이 내게 소망이 됩니다. 나의 탄식과 애통함이 승리가 되며, 기쁨이 되는 날이 속히 오게 하옵소서. 하나님 앞에 늘 정직하고 순전한 마음을 구하오니, 세상의 벗이 아닌 하나님의 벗으로 살아가게 하옵소서.

본문 민수기 22장 | 시편 62-63편 | 이사야 11-12장 | 야고보서 5장
주제 전략 (戰略, 영적 생활이나 사회적 활동을 하는데에 있어서의 방법이나 책략)

세상은 경쟁하고 발전한다. 동시에 악하다. 따라서 모든 사람은 전략을 가지고 산다. 정치, 경제, 사회, 종교 영역 속에서 살아남기 위해 끊임없이 전략을 수립하고 싸운다. 믿는 자들은 참 전략으로 승리해야 한다.

민수기 22장 - 모압 왕 바락이 이스라엘을 저주하기 위해 세운 전략

- 이스라엘 자손이 또 길을 떠나 모압 평지에 진을 쳤으니 요단 건너편 곧 여리고 맞은편이더라...(1~3)
- 그가 사신을 브올의 아들 발람의 고향인 강 가 브돌에 보내어 발람을 부르게 하여 이르되 보라 한 민족이 애굽에서 나왔는데 그들이 지면에 덮여서 우리 맞은편에 거주하였고...(5~6)
- 발람이 그들에게 이르되 이 밤에 여기서 유숙하라 여호와께서 내게 이르시는 대로 너희에게 대답하리라 모압 귀족들이 발람에게서 유숙하니라(8)
- 하나님이 발람에게 이르시되 너는 그들과 함께 가지도 말고 그 백성을 저주하지도 말라 그들은 복을 받은 자들이니라...(12~13)
- 발락이 다시 그들보다 더 높은 고관들을 더 많이 보내매...(15~20)

민수기 22~24장은 발람의 이야기입니다. 요단 동편지역으로 점점 다가오고 있는 이스라엘 민족은 모압에게 상당한 위협으로 다가왔습니다. 그래서 발람 선지자를 매수하여 이스라엘을 저주하도록 사주했지만(6절), 하나님은 발람의 시도를 원천봉쇄하셨습니다(12절). 그런데 모압 왕 발락이 발람 선지자를 또 초청합니다(15~20절). 발람 선지자는 초청에 응하여 가던 중 하나님이 나귀의 입을 열어 그의 행보를 막는 것을 또다시 경험합니다(21~35절). 결국 발람은 하나님이 그에게 넣어 주시는 말씀으로만 예언합니다. 그것은 저주가 아닌 축복이었습니다.

시편 62-63편 : 다윗의 원수들이 다윗을 넘어뜨리기 위해 세운 전략

- 나의 영혼이 잠잠히 하나님만 바람이여 나의 구원이 그에게서 나오는도다...(62:1~4)
- 나의 구원과 영광이 하나님께 있음이여 내 힘의 반석과 피난처도 하나님께 있도다...(62:7~8)
- 포악을 의지하지 말며 탈취한 것으로 허망하여지지 말며 재물이 늘어도 거기에 마음을 두지 말지어다(62:10)
- 하나님이여 주는 나의 하나님이시라 내가 간절히 주를 찾되 물이 없어 마르고 황폐한 땅에서 내 영혼이 주를 갈망하며 내 육체가 주를 앙모하나이다...(63:1~4)

(62편) 시인을 공격하려는 대적들의 공격 가운데서 시인이 하나님께 자신을 온전히 맡기는 '신뢰시'입니다. 신뢰의 고백(1, 2절), 대적들의 위협(3, 4절), 하나님을 신뢰하라는 권면(5~8절), 인간의 한계(9, 10절), 하나님이 주시는 확신의 말씀(11, 12절)으로 구성되어 있습니다.

(63편) 하나님이 제공하는 안전을 열망하는 시인의 기도가 담겨 있습니다. 시인은 고통 가운데서 하나님을 간절히 찾으며(1절), 성소에서 하나님과 교제했던 때를 회상하며 하나님의 위로를 경험합니다(2~6절). 과거를 회상하며 자신의 미래를 확신합니다(7~11절). 신실하신 하나님이 함께 하셨던 과거의 시간들을 기억함으로써, 미래를 확신하게 됩니다.

이사야 11-12장 : 심판 후에 하나님이 유다를 회복시키기 위해 세우신 전략

- 이새의 줄기에서 한 싹이 나며 그 뿌리에서 한 가지가 나서 결실할 것이요...(11:1~5)
- 내 거룩한 산 모든 곳에서 해 됨도 없고 상함도 없을 것이니 이는 물이 바다를 덮음 같이 여호와를 아는 지식이 세상에 충만할 것임이니라...(11:9~13)
- 그의 남아 있는 백성 곧 앗수르에서 남은 자들을 위하여 큰 길이 있게 하시되 이스라엘이 애굽 땅에서 나오던 날과 같게 하시리라(11:16)
- 그 날에 네가 말하기를 여호와여 주께서 전에는 내게 노하셨사오나 이제는...(12:1~5)

(11장) 이새의 그루터기에서 나와 여호와의 영에 따라 통치할 새로운 왕이 출현하여, 완전한 평화가 이루어질 것입니다. 죄로 인하여 깨어진 창조질서가 회복될 것입니다(1~16절). 하나님은 이스라엘을 회복시키십니다.

(12장) 이사야는 하나님이 진노를 돌이키시고 위로해 주실 것을 믿고 미리 감사합니다(1~3절). 우리는 여호와께서 행하신 일들로 인해 감사, 찬양해야 합니다(4~6절).

야고보서 5장 : 재림이 가까운 말세에 자신과 교회의 형제를 지키는 전략

- 들으라 부한 자들아 너희에게 임할 고생으로 말미암아 울고 통곡하라...(1~3)
- 너희는 의인을 정죄하고 죽였으나 그는 너희에게 대항하지 아니하였느니라...(6~9)
- 내 형제들아 무엇보다도 맹세하지 말지니 하늘로나 땅으로나 아무 다른 것으로도 맹세하지 말고 오직 너희가 그렇다고 생각하는 것은 그렇다 하고 아니라고 생각하는 것은 아니라 하여 정죄 받음을 면하라...(12~16)

종말에 성도의 삶이 어떠해야 하는가를 가르칩니다. 먼저 부당한 방법으로 착취하고 억압하고, 사치하는 부자에 대하여 경고합니다(1~6절). 부는 삶의 목적이 될 수 없으며, 부가 주는 안전과 평안에 안주하는 자는 심판을 피할 수 없습니다. 종말에 성도에게 필요한 것은 소망 중에 인내하는 것입니다(7~11절). 맹세할 필요가 없을 정도로 진실한 삶을 살아야 합니다(12절). 예기치 못한 어려움과 질병을 만났을 때는 합심하여 기도해야 합니다(14~18절). 합심기도는 큰 힘을 발휘합니다(14~18절). 마지막으로 종말에는 잃은 영혼을 찾는 데 더욱 힘써야 합니다(19, 20절).

내 영혼을 향한 악한 영의 저주는 그리스도께서 완전히 끊으셨습니다. 어느 누구도, 무엇으로도 그리스도에게서 나를 끊을 수 있는 것은 없습니다. 영광스런 구원의 날이 오기까지 소망 중에 인내하며, 하나님을 신뢰하며 살아갈 것을 결단합니다. 종말의 때를 지혜 있게 살아가게 하옵소서.

본문 민수기 23장 | 시편 64-65편 | 이사야 13장 | 베드로전서 1장

주제 **음모** (陰謀, 남 모르게 나쁜 일을 꾸밈)

사탄은 하와를 꾀었다. 결국 그 음모에 의해 불순종의 죄를 짓게 되었다. 그 후 예수 그리스도의 보혈로 속죄함을 입은 성도는 계속되는 마귀와 악한 자의 음모 속에서 시험을 당한다. 반드시 승리해야 한다.

민수기 23장 : 이스라엘을 저주하려는 발락의 음모

- 발람이 발락에게 이르되 나를 위하여 여기 제단 일곱을 쌓고 거기 수송아지 일곱 마리와 숫양 일곱 마리를 준비하소서 하매...(1~2)
- 여호와께서 발람의 입에 말씀을 주시며 이르시되 발락에게 돌아가서 이렇게...(5~9)
- 발락이 발람에게 이르되 그대가 어찌 내게 이같이 행하느냐 나의 원수를 저주하라고 그대를 데려왔거늘 그대가 오히려 축복하였도다...(11~13)
- 여호와께서 발람에게 임하사 그의 입에 말씀을 주시며 이르시되 발락에게로 돌아가서 이렇게 말할지니라(16)
- 발람이 예언하여 이르기를 발락이여 일어나 들을지어다 십볼의 아들이여...(18~21)

모압 왕 발락은 발람 선지자를 사주하여 이스라엘 백성을 저주하려는 계획을 세웁니다. 그는 발람 선지자를 바알의 산당으로 안내합니다(22:41절). 그러나 발락의 계획은 실패합니다(23:1~12절). 하나님이 이스라엘을 저주하려던 발람의 입을 막으시고, 이스라엘을 축복하게 하셨기 때문입니다. 발락은 한 번 더 시도하는데, 이번에도 발람의 입에서는 이스라엘을 축복하는 말이 선포되었습니다(18~24절). 하나님은 이스라엘의 거듭되는 반역과 죄에도 불구하고 이스라엘에게 약속하신 복을 거두지 않으십니다. 그런데 발락은 두 번의 실패에도 불구하고, 이스라엘을 저주하려는 시도를 또다시 감행합니다(27~30절). 하나님의 뜻이 분명하게 나타났음에도 불구하고, 자신의 마음에 들 때까지 반복하고 있는 미련함은 이집트의 바로를 닮았습니다.

시편 64-65편 : 다윗을 해하려고 악을 꾀하는 자의 음모

- 주는 악을 꾀하는 자들의 음모에서 나를 숨겨 주시고 악을 행하는 자들의 소동에서...(64:2~7)
- 하나님이여 찬송이 시온에서 주를 기다리오며 사람이 서원을 주께 이행하리이다(65:1)
- 주께서 택하시고 가까이 오게 하사 주의 뜰에 살게 하신 사람은 복이 있나이다 우리가 주의 집 곧 주의 성전의 아름다움으로 만족하리이다...(65:4~5)
- 땅을 돌보사 물을 대어 심히 윤택하게 하시며 하나님의 강에 물이 가득하게 하시고...(65:9~13)

(64편) 악인들의 음모로 위협을 당할 때, 하나님의 보호를 요청하는 기도시입니다. 대적으로부터의 보호를 요청하는 도입기도(1~4절), 악인들의 승리 확신(5, 6절), 악인의 멸망과 의인의 기쁨에 대한 시인의 확신(7~10절)으로 이루어져 있습니다.

(65편) 하나님이 베푸신 은혜, 특히 약속의 땅에서의 풍성한 수확을 주신 하나님을 찬양하는 내용입니다. 시는 기도를 들으시고, 죄와 허물을 사하시는 하나님께로 나아감(1~4절), 창조와 구원의 놀라운 일을 행하신 하나님을 찬양함(5~8절), 풍성한 수확과 결실을 주신 하나님께 감사의 찬양을 드림(9~13절)으로 구성되어 있습니다.

이사야 13장 : 심판의 도구인 바벨론과 메대의 음모

- 아모스의 아들 이사야가 바벨론에 대하여 받은 경고라...(1~6)
- 보라 여호와의 날 곧 잔혹히 분냄과 맹렬히 노하는 날이 이르러 땅을 황폐하게 하며 그 중에서 죄인들을 멸하리니(9)
- 그러므로 나 만군의 여호와가 분하여 맹렬히 노하는 날에 하늘을 진동시키며...(13~17)
- 열국의 영광이요 갈대아 사람의 자랑하는 노리개가 된 바벨론이 하나님께 멸망 당한 소돔과 고모라 같이 되리니...(19~20)

13장은 바벨론에 관한 예언입니다. 선포하는 시점에서 약 100년이 지난 후에 일어나게 될 일에 대한 말씀입니다. 여호와의 날이 임할 것이며, 여호와의 날의 핵심은 징계와 심판이 될 것입니다. 지금은 이토록 창대한 바벨론이지만, 그때에는 완전한 멸망에 이르게 될 것입니다.

베드로전서 1장 : 택하신 자를 많은 시험으로 넘어지게 하려는 음모

- 곧 하나님 아버지의 미리 아심을 따라 성령이 거룩하게 하심으로 순종함과 예수 그리스도의 피 뿌림을 얻기 위하여 택하심을 받은 자들에게 편지하노니 은혜와 평강이 너희에게...(2~5)
- 너희 믿음의 확실함은 불로 연단하여도 없어질 금보다 더 귀하여 예수 그리스도께서 나타나실 때에 칭찬과 영광과 존귀를 얻게 할 것이니라(7)
- 믿음의 결국 곧 영혼의 구원을 받음이라(9)
- 그러므로 너희 마음의 허리를 동이고 근신하여 예수 그리스도께서 나타나실 때에...(13~19)

그리스도인은 하늘에 속한 시민이며, 일시적으로 세상에 머무는 존재입니다. 이 땅에서 우리의 정체성은 디아스포라("흩어진 나그네", 1절)입니다. AD 60년 초에 베드로전서가 기록될 당시에는 네로 황제에 의한 극심한 박해가 진행되던 시기입니다. 여러 가지 시험이나 박해로 근심할 수 있으나, 오히려 기뻐할 수 있음은(6절) 부활이 가져다 준 산 소망(3절)과 결코 쇠하지 않는 영원한 유업(4절) 때문입니다. 예수 그리스도께서 고난(십자가 죽음)을 이기시고 영광(부활)을 누리신 것처럼, 성도들도 현재의 고난을 이기고, 영광을 얻게 될 것입니다(11절). 그리스도의 보배로운 피로 구속함을 받은 성도는(19절) 거룩한 삶을 살아야 합니다(15, 16절). 하나님의 말씀이 영원한 것처럼 우리도 영원을 누릴 것입니다(23~25절).

세상 모든 것은 잠시 있다 사라지겠지만, 나는 영원을 얻은 자가 되었습니다. 그리스도의 보배로운 피로 인하여 영원히 썩지 않는 유업을 받은 상속자가 되었습니다. 하나님의 말씀이 이것을 보증합니다. 시험이나 박해가 내 안에 있는 소망을 결코 빼앗을 수 없습니다. 약속을 지키시는 주님! 나의 믿음을 보호하여 주옵소서.

본문 민수기 24장 | 시편 66-67편 | 이사야 14장 | 베드로전서 2장

주제 임재 (臨在, 하나님이 인생 속에 주권을 행사하시기 위해 나타나심)

성부, 성자, 성령 하나님은 세상 가운데 가시적으로 또는 불가시적으로 임재하신다. 특히 선택한 자들에게 나타나셔서 뜻을 가르쳐 주시고, 악한 자에 대해서는 심판을 행하시며, 성도에 대해서는 약속과 축복의 예언을 말씀하신다.

민수기 24장 : 이스라엘을 축복하시기 위해 발람에게 임재하심

- 발람이 자기가 이스라엘을 축복하는 것을 여호와께서 선히 여기심을 보고 전과 같이 점술을 쓰지 아니하고 그의 낯을 광야로 향하여...(1~2)
- 야곱이여 네 장막들이, 이스라엘이여 네 거처들이 어찌 그리 아름다운고...(5~11)
- 이제 나는 내 백성에게로 돌아가거니와 들으소서 내가 이 백성이 후일에 당신의 백성에게 어떻게 할지를 당신에게 말하리이다 하고...(14~19)

발람의 세 번째 예언 때에는 하나님이 그의 눈을 열어 주십니다. 이스라엘의 번영과 형통함을 마음껏 축복합니다(1~9절). 결국 모압 왕 발락은 크게 화를 내며, 당장 고향으로 돌아가라고 소리칩니다(10, 11절). 발람은 하나님이 말씀하신 대로 선포했을 뿐이며(12, 13절) 돌아가기 전에 장차 이스라엘이 모압에게 행할 일을 선포합니다(14~19절). 이스라엘을 저주하고 싶었던 발락은 오히려 그의 민족을 향한 하나님의 저주와 심판을 듣게 됩니다. 다른 민족에 대한 예언도 등장합니다(20~25절). 하나님은 역사의 주인이십니다.

시편 66-67편 : 모든 민족과 나라를 통치하시기 위해 임재하심

- 하나님께 아뢰기를 주의 일이 어찌 그리 엄위하신지요 주의 큰 권능으로 말미암아 주의 원수가 주께 복종할 것이며...(66:3~6)
- 그는 우리 영혼을 살려 두시고 우리의 실족함을 허락하지 아니하시는 주시로다...(63:9~12)
- 하나님을 두려워하는 너희들아 다 와서 들으라 하나님이 나의 영혼을 위하여 행하신 일을 내가 선포하리로다(63:16)
- 내가 나의 마음에 죄악을 품었더라면 주께서 듣지 아니하시리라(63:18)
- 하나님은 우리에게 은혜를 베푸사 복을 주시고 그의 얼굴 빛을 우리에게 비추사...(67:1~5)

(66편) 찬송시(1~12절)와 감사시(13~20절)가 혼합되어 있습니다. 우리는 하나님이 행하신 놀라운 일들을 찬양해야 하며(3~7절), 우리를 보호하며 단련하시는 하나님(8~10절), 결국엔 풍부한 곳으로 이끄시는 하나님을 찬양해야 합니다(11, 12절). 고난을 통과한 시인은 하나님께 감사의 제사를 드립니다(13절). 하나님이 시인의 기도를 들으사 응답하셨습니다(13~20절).

(67편) 복의 근원 되시는 하나님은(1절) 열방을 다스리고 통치하시며(2~4절), 복을 주시는 분입니다(5~7절).

이사야 14장 : 교만한 바벨론을 멸망시키기 위해 임재하심

- 여호와께서 야곱을 긍휼히 여기시며 이스라엘을 다시 택하여 그들의 땅에 두시리니...(1~7)
- 아래의 스올이 너로 말미암아 소동하여 네가 오는 것을 영접하되 그것이 세상의 모든 영웅을 너로 말미암아 움직이게 하며 열방의 모든 왕을 그들의 왕좌에서 일어서게 하므로...(9~10)
- 너 아침의 아들 계명성이여 어찌 그리 하늘에서 떨어졌으며 너 열국을 엎은 자여...(12~17)
- 내가 앗수르를 나의 땅에서 파하며 나의 산에서 그것을 짓밟으리니 그 때에 그의 멍에가 이스라엘에게서 떠나고 그의 짐이 그들의 어깨에서 벗어질 것이라(25)

바벨론에 대한 하나님의 심판은 이스라엘 운명의 전환점이 될 것입니다. 하나님은 바벨론을 소돔과 고모라처럼 엎으시고, 이스라엘을 회복하실 것입니다(1, 2절). 바벨론에 대한 심판으로 인하여 온 세상은 환호하고, 스올에서마저 바벨론 왕(폭군)의 심판에 환호할 것입니다(3~11절, 18~23절). 한때 세상을 정복했던 폭군은 하늘에까지 오르려 했던 교만으로 인해 결국 심판에 이르게 되었습니다(12~17절). 하나님은 앗수르 군대도 멸망시키실 것이며(24~27절), 블레셋에게도 심판을 예고하십니다(28~32절). 하나님이 역사의 주관자, 경영자이심을 선언하십니다.

베드로전서 2장 : 죄인을 구원하고 성도의 본이 되기 위해 임재하심

- 그러므로 모든 악독과 모든 기만과 외식과 시기와 모든 비방하는 말을 버리고...(1~5)
- 그러나 너희는 택하신 족속이요 왕 같은 제사장들이요 거룩한 나라요 그의 소유가 된 백성이니 이는 너희를 어두운 데서 불러 내어 그의 기이한 빛에 들어가게 하신 이의 아름다운 덕을 선포하게 하려 하심이라...(9~12)
- 이를 위하여 너희가 부르심을 받았으니 그리스도도 너희를 위하여 고난을 받으사 너희에게 본을 끼쳐 그 자취를 따라오게 하려 하셨느니라...(21~24)

성도는 악독과 기만과 외식과 시기와 비방하는 말을 버리고(1절), 신령한 젖(하나님의 말씀)으로 채워야 합니다(2절). 예수님은 하나님이 택하신 보배로운 산 돌이십니다(4절). 이는 예수님의 부활의 영광을 표현한 것입니다. 예수님은 머릿돌입니다. 성전의 기초입니다. 우리는 예수님을 기초로 하여 택하신 족속, 거룩한 나라, 왕 같은 제사장, 하나님의 소유된 백성으로 세워지게 되었습니다(6~10절). 하나님의 소유된 거룩한 우리는 성령의 소욕으로 육체의 정욕을 제어해야 하며(11, 12절), 세상 지도자들을 존중하되, 더욱 하나님을 두려워해야 합니다(13~17절). 오직 그리스도의 본을 따라 살아가야 합니다(18~25절). 특히 불의하게 고난을 받을 때 주님의 모범을 따라 인내해야 합니다(21~23절).

자신의 힘을 과시하는 교만한 나라를 심판하시고, 당신의 백성을 회복시키시는 하나님은 역사의 주권자이십니다. 하나님 아버지! 보배로운 산 돌이며, 머릿돌 되시는 예수 그리스도를 통해 나를 택하여 주시고 왕 같은 제사장, 거룩한 나라, 친 백성 삼아 주심을 감사드립니다. 더욱 신령한 젖을 사모함으로 나의 마음, 생각, 삶에 하나님의 말씀이 채워지게 하옵소서.

본문 민수기 25장 | 시편 68편 | 이사야 15장 | 베드로전서 3장
주제 진노(震怒, 엄위한 존재이신 하나님이 몹시 노함)

하나님은 사랑이시며 공의이시다. 공의의 하나님은 죄와 악을 싫어하시고 죄악에 대하여 크게 진노하신다. 믿는 자는 주님의 보혈로 정결하게 되었으므로 진노 아래 있지 않고 큰 축복 가운데 살아간다.

민수기 25장 : 모압 여자들과 신들을 가까이한 이스라엘에 대한 하나님의 진노

- 이스라엘이 싯딤에 머물러 있더니 그 백성이 모압 여자들과 음행하기를 시작하니라...(1~9)
- 제사장 아론의 손자 엘르아살의 아들 비느하스가 내 질투심으로 질투하여 이스라엘 자손 중에서 내 노를 돌이켜서 내 질투심으로 그들을 소멸하지 않게 하였도다...(11~13)
- 미디안인들을 대적하여 그들을 치라...(17~18)

싯딤에서 이스라엘 백성들의 음행사건이 발생합니다. 모압의 이방신 제사에 이스라엘 남자들이 참여해 먹고 마시며, 절하고, 또한 모압 여인들과 음란한 행위를 했기 때문입니다. 영적, 육적으로 심각한 타락현상이 발생한 것입니다. 비느하스의 거룩한 분노로 인하여 비로소 하나님의 진노(염병)가 멈췄습니다(8절). 이 음행사건(바알브올 사건)은 발람의 계교에서 나온 것입니다(민 31:16 참조). 결국 이스라엘을 무너뜨리고자 했던 모압 왕은 이스라엘 백성들의 성적인 욕망을 이용하여 그들을 무너뜨리는 데 성공하게 됩니다.

시편 68편 : 다윗과 선민을 괴롭히는 원수들과 악인을 향한 하나님의 진노

- 하나님이 일어나시니 원수들은 흩어지며 주를 미워하는 자들은 주 앞에서 도망하리이다...(1~2)
- 그의 거룩한 처소에 계신 하나님은 고아의 아버지시며 과부의 재판장이시라...(5~6)
- 하나님이여 주께서 흡족한 비를 보내사 주의 기업이 곤핍할 때에 주께서 그것을 견고하게 하셨고...(9~10)
- 여러 군대의 왕들이 도망하고 도망하니 집에 있던 여자들도 탈취물을 나누도다(12)
- 전능하신 이가 왕들을 그 중에서 흩으실 때에는 살몬에 눈이 날림 같도다...(14~17)
- 날마다 우리 짐을 지시는 주 곧 우리의 구원이신 하나님을 찬송할지로다...(19~21)
- 하나님이여 그들이 주께서 행차하심을 보았으니 곧 나의 하나님, 나의 왕이 성소로 행차하시는 것이라...(24~26)
- 땅의 왕국들아 하나님께 노래하고 주께 찬송할지어다...(32~35)

하나님이 행하신 일들을 선포하며, 원수를 물리쳐 주시길 간구하는 내용입니다. 원수들의 멸망을 구하며(1, 2절), 약자를 돌보시며, 이스라엘 역사에 개입하신 하나님을 선포합니다(5~10절). 여성들의 참전을 연상케 하는 11~14절 내용은 사사시대에 드보라 선지자의 이야기를 떠오르게 합니다. 하나님은 이스라엘을 위해 친히 싸우시는 주이시며(19~23절), 이스라엘 백성 가운데 장막(성소)을 치시고 함께 거하십니다(24~27절). 우리는 이방나라들을 굴복시킬 하나님의 권능(28~31절)을 찬양해야 합니다(32~35절).

이사야 15장: 통곡하며 울부짖는 피난민 모압을 향한 하나님의 진노

- 모압에 관한 경고라 하룻밤에 모압 알이 망하여 황폐할 것이며 하룻밤에 모압 기르가 망하여 황폐할 것이라...(1~4)
- 그러므로 그들이 얻은 재물과 쌓았던 것을 가지고 버드나무 시내를 건너리니...(7~9)

15, 16장은 교만으로 인해 하나님의 심판을 받고 멸망하게 될 모압에 관한 내용입니다. 심판으로 인해 큰 위기에 빠지게 될 모압을 위해 선지자는 애도하는 형식으로 심판을 선언합니다.

베드로전서 3장 : 노아 때에 복종하지 않던 자처럼 예수 앞에 악행하는 자를 향한 진노

- 아내들아 이와 같이 자기 남편에게 순종하라 이는 혹 말씀을 순종하지 않는 자라도 말로 말미암지 않고 그 아내의 행실로 말미암아 구원을 받게 하려 함이니...(1~4)
- 남편들아 이와 같이 지식을 따라 너희 아내와 동거하고 그를 더 연약한 그릇이요 또 생명의 은혜를 함께 이어받을 자로 알아 귀히 여기라 이는 너희 기도가 막히지 아니하게 하려 함이라(7)
- 악을 악으로, 욕을 욕으로 갚지 말고 도리어 복을 빌라 이를 위하여 너희가 부르심을 받았으니 이는 복을 이어받게 하려 하심이라...(9~13)
- 너희 마음에 그리스도를 주로 삼아 거룩하게 하고 너희 속에 있는 소망에 관한 이유를 묻는 자에게는 대답할 것을 항상 준비하되 온유와 두려움으로 하고...(15~19)
- 물은 예수 그리스도께서 부활하심으로 말미암아 이제 너희를 구원하는 표니 곧 세례라 이는 육체의 더러운 것을 제하여 버림이 아니요 하나님을 향한 선한 양심의 간구니라(21)

생활규범에 관하여 권면합니다. 아내에게 주는 권면(1~6절)과 짧게 요약되어 있는 남편에게 주는 권면(7절)이 있습니다. 특히, 여자에게 상속이 이루어지지 않는 시대에 베드로는 아내를 생명의 은혜를 함께 이어받을(상속받을) 자로 여기라고 권면합니다. 아내를 귀히 여겨야 하는 이유입니다. 또한 우리는 종말을 살아가는 성도로서 이 땅에서 선을 행하는 자가 되어야 합니다(8~12절). 고난받는 현실에서도 예수님을 기억하며, 그의 모범을 따라가야 합니다(13~22절).

광야에서 하나님과 동행하며 일용할 양식을 먹으며 행진하던 이스라엘 백성이 속절없이 무너졌습니다. 그들처럼 음행의 문제에 넘어지지 않게 하시고, 죄에 대한 거룩한 분노가 있게 하옵소서. 하나님은 나와 함께 하시고, 나를 위해 싸우십니다. 영생의 유업을 함께 이어받은 배우자, 자녀, 부모, 신앙의 동료들을 귀히 여기게 하옵소서. 예수님이 보여주신 모범을 따라 살아가도록 나를 도와 주옵소서.

본문 민수기 26장 | 시편 69편 | 이사야 16장 | 베드로전서 4장
주제 심판 (審判, 사람이 이 땅에서 행한 일로 하나님에게 잘잘못을 재판받음)

하나님은 악을 미워하신다. 인간은 늘 악에 유혹을 받고 결국 연약하고 부패하여 죄를 짓는다. 끝까지 회개하지 않는 자는 심판을 받는다.

민수기 26장 - 시내광야에서 계수된 자들을 심판하심

- 이스라엘 자손의 온 회중의 총수를 그들의 조상의 가문을 따라 조사하되 이스라엘 중에 이십 세 이상으로 능히 전쟁에 나갈 만한 모든 자를 계수하라 하시니...(2~5)
- 이는 르우벤 종족들이라 계수된 자가 사만 삼천칠백삼십 명이었더라...(7~11)
- 이는 잇사갈 종족들이니 계수된 자가 육만 사천삼백 명이었더라(25)
- 이는 스불론 종족들이니 계수된 자가 육만 오백 명이었더라...(27~28)
- 헤벨의 아들 슬로브핫은 아들이 없고 딸뿐이라 그 딸의 이름은 말라와 노아와 호글라와 밀가와 디르사니...(33~34)
- 이는 에브라임 자손의 종족들이니 계수된 자가 삼만 이천오백 명이라 이상은 그 종족을 따른 요셉 자손이었더라(37)
- 이는 그들의 종족을 따른 납달리 종족들이니 계수된 자가 사만 오천사백 명이었더라...(50~51)
- 이 명수대로 땅을 나눠 주어 기업을 삼게 하라...(53~55)

광야에서의 두 번째 인구조사 결과입니다(남자만 계수, 총 601,730명). 모압 평지에 머물면서 시행된 두 번째 인구조사는 20세 이상의 출애굽 세대가 광야에서 죽은 후에 실시된 것인데, 20세 이하로 출애굽한 세대와 광야에서 태어난 세대가 그동안 자라났습니다. 1차 인구조사(가데스바네아에서 실시, 603,550명)에 비하면 거의 인구수의 차이가 없습니다. 인구조사 직전 모압 여인과의 음행사건으로 24,000명이 죽었다는 사실을 떠올려 보면 60만 명 이상의 숫자는 분명 하나님의 전적인 은혜라고 할 수 있습니다.

시편 69편 : 다윗의 기도를 들으시고 대적자를 심판하심

- 하나님이여 나를 구원하소서 물들이 내 영혼에까지 흘러 들어왔나이다...(1~6)
- 주의 집을 위하는 열성이 나를 삼키고 주를 비방하는 비방이 내게 미쳤나이다...(9~12)
- 여호와여 주의 인자하심이 선하시오니 내게 응답하시며 주의 많은 긍휼에 따라 내게로 돌이키소서...(16~23)
- 그들을 생명책에서 지우사 의인들과 함께 기록되지 말게 하소서...(28~34)

고난 가운데 있는 자의 개인 탄원시입니다. 그는 주를 향한 열성 때문에(7~12절) 깊은 수렁에 빠져 있습니다(1~4절). 시인은 하나님이 자신의 부르짖음에 응답해 주시길 간절히 기도합니다(13~18절). 비방과 수치와 능욕을 당하고 있으니 원수를 갚아 주시길 기도하고 있습니다(19~28절). 시인은 자신의 연약함을 아뢰며, 하나님만이 유일한 소망임을 고백합니다(29~32절). 마지막으로 시인은 궁핍한 자의 소리를 들으시고 멸시하지 않으시는 하나님으로 인하여 고통 중에도 노래할 수 있음을 고백합니다(33~36절).

이사야 16장 : 우상을 숭배하며 교만한 모압을 심판하심

- 모압의 딸들은 아르논 나루에서 떠다니는 새 같고 보금자리에서 흩어진 새 새끼...(2~4)
- 우리가 모압의 교만을 들었나니 심히 교만하도다 그가 거만하며 교만하며 분노함도 들었거니와 그의 자랑이 헛되도다...(6~8)
- 즐거움과 기쁨이 기름진 밭에서 떠났고 포도원에는 노래와 즐거운 소리가 없어지겠고 틀에는 포도를 밟을 사람이 없으리니 이는 내가 즐거운 소리를 그치게 하였음이라(10)
- 이제 여호와께서 말씀하여 이르시되 품꾼의 정한 해와 같이 삼 년 내에 모압의 영화와 그 큰 무리가 능욕을 당할지라 그 남은 수가 심히 적어 보잘것없이 되리라 하시도다(14)

모압에 관한 심판을 나루는 두 번째 장입니다. 이사야는 모압이 심판에서 벗어날 수 있는 유일한 대안으로 인자와 정의로 다스리는 메시아 왕국(이스라엘)에게서 도움을 찾으라고 권면합니다. 인자와 공의로 다스릴 통치자의 주권이 미칠 때에 비로소 모압은 소망이 있습니다. 그러나 모압은 멸망을 향해 갑니다. 교만, 거만, 분노, 헛된 자랑이 모압을 멸망으로 몰아가는 죄악의 뿌리입니다(6절). 다가오는 하나님 나라(통치)를 거부하는 교만함은 멸망으로 가는 지름길입니다.

베드로전서 4장 : 우리 육체의 고난을 담당한 예수를 대신 심판하심

- 그리스도께서 이미 육체의 고난을 받으셨으니 너희도 같은 마음으로 갑옷을 삼으라 이는 육체의 고난을 받은 자는 죄를 그쳤음이니...(1~2)
- 이러므로 너희가 그들과 함께 그런 극한 방탕에 달음질하지 아니하는 것을 그들이 이상히 여겨 비방하나...(4~10)
- 사랑하는 자들아 너희를 연단하려고 오는 불 시험을 이상한 일 당하는 것 같이 이상히 여기지 말고...(12~14)
- 그러므로 하나님의 뜻대로 고난을 받는 자들은 또한 선을 행하는 가운데에 그 영혼을 미쁘신 창조주께 의탁할지어다(19)

극심한 박해와 핍박에 직면한 성도들에게 베드로는 그리스도와 같은 고난으로 성도들이 초청받았다고 말합니다(1~6절). 그러므로 성도들은 종말론적인 삶을 살아야 합니다(7~11절). 철저히 그리스도께 붙잡힌 바 된 삶을 살아야 합니다(11절). 그리스도의 고난에 참여하는 것을 기뻐해야 합니다(12, 13절). 신앙으로 인해 겪는 고난이라면 이는 하나님께 영광이 됩니다(16절).

거듭되는 이스라엘 백성의 죄에도 불구하고 하나님은 여전히 신실하시다는 것을 '인구조사' 결과가 말해 줍니다. 하나님의 신실하심이 연약한 나에게 소망이 됩니다. 예수님의 십자가를 기억하며 종말의 때를 신실함으로 살아가게 하옵소서.

본문 민수기 27장 | 시편 70-71편 | 이사야 17-18장 | 베드로전서 5장
주제 퇴진 (退陣, 관여하던 어떤 일이나 지위, 직책에서 손을 떼고 물러남)

하나님은 세상의 역사 가운데서 사람에게 일을 맡기신다. 그러나 그 일을 온전히 감당하지 못할 때 결국 모든 영역에서 끝나게 하신다. 개인이든 공동체이든 국가이든 퇴진시키시고 새로운 인물을 세우신다.

민수기 27장 : 약속의 땅을 바라보며 조상에게로 돌아가는 모세의 퇴진

- 요셉의 아들 므낫세 종족들에게 므낫세의 현손 마길의 증손 길르앗의 손자 헤벨의 아들 슬로브핫의 딸들이 찾아왔으니 그의 딸들의 이름은 말라와 노아와 호글라와 밀가와 디르사라...(1~8)
- 여호와께서 모세에게 이르시되 너는 이 아바림 산에 올라가서 내가 이스라엘 자손에게 준 땅을 바라보라...(12~20)
- 그에게 안수하여 위탁하되 여호와께서 모세에게 명령하신 대로 하였더라(22)

인구조사는 가나안 땅 분배와도 관련이 있습니다. 슬로브핫은 딸만 다섯 명이 있었는데, 이대로 간다면 땅 분배에서 제외될 예정입니다. 이 문제에 대하여 모세는 하나님께 아뢰었고, 하나님은 딸들에게도 상속이 가능하다는 답을 주십니다. 아들이 없고 딸만 있는 가정에게 이 규정이 적용될 것입니다. 아들이 없는 가정은 딸이, 딸마저 없는 가정은 형제가 기업의 땅을 취할 수 있습니다. 한편, 모세의 뒤를 이어 여호수아가 지도자로 세워집니다(12~23절).

시편 70-71편 : 다윗을 모해하고 상하게 하는 악하고 불의한 자들의 퇴진

- 하나님이여 나를 건지소서 여호와여 속히 나를 도우소서...(70:1~3)
- 여호와여 내가 주께 피하오니 내가 영원히 수치를 당하게 하지 마소서...(71:1~5)
- 늙을 때에 나를 버리지 마시며 내 힘이 쇠약할 때에 나를 떠나지 마소서...(71:9~14)
- 하나님이여 내가 늙어 백발이 될 때에도 나를 버리지 마시며 내가 주의 힘을 후대에 전하고 주의 능력을 장래의 모든 사람에게 전하기까지 나를 버리지 마소서(71:18)
- 우리에게 여러 가지 심한 고난을 보이신 주께서 우리를 다시 살리시며 땅 깊은 곳에서 다시 이끌어 올리시리이다...(71:20~21)
- 나의 혀도 종일토록 주의 의를 작은 소리로 읊조리오리니 나를 모해하려 하던 자들이 수치와 무안을 당함이니이다(71:24)

(70편) 기념식, 제사 등에서 함께 부르는 노래로서 가난하고 궁핍한 자의 하나님, 인생의 도움이시며 구원자이신 하나님께서 대적들을 물리쳐 주시길 기도하고 있습니다.
(71편) 시인은 자신이 어릴 때부터 신뢰했던 하나님(5~8절), 결코 자신을 버리지 않으시는 하나님께(9~13절) 피합니다(1~4절). 시인은 하나님의 구원에 대하여 소망하며(14~18

절) 자신의 하나님이시며 또한 공동체(이스라엘)의 하나님의 지극히 성실하심을 찬양합니다(19~24절).

이사야 17-18장 : 하나님을 잊어버린 다메섹과 열방과 구스의 퇴진

- 다메섹에 관한 경고라 보라 다메섹이 장차 성읍을 이루지 못하고 무너진 무더기가 될 것이라...(17:1~3)
- 그러나 그 안에 주울 것이 남으리니 감람나무를 흔들 때에 가장 높은 가지 꼭대기에 과일 두세 개가 남음 같겠고 무성한 나무의 가장 먼 가지에 네다섯 개가 남음 같으리라 이스라엘의 하나님 여호와의 말씀이니라...(17:6~10)
- 열방이 충돌하기를 많은 물이 몰려옴과 같이 하나 주께서 그들을 꾸짖으시리니 그들이 멀리 도망함이 산에서 겨가 바람 앞에 흩어짐 같겠고 폭풍 앞에 떠도는 티끌 같을 것이라...(17:13~14)
- 슬프다 구스의 강 건너편 날개 치는 소리 나는 땅이여(18:1)
- 여호와께서 내게 이르시되 내가 나의 처소에서 조용히 감찰함이 쬐이는 일광 같고 가을 더위에 운무 같도다...(18:4~7)

(17장) 다메섹(아람)과 북이스라엘에 대하여 하나님은 심판을 선언하십니다(1~6절). 때가 되면('그날') 사람들이 우상을 버리고 여호와께로 돌아올 것입니다(7, 8절). 그러나 그날에 하나님을 떠난 자들에게는 하나님의 징계가 임할 것입니다(9~11절). 열방의 주권자이신 하나님은 대적들의 소요를 단번에 잠재우시는 분입니다(12~14절).
(18장) 구스에 관한 예언입니다. 구스는 앗수르의 남진을 저지하기 위해 반 앗수르 동맹을 히스기야에게 제안했습니다. 구스가 앗수르에 패하는 것은 하나님의 계획 가운데 이미 결정된 사안입니다. 그래서 선지자는 구스와 동맹을 맺고 앗수르에 대항하는 어리석은 짓을 하지 말라고 경고합니다.

베드로전서 5장 : 신실한 형제들을 우는 사자같이 대적하는 마귀의 퇴진

- 너희 중에 있는 하나님의 양 무리를 치되 억지로 하지 말고 하나님의 뜻을 따라 자원함으로 하며 더러운 이득을 위하여 하지 말고 기꺼이 하며...(2~10)

교회의 지도자, 직분자는 장차 나타날 영광을 바라보며(1절) 양 무리의 본이 되어야 합니다(3절). 청년들은 교회의 리더십에 순복해야 합니다(5, 6절). 때가 되면 하나님이 높이십니다. 교회와 성도들을 하나님이 돌보십니다(7절). 마지막 때를 살아가는 우리는 늘 깨어 마귀를 대적해야 합니다(8, 9절).

철저한 가부장적인 사회에서 슬로브핫의 딸들의 상속을 인정하시는 하나님을 통해 하나님의 법의 아름다움을 보게 됩니다. 늘 깨어 있어 마귀를 대적하고, 지체들을 건강하게 세워주며, 그리스도의 본을 따라 살아가게 하옵소서.

본문 민수기 28장 | 시편 72편 | 이사야 19-20장 | 베드로후서 1장
주제 시기 (時期, 일정한 때)

하나님은 시간을 창조하셨다. 카이로스와 크로노스이다. 사람은 하나님이 일반적인 시간 속에 개입하셔서 역사하실 때 깨달아 반응함으로써 그 시기에 의미와 열매를 맺게 된다. 개인적이든 공동체적이든 자유의지로 동참할 때 하나님의 구원의 시기에 동역자가 되는 것이다.

민수기 28장 : 매일 안식일 초하루 유월절 칠칠절의 제사의 시기

- 이스라엘 자손에게 명령하여 그들에게 이르라 내 헌물, 내 음식인 화제물 내 향기로운 것은 너희가 그 정한 시기에 삼가 내게 바칠지니라...(2~4)
- 해 질 때에는 두 번째 어린 양을 드리되 아침에 드린 소제와 전제와 같이 여호와께 향기로운 화제로 드릴 것이니라...(8~11)
- 또 상번제와 그 전제 외에 숫염소 한 마리를 속죄제로 여호와께 드릴 것이니라...(15~18)
- 너희는 이 순서대로 이레 동안 매일 여호와께 향기로운 화제의 음식을 드리되 상번제와 그 전제 외에 드릴 것이며...(24~26)

28, 29장은 이스라엘의 절기에 대해 다룹니다. 각 절기마다 하나님께 어떻게 제사를 드려야 하는지를 설명합니다. 매일 드리는 희생제사가 있습니다(1~8절). 매일 드리는 화제의 제물은 1년 된 흠 없는 숫양 2마리입니다. 안식일에도 희생제사를 드리는데, 매일 드리는 제사와 다른 점은 고운 가루 십분의 이를 드린다는 점입니다(9, 10절). 매월 초하루(매월 첫날=월삭) 제사는 수송아지 2마리, 숫양 1마리, 1년 된 흠 없는 숫양 7마리입니다. 한 마디로 매일, 안식일, 매월 드리는 예배입니다. 하나님의 구원(출애굽)을 기억하며 드리는 유월절, 무교절 희생제사가 있으며(유월절 다음날부터 7일간이 무교절, 16~25절), 첫 열매를 바치는 칠칠절이 있습니다(26~31절).

시편 72편 : 다윗이 실천한 기도의 시작과 기도의 마침의 시기

- 하나님이여 주의 판단력을 왕에게 주시고 주의 공의를 왕의 아들에게 주소서...(1~2)
- 그가 가난한 백성의 억울함을 풀어 주며 궁핍한 자의 자손을 구원하며 압박하는 자를 꺾으리로다(4)
- 광야에 사는 자는 그 앞에 굽히며 그의 원수들은 티끌을 핥을 것이며...(9~15)

왕을 위한 노래, 제왕시입니다. 이스라엘의 왕은 진정한 왕이신 하나님의 통치를 받는 자입니다. 그러므로 왕은 공의와 정의로 다스려야 합니다(1~7절). 왕의 공의로운 통치로 인해 백성들은 하나님을 경외하게 될 것이며, 의인은 더욱 흥왕하게 될 것입니다(5, 7절). 또한 왕의 공의로운 통치는 이스라엘을 넘어 온 땅에 그 영향을 미치게 될 것입니다(8~11절). 왕은 궁핍한 자를 구원하며(12~14절), 백성들에게 복을 끼치는 자여야 합니다(15~17절). 공의로 다스리시며 궁핍한 자를 구원하고 진정한 복을 주시는 왕, 그분은 바로 예수 그리스도이십니다.

이사야 19-20장 : 애굽이 심판받을 때와 여호와께 경배를 드릴 시기

- 애굽에 관한 경고라 보라 여호와께서 빠른 구름을 타고 애굽에 임하시리니...(19:1~4)
- 너의 지혜로운 자가 어디 있느냐 그들이 만군의 여호와께서 애굽에 대하여 정하신...(19:12~15)
- 그 날에 애굽 땅에 가나안 방언을 말하며 만군의 여호와를 가리켜 맹세하는 다섯 성읍이 있을 것이며 그 중 하나를 멸망의 성읍이라 칭하리라...(19:18~21)
- 그 날에 이스라엘이 애굽 및 앗수르와 더불어 셋이 세계 중에 복이 되리니...(19:24~25)
- 앗수르의 사르곤 왕이 다르단을 아스돗으로 보내매 그가 와서 아스돗을 쳐서...(20:1~4)

(19장) 이집트에 관하여 심판이 선언됩니다(1~15절). 심판은 내부분열로 인해 파멸(1~4절), 자연재해로 인한 경제적 파멸(5~10절), 지도자의 무능에 대한 파멸(11~15절)로 나누어집니다. 이집트 백성들은 하나님의 심판의 의지와 계획으로 인해 두려워 떨게 될 것이며(16, 17절), 여호와 하나님을 알게 될 것입니다(19~22절). 마지막으로 놀라운 선언이 이어집니다. 강력한 나라였던 이집트와 앗시리아(앗수르)가 이스라엘(하나님의 백성)을 통해 하나님께 돌아올 것이며, 하나님의 복을 경험하게 될 것입니다(23~25절). 하나님의 백성들은 복의 근원(축복의 통로)이 될 것입니다.
(20장) 앗수르에 대항하는 반 앗수르 동맹(블레셋, 이집트, 에돔, 모압, 유다)을 주도한 블레셋의 도시 아스돗이 앗수르에 의해 점령당한 해에 선포된 말씀입니다. 하나님이 앗수르에게 패권을 허락하셨으므로 반 앗수르 동맹은 실패할 것임을 선지자는 상징 행위를 통하여 선포합니다. 국가의 운명은 하나님이 결정하십니다.

베드로후서 1장 : 부르심과 택하심을 권고한 베드로의 임종의 시기

- 그의 신기한 능력으로 생명과 경건에 속한 모든 것을 우리에게 주셨으니...(3~7)
- 그러므로 형제들아 더욱 힘써 너희 부르심과 택하심을 굳게 하라 너희가 이것을 행한즉 언제든지 실족하지 아니하리라...(10~11)
- 내가 이 장막에 있을 동안에 너희를 일깨워 생각나게 함이 옳은 줄로 여기노니...(13~17)
- 먼저 알 것은 성경의 모든 예언은 사사로이 풀 것이 아니니...(20~21)

베드로후서는 죽음을 바라보고 있는 베드로의 유언과도 같은 편지입니다(13, 14절). 하나님의 백성으로 살아가는 삶의 시작은 믿음입니다. 믿음, 덕, 지식, 절제, 인내, 경건, 형제우애, 사랑이라는 거룩한 성품으로 우리는 날마다 세워져 가야 합니다(5~7절). 부르심과 택하심에 응답하는 삶을 살아야 실족하지 않습니다(8~11절). 19절의 '더 확실한 예언'은 성경을 의미합니다. 성경은 하나님의 감동으로 쓰여진 기록된 하나님의 말씀입니다(딤후 3:16). 우리는 영원히 변치 않는 확실한 말씀인 성경을 붙들어야 합니다(16~19절).

복의 근원되신 하나님! 나를 복의 통로로 사용하여 주옵소서. 나를 통해 복음이 증거 되게 하옵소서. 하나님을 경외하는 위정자들이 이 나라에 더욱 많아지게 하셔서, 우리나라가 더욱 복되게 하옵소서. 나를 하나님의 거룩한 성품으로 빚어 주옵소서.

본문 민수기 29장 | 시편 73편 | 이사야 21장 | 베드로후서 2장

주제 합리 (合理, 어떤 주장이나 행동, 결과 따위가 사리나 실상에 맞음)

세상 대부분의 이치는 합리성을 갖고 있다. 원인이 있으면 결과가 있다. 심은 대로 거두고 행한 대로 갚음을 받는다. 그러므로 모든 일을 할 때는 철저한 준비과정이 있어야 하고 그 결과에 대해서는 합리적인 평가와 심판을 받게 됨을 알아야 한다.

민수기 29장 : 제사장의 성결과정과 제물의 양의 합리성

- 일곱째 달에 이르러는 그 달 초하루에 성회로 모이고 아무 노동도 하지 말라 이는 너희가 나팔을 불 날이니라(1)
- 일곱째 달 열흘 날에는 너희가 성회로 모일 것이요 너희의 심령을 괴롭게 하며 아무 일도 하지 말 것이니라(7)
- 일곱째 달 열다섯째 날에는 너희가 성회로 모일 것이요 아무 일도 하지 말 것이며 이레 동안 여호와 앞에 절기를 지킬 것이라...(12~17)
- 셋째 날에는 수송아지 열한 마리와 숫양 두 마리와 일 년 되고 흠 없는 숫양 열네 마리를 드릴 것이며(20)
- 일곱째 날에는 수송아지 일곱 마리와 숫양 두 마리와 일 년 되고 흠 없는 숫양 열네 마리를 드릴 것이며(32)
- 여덟째 날에는 장엄한 대회로 모일 것이요 아무 일도 하지 말 것이며...(35~36)
- 너희가 이 절기를 당하거든 여호와께 이같이 드릴지니 이는 너희의 서원제나 낙헌제로 드리는 번제, 소제, 전제, 화목제 외에 드릴 것이니라(39)

매월 초하루(월삭) 제사가 있습니다. 그런데 특별히 일곱째 달 초하루는 좀 더 특별한 절기로 지켰습니다(1~6절). 나팔을 부는 날이라 하여 나팔절이라 부릅니다. 일곱째 달 10일은 대속죄일입니다(7~11절). 금욕, 금식을 통해 하나님 앞에 겸비함을 보이고자 했습니다. 일곱째 달 15일부터 장막절이 7일간 진행됩니다(12~40절). 7일간 예물을 드리는데, 수송아지의 수가 매일 달라집니다. 일 년 동안 지키는 절기 중 가장 마지막에 지키는 절기이며, 가장 큰 감사의 절기이기도 합니다.

시편 73편 : 악한 자의 범죄와 그를 향한 심판의 합리성

- 하나님이 참으로 이스라엘 중 마음이 정결한 자에게 선을 행하시나...(1~14)
- 하나님의 성소에 들어갈 때에야 그들의 종말을 내가 깨달았나이다(17)
- 그들이 어찌하여 그리 갑자기 황폐되었는가 놀랄 정도로 그들은 전멸하였나이다...(19~23)
- 하늘에서는 주 외에 누가 내게 있으리요 땅에서는 주 밖에 내가 사모할 이 없나이다...(25~26)
- 하나님께 가까이 함이 내게 복이라 내가 주 여호와를 나의 피난처로 삼아 주의 모든 행적을 전파하리이다(28)

우리는 하나님을 다 이해하지 못합니다(2절). 특히 악인의 번영을 보았을 때 더욱 그러합니다(3절). 악한 자의 평안과 번영(3~12절), 상대적으로 궁핍하고 초라한 기도자 자신에 대한 상실감(13~16절)은 신앙의 위기를 가져옵니다. 사실 악인의 형통보다 하나님의 부재가 의인에게는 더욱 고통입니다. 거룩한 삶이 이 땅에서 고난을 제거해 주지는 않습니다. 의인은 여전히 하나님을 바라봅니다. 그리고 이제 깨닫습니다. 악인의 형통은 모래 위에 세워진 것에 불과하며(15~18절), 하나님이야말로 참된 형통의 근본입니다(23~28절).

이사야 21장 : 바벨론, 두마, 아라비아의 삶과 멸망의 합리성

- 해변 광야에 관한 경고라 적병이 광야에서, 두려운 땅에서 네겝 회오리바람 같이...(1~4)
- 마병대가 쌍쌍이 오는 것과 나귀 떼와 낙타 떼를 보거든 귀 기울여 자세히 들으라...(7~9)
- 파수꾼이 이르되 아침이 오나니 밤도 오리라 네가 물으려거든 물으라 너희는 돌아올지니라 하더라(12)
- 데마 땅의 주민들아 물을 가져다가 목마른 자에게 주고 떡을 가지고 도피하는 자를...(14~17)

바벨론의 멸망이 선포됩니다(1~10절). 멸망의 이유는 폭력(2절)과 우상숭배(9절)입니다. 또한 아라비아 북부에 사는 유목민들인 두마와 드단과 게달에 대하여 심판이 선고됩니다(11~17절). 그들과 이스라엘의 관계, 심판의 원인 등에 관하여는 구체적으로 기록되어 있지 않습니다.

베드로후서 2장 : 거짓 선지자와 의로운 자의 심판의 합리성

- 그러나 백성 가운데 또한 거짓 선지자들이 일어났었나니 이와 같이 너희 중에도 거짓 선생들이 있으리라 그들은 멸망하게 할 이단을 가만히 끌어들여 자기들을 사신 주를 부인하고 임박한 멸망을 스스로 취하는 자들이라...(1~4)
- 이는 이 의인이 그들 중에 거하여 날마다 저 불법한 행실을 보고 들음으로 그 의로운 심령이 상함이라...(8~11)
- 음심이 가득한 눈을 가지고 범죄하기를 그치지 아니하고 굳세지 못한 영혼들을 유혹하며 탐욕에 연단된 마음을 가진 자들이니 저주의 자식이라(14)
- 이 사람들은 물 없는 샘이요 광풍에 밀려 가는 안개니 그들을 위하여 캄캄한 어둠이 예비되어 있나니...(17~18)
- 만일 그들이 우리 주 되신 구주 예수 그리스도를 앎으로 세상의 더러움을 피한 후에 다시 그 중에 얽매이고 지면 그 나중 형편이 처음보다 더 심하리니...(20~21)

베드로는 2장에서 거짓 선생들을 비판합니다. 구약의 거짓 선지자들이 백성들을 유혹했듯이, 거짓 선생들은 교회를 미혹합니다. 특히 그들은 주의 재림을 부인했습니다(3:3, 4 참고). 베드로는 심판에 대한 구약의 예를 들면서 거짓 선생들이 겪게 될 심판에 대해 강력하게 경고합니다(4~11절). 이단과 거짓 선생들은 '이성 없는 짐승'과도 같습니다(12절). 사람들을 속여 자신의 이익을 취하려 합니다. 그들은 영적 눈이 어두웠던 발람 선지자와 같습니다(15, 16절). 그들에게 미혹된 자는 비참한 결말을 맞이하게 될 것입니다(17~22절).

악인의 형통에 시험 들지 않게 하시고, 어느 때든지 하나님을 주목하게 하옵소서. 주님 오실 날이 가까이 오고 있는 이때 거짓 교리에 속지 않고, 진리 되신 예수님을 아는 바른 지식 위에 서게 하옵소서.

5/21

본문 민수기 30장 | 시편 74편 | 이사야 22장 | 베드로후서 3장
주제 작심 (作心, 마음을 단단히 먹음)

하나님의 모든 사역은 완전한 작심이시다. 창조로부터 구원과 심판에 이르는 모든 역사는 다 주님의 뜻 안에 있는 작정이다. 하나님의 형상을 따라 지음 받은 사람도 자유의지에 따라 뜻을 정하고 작심하여 그 일을 진행할 수 있다. 하지만 그 모든 책임은 사람에게 있다.

민수기 30장 : 하나님께 보여 드리기 위해 자신의 뜻을 작심

- 사람이 여호와께 서원하였거나 결심하고 서약하였으면 깨뜨리지 말고 그가 입으로 말한 대로 다 이행할 것이니라...(2~5)
- 그러나 그의 남편이 그것을 듣는 날에 허락하지 아니하면 그 서원과 결심하려고 경솔하게 입술로 말한 서약은 무효가 될 것이니 여호와께서 그 여자를 사하시리라...(8~9)
- 모든 서원과 마음을 자제하기로 한 모든 서약은 그의 남편이 그것을 지키게도 할 수 있고 무효하게도 할 수 있으니(13)
- 그러나 그의 남편이 들은 지 얼마 후에 그것을 무효하게 하면 그가 아내의 죄를 담당할 것이니라(15)

여호와께 서원한 것을 어떻게 이행해야 하는지를 설명합니다. 다만, 여자의 경우 결혼 전에는 아버지, 결혼 후에는 남편이 그녀의 서원 이행 여부를 최종 결정하도록 했습니다. 함부로 서원해서는 안 되며, 만약 서원했다면 이는 일종의 계약이므로 반드시 지켜야 합니다.

시편 74편 : 대적의 악에 대해 멸망을 기도한 아삽의 작심

- 옛적부터 얻으시고 속량하사 주의 기업의 지파로 삼으신 주의 회중을 기억하시며 주께서 계시던 시온 산도 생각하소서...(2~10)
- 여호와여 이것을 기억하소서 원수가 주를 비방하며 우매한 백성이 주의 이름을 능욕하였나이다...(18~19)
- 학대 받은 자가 부끄러이 돌아가게 하지 마시고 가난한 자와 궁핍한 자가 주의 이름을 찬송하게 하소서...(21~22)

주의 성소의 파괴를 앞두고 하나님께 드리는 공동체 탄원의 기도입니다. 아마도 남유다의 멸망 직후 지어진 것으로 보여집니다. 비록 그들의 죄로 인하여 멸망 받게 되었지만 시인은 이 백성들은 주의 기르시는 양이며, 주의 회중이기에 기억해 달라고 호소합니다(1~3절). 바벨론이 주의 성전을 유린한 상황에 대해 탄원하며(4~8절), 팔짱만 끼고 가만히 계시지 마시고, 이제 오른손을 빼 달라고(구원해 달라고) 호소합니다(9~11절). 이전에 하나님이 행하신 구원의 역사를 언급하며 고통을 이겨내고 있는 시인은(12~17절) 바벨론이 유다에게 행한 악행을 잊지 말아달라고, 당신의 백성들과 맺은 언약을 기억해 달라고 간구합니다(18~23절). 하나님이여! 지난날 우리를 구원하셨던 것처럼, 언약을 기억하사 오늘도 구원하여 주옵소서.

이사야 22장 : 타락하고 회개하지 않는 유다의 세속적 작심

- 환상의 골짜기에 관한 경고라 네가 지붕에 올라감은 어찌함인고…(1~5)
- 너희가 또 옛 못의 물을 위하여 두 성벽 사이에 저수지를 만들었느니라 그러나 너희가 이를 행하신 이를 앙망하지 아니하였고 이 일을 옛적부터 경영하신 이를 공경하지 아니하였느니라…(11~14)

예루살렘에 관한 경고입니다. BC 701년 앗수르 왕 산헤립의 예루살렘 침공을 배경으로 하고 있습니다. 하나님을 배반한 하나님의 백성의 운명은 이방 민족과 크게 다르지 않습니다. 예루살렘 백성들은 회개를 촉구하는 선지자의 호소에 도리어 냉소와 쾌락탐닉('내일이면 죽을 터이니 먹고 마시자')으로 응답했습니다(12~14절). 개인에 관한 심판도 등장합니다(15~25절). 반 앗수르 동맹을 주도하였으며 권력을 남용한 셉나에 대하여 심판이 선고되었으며(15~19절), 셉나를 대신하여 절대 권력을 얻게 된 엘리아김 역시 그에게 의존해 권력을 탐한 집안사람들에 의해 결국 파멸하고 맙니다(20~25절).

베드로후서 3장 : 말세를 살아가는 성도들의 생활에 대한 작심

- 곧 거룩한 선지자들이 예언한 말씀과 주 되신 구주께서 너희의 사도들로 말미암아 명하신 것을 기억하게 하려 하노라…(2~5)
- 이제 하늘과 땅은 그 동일한 말씀으로 불사르기 위하여 보호하신 바 되어 경건하지 아니한 사람들의 심판과 멸망의 날까지 보존하여 두신 것이니라…(7~14)
- 또 그 모든 편지에도 이런 일에 관하여 말하였으되 그 중에 알기 어려운 것이 더러 있으니 무식한 자들과 굳세지 못한 자들이 다른 성경과 같이 그것도 억지로 풀다가 스스로 멸망에 이르느니라…(16~17)

재림을 부인하고, 하나님이 세상 역사에 개입하지 않는다고 주장하는 무리들이 있습니다(4절). 재림의 지연은 하나님의 오래 참음으로 인한 결과이지, 재림이 없는 것은 아닙니다(9절). 주의 재림은 도둑같이 임할 것입니다(10~14절). 우리는 참된 진리 안에서 자라가야 합니다(15~18절).

하나님 앞에 약속하고 결단한 것 중에 못 지킨 것들이 참 많았습니다. 나는 신실하지 못했습니다. 하나님과의 약속에 좀 더 신실한 자가 되기를 결단합니다. 감당하기 어려운 고난의 때를 지나는 이 땅의 백성들을 불쌍히 여겨 주시고, 구원해 주옵소서. 거짓 교리가 난무하는 때에 하나님을 아는 참된 지식으로 무장하게 하시고, 진리 안에서 날마다 자라가게 하옵소서.

본문 민수기 31장 | 시편 75-76편 | 이사야 23장 | 요한일서 1장

주제 사귐 (서로 얼굴을 익히고 가깝게 지냄)

하나님의 창조의 목적은 영광과 사귐이다. 하나님과 사람이 사귀고, 사람이 사람과 사귀며, 사람이 자연과 사귀고 더 나아가 사람은 자신과도 사귄다. 그 모든 사귐에는 대상에 따라 도구와 표현양식이 따른다.

민수기 31장 - 승리 후 깨끗케 함과 헌금으로 여호와와 사귐

- 이스라엘 자손의 원수를 미디안에게 갚으라 그 후에 네가 네 조상에게로 돌아가리라...(2~6)
- 그들이 사로잡은 자와 노략한 것과 탈취한 것을 가지고 여리고 맞은편 요단 강 가 모압 평지의 진영에 이르러 모세와 제사장 엘르아살과 이스라엘 자손의 회중에게로 나아오니라(12)
- 모세가 군대의 지휘관 곧 싸움에서 돌아온 천부장들과 백부장들에게 노하니라...(14~18)
- 제사장 엘르아살이 싸움에 나갔던 군인들에게 이르되 이는 여호와께서 모세에게...(21~24)
- 너는 제사장 엘르아살과 회중의 수령들과 더불어 이 사로잡은 사람들과 짐승들을...(26~30)
- 군대의 지휘관들 곧 천부장과 백부장들이 모세에게 나아와서...(48~50)

하나님은 바알브올에서 이스라엘을 유혹하여 심각한 타락을 가져오게 했던 미디안과의 전쟁을 명령하십니다(1~12절). 이 전쟁에서 이스라엘은 큰 승리를 하게 됩니다. 승리를 한 이스라엘은 바알브올 사건을 떠올리며 이스라엘을 유혹하는 데 앞장선 여인(남자와 동침한 여인)을 처형하고(13~18절), 전쟁에 참가한 군인들은 정결의례를 행한 후 이스라엘 진영에 합류하게 됩니다(19~24절). 전리품은 하나님께 드릴 몫을 드린 후, 군인들과 일반 백성들에게 각각 나누어 줍니다(25~54절). 일반 백성들은 자신들이 받은 전리품의 1/50을 레위인에게 주었습니다.

시편 75-76편 : 살렘과 시온에서 예물로 재판장이신 하나님과 사귐

- 하나님이여 우리가 주께 감사하고 감사함은 주의 이름이 가까움이라 사람들이 주의 기이한 일들을 전파하나이다...(75:1~2)
- 내가 오만한 자들에게 오만하게 행하지 말라 하며 악인들에게 뿔을 들지 말라...(75:4~5)
- 오직 재판장이신 하나님이 이를 낮추시고 저를 높이시느니라(75:7)
- 또 악인들의 뿔을 다 베고 의인의 뿔은 높이 들리로다(75:10)
- 하나님은 유다에 알려지셨으며 그의 이름이 이스라엘에 크시도다...(76:1~4)
- 야곱의 하나님이여 주께서 꾸짖으시매 병거와 말이 다 깊이 잠들었나이다...(76:6~9)
- 너희는 여호와 너희 하나님께 서원하고 갚으라 사방에 있는 모든 사람도 마땅히 경외할 이에게 예물을 드릴지로다(76:11)

(75편) 시인은 하나님께 감사의 고백을 합니다. 이유는 '주의 이름의 가까움(임재)과 주의 기이한 일들(주의 역사)' 때문입니다(1절). 여기서 주의 기이한 일들은 다름 아닌 '심판'을 의미합니다. 심판의 대상은 스스로를 높이며, 자기가 세상을 좌지우지한다고 착각하는 교만한 자들입니다(4, 5절). 높이는 일은 오직 하나님께 달려 있습니다(7절).

(76편) 하나님은 평화의 왕이십니다. 하나님은 '화살과 방패와 칼과 전쟁을 없애시는 분'입니다(3절). 그래서 이사야 선지자는 하나님에 의해 만들어질 완전한 평화의 세상을 선포했습니다(그 때에 이리가 어린 양과 함께 살며 표범이 어린 염소와 함께 누우며... 이사야 11장 참고). 하나님은 대적들을 제압하시고 승리자로 등극하실 것이며, 절대적인 평화를 이루실 것입니다.

이사야 23장 : 두로와 시돈이 멸망 후 주가 돌보심으로 다시 사귐

- 두로에 관한 경고라 다시스의 배들아 너희는 슬피 부르짖을지어다 두로가 황무하여 집이 없고 들어갈 곳도 없음이요 이 소식이 깃딤 땅에서부터 그들에게 전파되었음이라...(1~2)
- 시돈이여 너는 부끄러워할지어다 대저 바다 곧 바다의 요새가 말하기를 나는 산고를 겪지 못하였으며 출산하지 못하였으며 청년들을 양육하지도 못하였으며...(4)
- 이것이 옛날에 건설된 너희 희락의 성 곧 그 백성이 자기 발로 먼 지방까지 가서...(7~10)
- 이르시되 너 학대 받은 처녀 딸 시돈아 네게 다시는 희락이 없으리니 일어나 깃딤으로 건너가라 거기에서도 네가 평안을 얻지 못하리라 하셨느니라(12)
- 다시스의 배들아 너희는 슬피 부르짖으라 너희의 견고한 성이 파괴되었느니라...(14~15)

해상무역을 독점하며 부를 축적하여 영화를 누리던 두로와 시돈이 멸망하게 될 것입니다(1~14절). 두 나라의 멸망은 앗수르와 깊은 관련이 있습니다. 그러나 하나님이 정하신 심판의 시간이 지나면 회복되어 하나님의 영광을 드러내게 될 것입니다. 여기서 말하는 회복은 세상 나라의 회복이 아니라 모든 나라와 민족이 여호와의 영광을 보게 될 종말론적 의미의 회복을 의미합니다. 독특하게도 다시 활개를 띠게 될 상업행위를 음행에 비유합니다("그가 다시 값을 받고 지면에 있는 열방과 음란을 행할 것이며", 17절).

요한일서 1장 : 빛 가운데서 듣고 보고 만진 바된 예수와 사귐

- 태초부터 있는 생명의 말씀에 관하여는 우리가 들은 바요 눈으로 본 바요 자세히 보고 우리의 손으로 만진 바라...(1~3)
- 우리가 그에게서 듣고 너희에게 전하는 소식은 이것이니 곧 하나님은 빛이시라 그에게는 어둠이 조금도 없으시다는 것이니라...(5~7)
- 만일 우리가 우리 죄를 자백하면 그는 미쁘시고 의로우사 우리 죄를 사하시며 우리를 모든 불의에서 깨끗하게 하실 것이요...(9~10)

요한복음과 요한일서의 시작은 유사합니다["태초에 말씀이 계시니라"(요 1:1) / "태초에 있는 생명의 말씀"(요일 1:1)]. 이 생명의 말씀은 "아버지와 함께 계셨던 영생"(2절)인데, 우리에게 나타나셨습니다. 하나님은 빛이십니다(5절). 빛이신 하나님과 사귐이 있으려면 거짓과 어둠이 없어야 합니다. 그리스도의 피가 거짓과 어둠을 몰아내고, 우리를 깨끗케 하십니다(7절). 우리가 죄를 자백하면, 주께서 우리 죄를 사하시고, 의롭게 하십니다(9절).

하나님! 나는 평화를 만들 능력이 없습니다. 그러나 하나님이 만드실 완전한 평화가 이루어지게 될 그 날을 소망하며, 사랑으로 채워 주시는 주님의 은혜로 인하여 평화의 사도로 살아가게 하옵소서. 빛 되신 주님과의 거룩한 사귐을 기뻐합니다. 또한 주님과의 사귐을 가로막는 죄의 문제를 자백함으로 용서와 정결의 은혜를 덧입게 하옵소서.

본문 민수기 32장 | 시편 77편 | 이사야 24장 | 요한일서 2장
주제 기업 (基業, 기반이 되는 사업 또는 대대로 계승되는 사업과 재산)

유리하는 유목민이었던 이스라엘 선민에게는 땅이 없었다. 하나님은 인류구원의 계획을 실현하시기 위해 이스라엘 선민에게 약속의 땅을 허락하셨고 그 땅을 각 지파에게 기업으로 나눠 주셨다. 하지만 레위인에게는 땅 대신 자기 자신을 그들에게 기업으로 주셨다.

민수기 32장 - 요단 동편은 르우벤과 갓과 므낫세 반 지파의 기업이 됨

- 르우벤 자손과 갓 자손은 심히 많은 가축 떼를 가졌더라 그들이 야셀 땅과 길르앗 땅을 본즉 그 곳은 목축할 만한 장소인지라...(1~9)
- 보라 너희는 너희의 조상의 대를 이어 일어난 죄인의 무리로서 이스라엘을 향하신...(14~19)
- 그 땅이 여호와 앞에 복종하게 하시기까지 싸우면 여호와 앞에서나 이스라엘 앞에서나 무죄하여 돌아오겠고 이 땅은 여호와 앞에서 너희의 소유가 되리라마는...(22~23)
- 모세가 그들에게 이르되 갓 자손과 르우벤 자손이 만일 각각 무장하고 너희와 함께 요단을 건너가서 여호와 앞에서 싸워서...(29-30)

이스라엘은 바산 왕 옥과 아모리 왕 시혼과의 전쟁에서 승리하여 요단 동편 땅을 차지했습니다(민 21장). 가축을 많이 소유한 르우벤 지파와 갓 지파가 목축하기 좋은 요단 동편 땅을 요구합니다(1~5절). 모세는 두 지파를 책망합니다(6~15절). 왜냐하면 12개 지파가 연합하여 요단 서편 점령을 위한 전쟁을 계속해 나가야 하는데, 2개 지파가 빠진다면 전체의 사기가 떨어질 것이기 때문입니다. 이에 두 지파가 요단 동편에 정착하더라도 형제 지파들과 연합하여 계속 전쟁에 참여할 것을 약속함으로써 문제가 해결됩니다(16~32절). 모세는 르우벤, 갓, 므낫세 반 지파에게 요단 동편 땅을 분배합니다. 내가 원하는 것을 얻는 것보다 의무를 행하는 것이 더 중요합니다. 특히 형제와 연합하여 주의 뜻을 이룰 때는 여러분이 선봉에 서십시오. “우리는 무장하고 이스라엘 자손을 그 곳으로 인도하기까지 그들의 앞에서 가고”(17절).

시편 77편 : 하나님은 믿고 따르는 모든 자에게 친히 영원한 기업이 되심

- 내가 내 음성으로 하나님께 부르짖으리니 내 음성으로 하나님께 부르짖으면 내게...(1~3)
- 밤에 부른 노래를 내가 기억하여 내 심령으로, 내가 내 마음으로 간구하기를...(6~9)
- 곧 여호와의 일들을 기억하며 주께서 옛적에 행하신 기이한 일을 기억하리이다...(11~14)
- 주의 백성을 양 떼 같이 모세와 아론의 손으로 인도하셨나이다(20)

전반부(1~9절)는 고난 가운데 있는 시인이 하나님께 드리는 탄원이며, 후반부(10~20절)는 인간의 역사 가운데 하나님이 행하신 기이한 일들을 언급하며 하나님을 찬양합니다. 고통 가운데 하나님을 찾고 있는 시인에게 탄식과 좌절, 불안이 찾아오고 있습니다(7~9절). 죄도 떠올렸으며(5절), 그럼에도 불구하고 하나님을 떠나지 않으려 애쓰며 찬송했던 것도 기억하고 있습니다(6절). 고난 가운데 있을 때 우리가 드리는 기도, 태도가 시인에게서도 잘 나타납니다. 복잡한 심경 가운데 있던 시인은 하나님이 이전에 행하셨던 일을 기억합니다(10~12절). 특히 출애굽 역사에서의 하나님의 신실하신 행적들을 기억하면서(13~20절) 하나님이 어떤 분인지에 대한 확신을 갖게 되고, 그 확신이 마음에 찾아오면서 절망 속에서 하나님께 소망을 두는 법을 다시 배우게 됩니다.

이사야 24장 : 율법을 범하고 언약을 깨뜨림으로 땅은 무너진 기업이 됨

- 보라 여호와께서 땅을 공허하게 하시며 황폐하게 하시며 지면을 뒤집어엎으시고...(1~6)
- 약탈을 당한 성읍이 허물어지고 집마다 닫혀서 들어가는 자가 없으며...(10~13)
- 그러므로 너희가 동방에서 여호와를 영화롭게 하며 바다 모든 섬에서 이스라엘의...(15~16)
- 그 날에 여호와께서 높은 데에서 높은 군대를 벌하시며 땅에서 땅의 왕들을...(21~23)

13장부터 각 민족의 멸망에 대한 예언이 등장했는데, 24장에서는 온 세상을 대상으로 한 종말론이 등장합니다. 온 땅이 여호와의 심판의 대상이 될 것인데(1~3절), 온 땅이 심판을 받게 된 이유는 백성들이 율법을 어기고, 언약을 깨뜨렸기 때문입니다(4~13절). 여호와를 아는 자(남은 자)들은 이 심판에 대해 크게 환호할 것입니다(14, 15절). 남은 자의 노래가 계속 울려 퍼지는 가운데, 언약을 파기한 자들에게는 하나님의 심판이 임할 것입니다(16~20절). 그러므로 이스라엘은 하나님께로 돌아와야 합니다. 세상의 왕들은 멸망할 것이며, 진정한 왕이신 하나님이 통치하실 것입니다(21~23절).

요한일서 2장 : 의로우신 대언자 예수 그리스도는 믿는 자에게 기업이 되심

- 나의 자녀들아 내가 이것을 너희에게 씀은 너희로 죄를 범하지 않게 하려 함이라 만일 누가 죄를 범하여도 아버지 앞에서 우리에게 대언자가 있으니 곧 의로우신 예수 그리스도시라...(1~2)
- 그를 아노라 하고 그의 계명을 지키지 아니하는 자는 거짓말하는 자요 진리가 그 속에...(4~5)
- 빛 가운데 있다 하면서 그 형제를 미워하는 자는 지금까지 어둠에 있는 자요...(9~11)
- 너희는 거룩하신 자에게서 기름 부음을 받고 모든 것을 아느니라...(20~23)
- 너희는 주께 받은 바 기름 부음이 너희 안에 거하나니 아무도 너희를 가르칠 필요가...(27~28)

예수님은 대언자입니다(1절). 대언자는 원어(고대그리스어)로 '파라클레토스'인데 '파라'는 '곁에서', '클레토스'는 '돕는 자'라는 뜻을 가지고 있습니다. 따라서 파라클레토스는 상담자, 변호자, 위로자, 도움을 주는 자의 의미를 가지고 있습니다. 예수님은 곁에서 우리를 돕는 분입니다. 우리가 알고 있는 단어 '보혜사'가 바로 '파라클레토스'입니다. 부활하셔서 승천하시면서 예수님이 '나와 같은 보혜사'를 보내신다고 하셨는데, 그분이 바로 보혜사 성령이십니다. 예수님이 공생애 기간에 하셨던 당신의 백성을 돕는 기능을 지금은 성령님이 하십니다. 대언자이자 화목제물 되시는 예수님으로 인하여 하나님과 화목케 된 우리는 하나님의 사랑을 이 땅에서 형제 사랑으로 구현하라는 주님의 명령 앞에 서게 됩니다. 미워하는 자는 여전히 어둠 가운데 있는 자입니다(9절). 이 세상과 이 세상에 속한 것을 사랑하지 말라는 경고와 함께(15~17절) 복음과 유사한 거짓된 교리에 속지 말아야 합니다(18~23절). 성령님(기름 부으심)은 말씀을 가르치시고, 생각나게 하시며, 복음의 진리 안에서 거하게 하십니다(24~29절).

부활신앙을 가진 나는 어떤 절망도 이길 수 있는 힘을 가지고 있습니다. 하나님이 행하신 신실하신 역사들은 내게 다시 일어설 소망의 근거입니다. 언제나 나를 도우시는 보혜사 성령님이 계십니다. 성령님의 충만한 역사로 형제를 사랑하고, 진리 가운데 거하며, 거짓된 교리에 흔들리지 않고, 마땅히 행할 의무를 행함으로써 공동체를 견고하게 세워나가게 하옵소서.

본문 민수기 33장 | 시편 78편 1-37절 | 이사야 25장 | 요한일서 3장
주제 사랑 (다른 사람을 아끼고 위하며 소중히 여기는 마음)

하나님은 사랑이시다. 예수님도 마지막 순간에 세상에 있는 자기 사람을 사랑하시되 끝까지 사랑하셨다. 성령도 충만한 자에게 사랑의 열매를 주신다. 성도는 어떤 가운데서도 하나님의 사랑을 입고 승리한다.

민수기 33장 : 노정 중에 보여주신 기이한 일과 보호하신 사랑

- 모세가 여호와의 명령대로 그 노정을 따라 그들이 행진한 것을 기록하였으니 그들이 행진한 대로의 노정은 이러하니라...(2~4)
- 마라를 떠나 엘림에 이르니 엘림에는 샘물 열둘과 종려 칠십 그루가 있으므로 거기에 진을 치고(9)
- 알루스를 떠나 르비딤에 진을 쳤는데 거기는 백성이 마실 물이 없었더라(14)
- 이스라엘 자손이 애굽 땅에서 나온 지 사십 년째 오월 초하루에 제사장 아론이 여호와의 명령으로 호르 산에 올라가 거기서 죽었으니...(38~40)
- 여리고 맞은편 요단 강 가 모압 평지에서 여호와께서 모세에게 말씀하여 이르시되...(50~56)

이스라엘의 출애굽 이후 요단 동편 모압 땅에 이르기까지의 여정을 기록합니다. 이집트에서의 탈출(3, 4절), 라암셋에서 시내광야까지 여정(5~15절), 시내 광야에서 가데스까지의 여정(16~37절), 가데스에서 모압 평지까지의 여정입니다(38~49절). 마지막으로 가나안 땅에 들어갔을 때 우선적으로 해야 할 일(가나안 원주민 몰아내고 가나안 종교의 우상과 산당을 파괴, 제비뽑아 땅 분배 등)을 다시 한번 언급합니다(50~56절).

시편 78편 1~37절 : 반복된 죄를 용서하시고 기이한 일을 행하신 사랑

- 우리가 이를 그들의 자손에게 숨기지 아니하고 여호와의 영예와 그의 능력과 그가 행하신 기이한 사적을 후대에 전하리로다...(4~8)
- 그가 바다를 갈라 물을 무더기 같이 서게 하시고 그들을 지나가게 하셨으며...(13~24)
- 그들이 먹고 심히 배불렀나니 하나님이 그들의 원대로 그들에게 주셨도다(29)
- 이러함에도 그들은 여전히 범죄하여 그의 기이한 일들을 믿지 아니하였으므로...(32~33)
- 그러나 그들이 입으로 그에게 아첨하며 자기 혀로 그에게 거짓을 말하였으니...(36~37)

78편은 역사를 통해서 지혜를 전하는 '지혜 서사시'입니다. 역사 속에서 나타난 하나님의 은총과 이에 비교되는 이스라엘의 범죄가 드러납니다. 이스라엘은 하나님의 율법을 듣고 귀를 기울여야 하며, 또한 후대에 전해야 합니다(1~4절). 왜냐하면 후손들이 사사 시대와 같은 혼란에 빠지지 않고, 소망을 하나님께 두도록 하기 위함입니다(5~8절). 하나님은 여전히 은혜를 베풀어 주셨지만 이스라엘은 불순종했습니다(9~17절). 계속되는 불순종과 하나님에 대한 거역에 대하여 하나님은 그들을 방치하시는 것으로 대처하셨습니다(18~29절). 그들이 풍요를 경험할 수 있는 시간은 그리 길지 않았습니다. 풍요를 누리며 하나님을 잊고, 감사치 않으며, 하나님을 만홀히 여길 바로 그때 하나님의 심판이 임합니다(30, 31절). 그럼에도 그들은 여전히 범죄하였고, 회개하지 않았습니다(32~37절). 이런 이스라엘이 광야에서 망하지 않은 것은 오직 하나님의 긍휼 덕분입니다(38, 39절).

이사야 25장 : 성실함과 진심함으로 가난한 자를 건지신 사랑

- 여호와여 주는 나의 하나님이시라 내가 주를 높이고 주의 이름을 찬송하오리니 주는 기사를 옛적에 정하신 뜻대로 성실함과 진실함으로 행하셨음이라...(1~6)
- 사망을 영원히 멸하실 것이라 주 여호와께서 모든 얼굴에서 눈물을 씻기시며 자기 백성의 수치를 온 천하에서 제하시리라 여호와께서 이같이 말씀하셨느니라...(8~9)
- 여호와의 손이 이 산에 나타나시리니 모압이 거름물 속에서 초개가 밟힘 같이 자기 처소에서 밟힐 것인즉...(10~12)

완전한 심판을 행하시는 하나님을 시인은 찬양합니다(1~5절). 정복당한 민족도 여호와를 인정하고 영광을 돌리게 될 것입니다(3절). 심판을 행하시는 하나님이 하나님을 경외하는 자들에게는 피난처이자 요새가 됩니다. 하나님의 종말론적 통치(잔치)에는 이방민족도 참여합니다(6~8절). 재앙의 시대가 끝나고 구원의 시대가 열릴 것이며, 모압(대적자)은 멸망하게 될 것입니다(9~12절).

요한일서 3장 : 희생의 은혜를 입은 자가 말과 혀로만 하지 않는 사랑

- 사랑하는 자들아 우리가 지금은 하나님의 자녀라 장래에 어떻게 될지는 아직 나타나지 아니하였으나 그가 나타나시면 우리가 그와 같을 줄을 아는 것은 그의 참모습 그대로 볼 것이기 때문이니...(2~5)
- 자녀들아 아무도 너희를 미혹하지 못하게 하라 의를 행하는 자는 그의 의로우심과 같이 의롭고...(7~8)
- 이러므로 하나님의 자녀들과 마귀의 자녀들이 드러나나니 무릇 의를 행하지 아니하는 자나 또는 그 형제를 사랑하지 아니하는 자는 하나님께 속하지 아니하니라(10)
- 형제들아 세상이 너희를 미워하여도 이상히 여기지 말라...(13~16)
- 자녀들아 우리가 말과 혀로만 사랑하지 말고 행함과 진실함으로 하자(18)
- 사랑하는 자들아 만일 우리 마음이 우리를 책망할 것이 없으면 하나님 앞에서 담대함을 얻고(21~24)

세상은 우리를 알지 못하지만, 우리는 하나님의 자녀입니다(1, 2절). 예수님 안에 있는 자는 범죄하지 않습니다(6, 9절). 이는 죄를 단 한 번도 짓지 않는다는 의미보다는 존재론적으로 죄와 상관없는 정체성을 가진다는 의미입니다. 형제를 사랑하는 것은 우리가 사망에서 생명으로 옮겨진 존재인 것을 나타냅니다(14절). 그러므로 우리에게는 사랑하는 삶에 대한 당위가 있습니다. 우리는 행함과 진실함으로 사랑하는 자가 되어야 합니다(19절).

출애굽 여정을 신실하게 이끄신 하나님! 나의 인생도 신실하게 이끌어 주옵소서. 이스라엘을 약속의 땅으로 인도하신 것처럼, 나도 주의 나라에 이르기까지 인도하실 것을 믿습니다. 마지막 때가 가까울수록 이방 민족이 여호와를 인정하고 경외하게 될 것입니다. 이 땅에 사는 동안 하나님의 긍휼하심을 시험하지 않게 하시고, 나를 사망에서 생명으로 옮겨 주셨으니 형제 사랑을 통해 이 생명을 함께 누리게 하옵소서.

본문 민수기 34장 | 시편 78편 38-72절 | 이사야 26장 | 요한일서 4장
주제 자비 (慈悲, 사람들에게 즐거움과 복을 주고 고통과 괴로움을 없게 함)

계시의 말씀인 성경에는 하나님의 도덕적 속성이 나온다. 그중의 하나가 자비로우심이다. 땅을 기업으로 주시는 자비하심, 범죄한 자를 용서하시고 돌보시는 자비하심, 무엇보다 독생자 아들을 주심으로 인류를 구원하신 자비하심은 모든 사랑과 교훈의 뿌리가 된다.

민수기 34장 : 땅의 경계를 알려주시고 차지하게 하신 하나님의 자비

- 여호와께서 모세에게 말씀하여 이르시되...(1~3)
- 서쪽 경계는 대해가 경계가 되나니 이는 너희의 서쪽 경계니라...(6~7)
- 너희의 동쪽 경계는 하살에난에서 그어 스밤에 이르고(10)
- 모세가 이스라엘 자손에게 명령하여 이르되 이는 너희가 제비 뽑아 받을 땅이라 여호와께서 이것을 아홉 지파 반 쪽에게 주라고 명령하셨나니...(13~15)
- 너희에게 땅을 기업으로 나눌 자의 이름은 이러하니 제사장 엘르아살과 눈의 아들 여호수아니라...(17~29)

하나님이 주신 약속의 땅의 실제적인 경계에 대해 설명합니다(1~12절). 약속의 땅에 대한 하나님의 약속은 반드시 성취될 것입니다. 요단 동편은 르우벤 지파와 갓 지파, 므낫세 반 지파에게 분배됩니다(13~15절). 여호수아와 대제사장 엘르아살이 가나안 땅 분배를 주도하였으며, 각 지파의 대표가 선발됩니다(16~29절).

시편 78편 38~72절 : 범죄한 백성을 참으시며 끝까지 돌보신 하나님의 자비

- 오직 하나님은 긍휼하시므로 죄악을 덮어 주시어 멸망시키지 아니하시고 그의 진노를 여러 번 돌이키시며 그의 모든 분을 다 쏟아 내지 아니하셨으니...(38~42)
- 그가 자기 백성은 양 같이 인도하여 내시고 광야에서 양 떼 같이 지도하셨도다...(52~60)
- 그 때에 주께서 잠에서 깨어난 것처럼, 포도주를 마시고 고함치는 용사처럼 일어나사...(65~72)

이스라엘 역사에 관한 이야기가 계속됩니다. 이스라엘은 거듭 범죄 하였으나(40, 41절) 하나님은 믿음의 조상과의 약속대로 출애굽의 역사(42~51절), 홍해의 구원(52, 53절), 시내산 언약체결과 약속의 땅 입성(54, 55절)까지 신실함으로 그의 백성들을 인도하셨습니다. 그러나 그들은 다시 범죄하였고, 하나님은 그들의 죄에 대해 징계하셨습니다(56~66절). 유다 백성들은 북이스라엘의 멸망을 통해서 들려주시는 하나님의 음성을 듣고 깨달아야 합니다(67~72절).

이사야 26장 : 유다 땅을 의로운 나라로 회복시키시는 하나님의 자비

- 그 날에 유다 땅에서 이 노래를 부르리라 우리에게 견고한 성읍이 있음이여 여호와께서 구원

을 성벽과 외벽으로 삼으시리로다...(1~4)
- 의인의 길은 정직함이여 정직하신 주께서 의인의 첩경을 평탄하게 하시도다...(7~9)
- 여호와여 주의 손이 높이 들릴지라도 그들이 보지 아니하오나 백성을 위하시는 주의 열성을 보면 부끄러워할 것이라 불이 주의 대적들을 사르리이다...(11~13)
- 여호와여 주께서 이 나라를 더 크게 하셨고 이 나라를 더 크게 하셨나이다 스스로 영광을 얻으시고 이 땅의 모든 경계를 확장하셨나이다...(15~16)
- 주의 죽은 자들은 살아나고 그들의 시체들은 일어나리이다 티끌에 누운 자들아 너희는 깨어 노래하라 주의 이슬은 빛난 이슬이니 땅이 죽은 자들을 내놓으리로다...(19~20)

선지자는 종말에 있을 구원을 노래합니다(1~7절). 백성들은 영원한 반석 되시는 여호와를 신뢰해야 합니다(4절). 선지자는 하나님의 의로우심을 확신하며(8~10절) 대적들의 멸망에 대해 간구합니다(11~15절). 이스라엘 공동체 역시 고난 가운데 있는데 하나님의 침묵을 경험하고 있기에 탄식하고 있지만, 하나님은 그들의 회복을 약속하십니다(16~21절).

요한일서 4장 : 독생자를 화목제물로 보내셔서 속죄하신 하나님의 자비

- 사랑하는 자들아 영을 다 믿지 말고 오직 영들이 하나님께 속하였나 분별하라 많은 거짓 선지자가 세상에 나왔음이라...(1~3)
- 우리는 하나님께 속하였으니 하나님을 아는 자는 우리의 말을 듣고 하나님께 속하지 아니한 자는 우리의 말을 듣지 아니하나니 진리의 영과 미혹의 영을 이로써 아느니라...(6~12)
- 누구든지 예수를 하나님의 아들이라 시인하면 하나님이 그의 안에 거하시고 그도 하나님 안에 거하느니라...(15~16)
- 사랑 안에 두려움이 없고 온전한 사랑이 두려움을 내쫓나니 두려움에는 형벌이 있음이라 두려워하는 자는 사랑 안에서 온전히 이루지 못하였느니라...(18~21)

예수님의 성육신을 부인하는 자들이 교회를 어지럽히고 있었습니다. 요한이 이 글을 쓸 당시 영지주의자들은 예수님이 육신을 입고 이 땅에 오신 것을 부인하고, 영으로 오신 것이라고 주장했습니다(2절). 그들은 육을 악한 것으로 보았습니다. 예수님은 육신을 입고 이 땅에 오셨습니다(14절). 우리는 사도들이 보고, 듣고 전한 복음의 가르침을 따라야 합니다. 하나님의 영에 속한 자들은 서로 사랑합니다(7~12절). 우리 안에 성령님이 내주하셔서 예수를 주로 고백하게 하시고(13~15절), 하나님의 사랑 안에 거하게 하십니다. 하나님의 사랑은 형제 사랑으로 이어져야 합니다(16~21절).

하나님이 약속하신 것 중에 성취되지 않은 것이 없습니다. 역사는 하나님의 존재를 보여줍니다. 혹 하나님이 부재중인 것 같은 시간을 보내고 있을지라도 하나님의 구원과 회복에 대한 소망을 잃지 않는 주의 백성 되게 하옵소서. 나는 하나님의 영에 속한 자임을 고백합니다. 하나님의 사랑이 내 안에 있음을 형제와 이웃을 사랑함으로 나타내게 하옵소서.

본문 민수기 35장 | 시편 79편 | 이사야 27장 | 요한일서 5장
주제 도피 (逃避, 어떤 일이나 상황으로부터 도망하여 몸과 마음을 피함)

인간은 죄인이다. 원죄를 가지고 태어나 죄인으로 살다가 사망에 이른다. 구약에는 도피성을 통해 하나님께 피함으로 죽음을 면했다. 이제는 예수 그리스도를 믿고 그에게 피함으로 영생에 이르게 된다.

민수기 35장 : 우발적인 살인자가 레위의 성읍인 도피성으로 도피

- 여호와께서 여리고 맞은편 요단 강 가 모압 평지에서 모세에게 말씀하여 이르시되...(1~8)
- 너희를 위하여 성읍을 도피성으로 정하여 부지중에 살인한 자가 그리로 피하게 하라...(11~15)
- 악의를 가지고 손으로 쳐죽이면 그 친 자는 반드시 죽일 것이니 이는 살인하였음이라 피를 보복하는 자는 살인자를 만나면 죽일 것이니라...(21~28)
- 너희는 너희가 거주하는 땅을 더럽히지 말라 피는 땅을 더럽히나니 피 흘림을 받은 땅은 그 피를 흘리게 한 자의 피가 아니면 속함을 받을 수 없느니라...(33~34)

레위인은 다른 지파처럼 땅을 분배받지 않았습니다. 그래서 기업을 나눌 대표자도 선출하지 않았습니다(34장 참조). 대신 레위인은 이스라엘 백성이 받은 땅 가운데 거주할 성읍을 얻었습니다(1~8절). 하나님은 도피성을 지정하라고 말씀하십니다(9~15절). 도피성 제도는 실수로 사람을 죽인 자들이 피해서 살 수 있게 한 장치입니다. 도피성은 요단 동편에 3개, 서편에 3개가 있습니다.

시편 79편 : 주의 백성이 이방나라들의 압제로부터 주께로 도피

- 하나님이여 이방 나라들이 주의 기업의 땅에 들어와서 주의 성전을 더럽히고 예루살렘이 돌무더기가 되게 하였나이다...(1~5)
- 우리 조상들의 죄악을 기억하지 마시고 주의 긍휼로 우리를 속히 영접하소서 우리가 매우 가련하게 되었나이다...(8~9)
- 갇힌 자의 탄식을 주의 앞에 이르게 하시며 죽이기로 정해진 자도 주의 크신 능력을 따라 보존하소서...(11~13)

공동체 탄원시입니다. 역사적 배경은 남유다왕국의 멸망 이후입니다(1절). 대적들의 만행에 대한 고발(1~4절) 이후 하나님께 드리는 탄원과 구체적인 간구가 이어집니다(5~10절). 간구의 내용은 원수들에 대해 진노를 쏟아 달라는 것과 당신의 백성들을 긍휼히 여겨 용서해 달라는 것입니다. 시인은 고난당하는 자를 위해 중보하며, 하나님에 대한 감사와 찬송을 전할 것을 서원합니다(11~13절).

이사야 27장 : 이스라엘 자손들이 그 날에 포도원지기에게로 도피

- 그 날에 여호와께서 그의 견고하고 크고 강한 칼로 날랜 뱀 리워야단 곧 꼬불꼬불한 뱀 리워야

단을 벌하시며 바다에 있는 용을 죽이시리라...(1~4)

- 후일에는 야곱의 뿌리가 박히며 이스라엘의 움이 돋고 꽃이 필 것이라 그들이 그 결실로 지면을 채우리로다(6)
- 주께서 백성을 적당하게 견책하사 쫓아내실 때에 동풍 부는 날에 폭풍으로 그들을 옮기셨느니라...(8~9)
- 너희 이스라엘 자손들아 그 날에 여호와께서 창일하는 하수에서부터 애굽 시내에까지 과실을 떠는 것 같이 너희를 하나하나 모으시리라...(12~13)

27장은 이스라엘의 구원과 회복에 관한 선포입니다. 하나님은 리워야단(역사적 실체가 불분명함, 혼돈의 괴물=악한 세력)을 정복하십니다(1절). 심판의 날에 하나님은 포도원(이스라엘, 하나님의 백성)을 안전하게 보호하실 것이며, 이에 선지자는 하나님의 구원을 내다보며 찬양합니다(2~6절). 야곱(이스라엘)을 용서하시며, 견고한 성읍(적대적인 세력)을 멸망시키시며, 이스라엘을 회복시키실 것입니다(7~13절).

요한일서 5장 : 사망에 이른 죄인이 영생을 주시는 예수에게로 도피

- 예수께서 그리스도이심을 믿는 자마다 하나님께로부터 난 자니 또한 낳으신 이를 사랑하는 자마다 그에게서 난 자를 사랑하느니라...(1~4)
- 이는 물과 피로 임하신 이시니 곧 예수 그리스도시라 물로만 아니요 물과 피로 임하셨고 증언하는 이는 성령이시니 성령은 진리니라...(6~8)
- 하나님의 아들을 믿는 자는 자기 안에 증거가 있고 하나님을 믿지 아니하는 자는 하나님을 거짓말하는 자로 만드나니 이는 하나님께서 그 아들에 대하여 증언하신 증거를 믿지 아니하였음이라...(10~15)
- 모든 불의가 죄로되 사망에 이르지 아니하는 죄도 있도다...(17~20)

예수를 그리스도로 고백하는 자마다 하나님께로부터 난 자입니다(1~3절). 하나님께로부터 난 자는 그의 계명을 지킵니다. 계명은 무거운 것이 아닙니다. 나를 사랑하고, 또 내가 사랑하는 아버지의 말씀이기 때문입니다. 예수님은 하나님의 아들이며(4, 5절) 예수의 그리스도 되심은 물(요단강에서 세례받을 때 하늘이 열리고 하늘로부터 "내가 기뻐하는 아들"이라는 음성이 들림)과 피(십자가에서의 대속의 죽음)와 성령님(승천하신 예수님을 대신할 또 다른 보혜사)이 증언하십니다(6~12절). 우리는 영생에 대하여 확신하며(13절), 기도에 대하여 확신합니다(14, 15절). 사망에 이르지 않는 죄(그리스도인으로 살면서 짓는 죄)를 짓지 않도록 구해야 하며, 우리 역시 조심해야 합니다(16~21절). 그리스도께서 우리를 지키십니다. 악한 자가 우리의 운명을 바꿀 수 없습니다(18절).

예수님이 나의 그리스도 되심을 물과 피와 성령님이 증언하십니다. 환난 날에 나는 영원한 도피성 되시는 예수님에게로 피할 것입니다.

본문 민수기 36장 | 시편 80편 | 이사야 28장 | 요한이서 1장
주제 외침 (자신의 주장이나 억울한 일을 큰 소리로 전함)

사람은 중요한 것에 대해 목소리를 높여 크게 외친다. 정의로운 자, 속죄적 중보의 기도를 드리는 자, 주의 뜻을 대언하는 자, 사랑하는 자에게 위험을 경고하는 자는 사명감을 갖고 더욱 그렇게 행동한다.

민수기 36장 : 길르앗 수령들의 기업에 대한 합리적 외침

- 요셉 자손의 종족 중 므낫세의 손자 마길의 아들 길르앗 자손 종족들의 수령들이 나아와 모세와 이스라엘 자손의 수령 된 지휘관들 앞에 말하여...(1~7)
- 슬로브핫의 딸 말라와 디르사와 호글라와 밀가와 노아가 다 그들의 숙부의 아들들의 아내가 되니라...(11~12)

므낫세 지파의 슬로브핫 집안에는 딸들만 있습니다. 딸들이 결혼하게 되면, 그녀들이 물려받은 땅(기업)은 남편 지파의 소유가 되어, 므낫세 지파의 기업이 줄어드는 문제가 발생합니다. 하나님의 해법은 같은 지파 안에서 결혼하라는 것입니다. 이는 각 지파가 제비를 뽑아 얻은 기업을 그대로 유지하기 위함입니다. 모세는 문제해결을 위해 하나님께 구했고 사회 구조가 바뀔 수 있는 문제였지만 하나님의 지혜로 이 문제가 해결되었습니다.

시편 80편 : 아삽의 이스라엘 민족에 대한 신원적 외침

- 요셉을 양 떼 같이 인도하시는 이스라엘의 목자여 귀를 기울이소서 그룹 사이에 좌정하신 이여 빛을 비추소서...(1~5)
- 만군의 하나님이여 우리를 회복하여 주시고 주의 얼굴의 광채를 비추사 우리가 구원을 얻게 하소서...(7~12)
- 만군의 하나님이여 구하옵나니 돌아오소서 하늘에서 굽어보시고 이 포도나무를 돌보소서(14)
- 만군의 하나님 여호와여 우리를 돌이켜 주시고 주의 얼굴의 광채를 우리에게 비추소서 우리가 구원을 얻으리이다(19)

나라와 공동체의 위기상황에서 하나님께 탄원합니다. 먼저 하나님이 목자되심을 고백합니다(1절). 특별히 "우리를 돌이켜 달라"고 기도합니다(3절). 회개의 기도, 회복을 위한 기도의 주권은 인간에게 있지 않습니다. 하나님이 돌이킴의 은혜를 주실 때 가능한 것입니다. 시인은 하나님을 양 떼를 치는 목자(1~7절)와 포도나무를 기르는 농부(8~19절)로 묘사합니다. 시인은 하나님이 이스라엘의 목자로 남아 주시기를, 또한 이스라엘은 하나님이 친히 심으신 포도나무임을 잊지 말아 달라고 간구합니다.

이사야 28장 : 이사야의 에브라임을 향한 예언적 외침

- 에브라임의 술취한 자들의 교만한 면류관은 화 있을진저 술에 빠진 자의 성 곧 영화로운 관 같이 기름진 골짜기 꼭대기에 세운 성이여 쇠잔해 가는 꽃 같으니 화 있을진저...(1~8)
- 여호와께서 그들에게 말씀하시되 경계에 경계를 더하며 경계에 경계를 더하며 교훈에 교훈을 더하며 교훈에 교훈을 더하고 여기서도 조금, 저기서도 조금 하사 그들이 가다가 뒤로 넘어져 부러지며 걸리며 붙잡히게 하시리라...(13~16)
- 그것이 지나갈 때마다 너희를 잡을 것이니 아침마다 지나가며 주야로 지나가리니 소식을 깨닫는 것이 오직 두려움이라(19)
- 그러므로 너희는 오만한 자가 되지 말라 너희 결박이 단단해질까 하노라 대저 온 땅을 멸망시키기로 작정하신 것을 내가 만군의 주 여호와께로부터 들었느니라...(22~29)

히스기야가 유다를 통치할 때를 역사적 배경으로 하고 있습니다. 이사야는 사마리아(북이스라엘)의 몰락에 대한 경고와 함께 유다가 사마리아의 길로 가지 않기를 경고하지만(1~6절) 이사야의 예언은 무시당합니다(7~13절). 이사야는 예루살렘 지도자들의 교만과 위선을 고발하고(14, 15절), 하나님은 직접적으로 하나님을 버린 자들에게 대한 심판을 선언하십니다(16~19절). 이사야 또한 심판을 선언합니다(20~22절). 이사야는 농부가 때와 상황에 맞는 농사법에 따라 농사를 짓는 것처럼 하나님의 심판도 올바른 때와 방법으로 이루어진다는 것을 강조합니다(23~29절).

요한이서 1장 : 요한의 택함받은 부녀와 자녀를 향한 권면적 외침

- 장로인 나는 택하심을 받은 부녀와 그의 자녀들에게 편지하노니 내가 참으로 사랑하는 자요 나뿐 아니라 진리를 아는 모든 자도 그리하는 것은...(1~2)
- 너의 자녀들 중에 우리가 아버지께 받은 계명대로 진리를 행하는 자를 내가 보니 심히 기쁘도다...(4~8)
- 누구든지 이 교훈을 가지지 않고 너희에게 나아가거든 그를 집에 들이지도 말고 인사도 하지 말라...(10~11)

사도 요한은 진리 안에서 사랑하라고 권면합니다(1~6절). 또한 거짓된 사상으로 미혹하는 자(예수님의 성육신을 부인하는 영지주의자)를 주의하고 경계할 것을 권면합니다(7~13절).

선한 목자 되시는 하나님! 개인과 민족의 위기가 찾아올 때 하나님을 찾게 하시고, 해결하기 어려운 문제가 생길 때 하나님의 지혜를 의뢰하게 하옵소서. 때에 따라 구원과 심판을 행하시는 하나님은 언제나 옳으십니다. 진리 안에서 사랑하게 하시며, 진리에서 떠나게 하는 자들을 잘 분별하게 하옵소서.

본문 신명기 1장 | 시편 81-82편 | 이사야 29장 | 요한삼서 1장
주제 진심 (眞心, 거짓이 없는 참된 마음)

하나님은 진실하시고 성실하시다. 그래서 하나님은 진실하고 성실한 자를 일꾼으로 부르신다. 하나님의 일을 했던 구약의 모세, 아삽, 이사야와 신약의 요한은 모두 진심을 다해 자신에게 맡겨진 말씀선포와 기도사명을 충실히 감당했다.

신명기 1장 : 이스라엘을 향한 모세의 진심어린 설교

- 이는 모세가 요단 저쪽 숩 맞은편의 아라바 광야 곧 바란과 도벨과 라반과 하세롯과 디사합 사이에서 이스라엘 무리에게 선포한 말씀이니라...(1~3)
- 내가 너희의 조상 아브라함과 이삭과 야곱에게 맹세하여 그들과 그들의 후손에게라...(8~17)
- 너희의 하나님 여호와께서 이 땅을 너희 앞에 두셨은즉 너희 조상의 하나님...(21~25)
- 우리가 어디로 가랴 우리의 형제들이 우리를 낙심하게 하여 말하기를 그 백성은 우리보다 장대하며 그 성읍들은 크고 성곽은 하늘에 닿았으며 우리가 또 거기서 아낙 자손을...(28~33)
- 오직 여분네의 아들 갈렙은 온전히 여호와께 순종하였은즉 그는 그것을 볼 것이요...(36~40)

신명기는 광야 40년의 기간이 거의 끝나갈 즈음, 요단 동편 모압 땅을 차지했을 때 주신 말씀입니다(1절). 신명기는 시내산에서 받은 율법을 다시 설명해 주는 것이며(6절), 약속의 땅에서 지켜야 할 율법에 대한 재강조입니다(8절). 먼저, 가나안 땅의 정복과 정착을 위해 군사, 사법 등 공동체 조직을 정비해야 합니다(9~18절). 이어서 모세는 가데스바네아에서 있었던 일을 언급합니다(19~46절). 하나님의 크신 구원의 능력을 경험한 이스라엘 백성이지만 하나님을 계속 신뢰하지 않았으며, 지속적으로 불순종을 일삼았습니다. 여호수아와 갈렙을 제외한 출애굽 1세대가 하나님을 원망했습니다. 그로 인해 광야에서의 시간이 40일 정탐일을 기준으로 총 40년이 되었습니다. 가데스바네아 사건은 사실상 1차 가나안정복 전쟁의 실패라 할 수 있습니다.

시편 81-82편 : 이스라엘을 향한 아삽의 진심어린 권면

- 우리의 능력이 되시는 하나님을 향하여 기쁘게 노래하며 야곱의 하나님을 향하여 즐거이 소리칠지어다...(81:1~3)
- 하나님이 애굽 땅을 치러 나아가시던 때에 요셉의 족속 중에 이를 증거로 세우셨도다 거기서 내가 알지 못하던 말씀을 들었나니...(81:5~11)
- 내 백성아 내 말을 들으라 이스라엘아 내 도를 따르라(81:13)
- 하나님은 신들의 모임 가운데에 서시며 하나님은 그들 가운데에서 재판하시느니라(82:1)
- 가난한 자와 고아를 위하여 판단하며 곤란한 자와 빈궁한 자에게 공의를 베풀지며...(82:3~4)
- 내가 말하기를 너희는 신들이며 다 지존자의 아들들이라 하였으나...(82:6~8)

(81편) 제의에 참여한 공동체를 향해 찬양을 요청합니다. 시인은 찬양의 제의로 초대하면서 '율례와 규례를 따르라'고 촉구합니다(1~4절). 이어서 이스라엘 백성들이 하나님의 은혜를 경험하지 못하는 이유에 대해 가르치면서 하나님의 말씀을 듣고 순종하며 우상을 떠나라고

가르칩니다(5~12절). 시인은 다시 한번 '듣고 따를 것'을 권하며 순종을 요청합니다(13~16절). (82편) 82편은 시인이 환상 가운데 하나님의 천상 회의를 본 듯한 인상을 줍니다(1절). 하늘 법정의 재판관이신 하나님은 세상의 다른 신들을 책망하십니다(1~4절). 여기서 '다른 신'이라는 표현은 다른 많은 신들이 존재하고 있음을 시인이 인정한 것이 아니라, 문학적인 표현으로서 하나님이 가장 크고 위대한 진정한 신임을 강조하기 위한 표현입니다. 헛된 우상들은 결국 무너지고 사라지게 될 것입니다(5~8절).

이사야 29장 : 예루살렘을 향한 이사야의 진심어린 탄식

- 슬프다 아리엘이여 아리엘이여 다윗이 진 친 성읍이여 해마다 절기가 돌아오려니와...(1~4)
- 너희는 놀라고 놀라라 너희는 맹인이 되고 맹인이 되라 그들의 취함이 포도주로라...(9~16)
- 그 날에 못 듣는 사람이 책의 말을 들을 것이며 어둡고 캄캄한 데에서 맹인의 눈이...(18~20)
- 그의 자손은 내 손이 그 가운데에서 행한 것을 볼 때에 내 이름을 거룩하다 하며 야곱의 거룩한 이를 거룩하다 하며 이스라엘의 하나님을 경외할 것이며...(23~24)

앗시리아(앗수르)의 왕 산헤립의 군대에 의해 예루살렘이 포위되었습니다. 그러나 하나님의 극적인 구원을 경험하게 됩니다(1~8절). 그러나 이스라엘 백성은 그들을 건지신 하나님의 말씀을 거절하며 불순종의 길로 나아갑니다(9~12절). 선지자의 선포는 봉인된 문서와도 같았습니다. 왜냐하면 아무도 하나님의 말씀을 들으려고, 이해하려고 하지 않아서 하나님의 말씀은 이스라엘 백성에게 어떤 반향도 불러일으키지 못했기 때문입니다. 이스라엘 백성은 하나님을 피상적으로 대했습니다(13~16절). 그들은 자신들의 경건함을 주장합니다. 그러나 정치인들은 정치의 영역에서 하나님을 배제시켰고, 일반인들은 제의(종교의식)를 통해서만 하나님과 교제했습니다. 즉 일상의 삶에서는 하나님을 부인하며 살았다는 것입니다. 그러나 하나님은 구원의 기쁨을 맛보게 하실 것입니다(17~21절). 이스라엘을 구원하시고 회복하실 것입니다(22~24절).

요한삼서 1장 : 가이오를 향한 요한의 진심어린 축복기도

- 장로인 나는 사랑하는 가이오 곧 내가 참으로 사랑하는 자에게 편지하노라...(1~8)
- 사랑하는 자여 악한 것을 본받지 말고 선한 것을 본받으라 선을 행하는 자는 하나님께 속하고 악을 행하는 자는 하나님을 뵈옵지 못하였느니라...(11~12)

사도 요한은 가이오(초대교회의 지도자 중 하나)에게 편지를 보냅니다. 가이오는 진리 안에서 신실하게 행한 자입니다(1~4절). 가이오는 순회 전도자를 환대하였고 잘 섬겼습니다(5~8절). 그리스도의 복음을 전하는 자와 동역했습니다. 그러나 디오드레베는 으뜸이 되기를 좋아하고, 복음을 전하는 자를 배척하며 환대를 거절했습니다(9~12절). 요한은 빠른 시일 내에 만나 디오드레베와 같은 악한 자에 대한 문제를 속히 해결하고자 합니다(13~15절).

이스라엘 백성이 신실하신 하나님을 신뢰하지 않고 원망함으로써 광야생활이 40년으로 늘어나게 된 '가데스바네아' 사건을 분명히 기억합니다. 나를 향한 하나님의 계획은 선하시며, 나를 그것을 신뢰합니다. 하나님의 말씀에 대해 귀를 닫아 버림으로써 '봉인된 문서'처럼 만들어 버리는 어리석음을 범하지 않게 하옵소서. 여호와의 율례와 규례를 기쁨으로 따르게 하시며, 복음의 동역자들을 더욱 귀히 여기게 하옵소서.

5/29

본문 신명기 2장 | 시편 83-84편 | 이사야 30장 | 유다서 1장

주제 정도 (正道, 사람이 행해야 할 바른 도리)

하나님은 천지만물을 창조하실 때 조화와 질서를 이루셨다. 그리고 사람에게 이 모든 것을 바로 다스리도록 정도를 가르쳐 주셨다. 사람은 하나님과의 관계를 위해 사람과의 관계를 위해 바른길을 가야 하는 것이다. 그러나 많은 자들이 그릇된 길을 가므로 하나님을 대적하였다.

신명기 2장 : 정도를 걸어야 할 이스라엘의 광야생활

• 너는 또 백성에게 명령하여 이르기를 너희는 세일에 거주하는 너희 동족 에서의...(4~7)
호리 사람도 세일에 거주하였는데 에서의 자손이 그들을 멸하고 그 땅에 거주하였으니 이스라엘이 여호와께서 주신 기업의 땅에서 행한 것과 같았느니라(12)
가데스 바네아에서 떠나 세렛 시내를 건너기까지 삼십팔 년 동안이라 이 때에는니...(14~15)
너희는 일어나 행진하여 아르논 골짜기를 건너라 내가 헤스본 왕 아모리 사람 시혼과...(24~25)
나를 네 땅으로 통과하게 하라 내가 큰길로만 행하고 좌로나 우로나 치우치...(27~31)
그 때에 우리가 그의 모든 성읍을 점령하고 그의 각 성읍을 그 남녀와 유아와 함께...(34~35)

하나님은 에돔 및 모압, 암몬과 전쟁하지 말라고 하십니다. 그 땅은 기업으로 주시지 않았기 때문입니다(5, 9, 19절). 이스라엘은 모압의 남쪽 경계인 세렛 시내를 건넙니다. 가데스바네아에서 세렛 시내를 건너기까지 무려 38년이 걸렸습니다(13~16절). 가데스바네아에서의 불신앙 때문입니다(10명의 정탐꾼의 보고를 듣고 원망). 38년 동안 20세 이상 출애굽 세대 중 여호수아와 갈렙을 제외한 모든 사람들이 죽었습니다. 하나님은 강대한 에밈 사람이 살던 아르 지역을 모압에게, 르바임 사람이 살던 땅을 암몬 족속에게 허락하셨음을 언급하시면서 이스라엘에게 약속의 땅을 주신다는 사실을 신뢰할 것을 촉구하십니다(16~25절). 이스라엘과 맞서던 아모리 왕 시혼은 패하였고 그 땅은 이스라엘이 차지하게 됩니다. 그러나 그들에게 허락되지 않은 암몬 땅은 욕심내지 말아야 합니다(26~37절). 하나님이 우리에게 허락하지 않은 것에 대해 욕심을 갖거나 집착해서는 안 될 것입니다.

시편 83-84편 : 정도를 걸어야 할 주의 백성의 신앙생활

하나님이여 침묵하지 마소서 하나님이여 잠잠하지 마시고 조용하지 마소서...(83:1~9)
나의 하나님이여 그들이 굴러가는 검불 같게 하시며 바람에 날리는 지푸라기 같게...(83:13~16)
만군의 여호와여 주의 장막이 어찌 그리 사랑스러운지요...(84:1~8)
주의 궁정에서의 한 날이 다른 곳에서의 천 날보다 나은즉 악인의 장막에 사는...(84:10~12)

(83편) 83편은 공동체가 대적으로 인해 고난을 겪는 상황을 전제합니다. 하나님은 침묵하시는 가운데 대적들의 공격은 지속되고 있으며, 시인은 하나님께 탄원합니다(1~8절). 시인은 과거에 하나님이 대적을 이기셨던 역사를 거론하면서(9~12절) 대적들이 수치와 멸망당하기를 기도합니다(13~17절). 하나님의 이름이 온 세계에 선포되기를 기도합니다(18절).

(84편) 본 시는 성전의 아름다움과 성전에서 누리는 기쁨과 복을 노래하고 있습니다. 시인은 마음이 쇠약해질 정도로, 병이 날 정도로 성전을 사모합니다(2절). 비록 성전이 바벨론의 침공으로 파괴되었지만, 폐허가 된 성전에 둥지를 틀고 사는 참새와 제비를 향해 늘 성전에 살

며 노래하니 얼마나 복이 있느냐고 말합니다(3, 4절). 우리가 하나님을 이렇게 기뻐했으면 좋겠습니다. 자신의 힘의 근원을 하나님께 두는 자는 복이 있습니다(5절). 비록 예루살렘은 망하고 성전은 파괴되었지만 시인은 하나님이 패배한 것이 아님을 믿으며 '주께서 기름 부으신 자의 얼굴을 살펴 달라'고 간구합니다(9절). 다시 왕과 제사장을 세워달라는 중보기도로 여겨집니다. 하나님의 임재 안에서 사는 것이 가장 행복합니다(10~12절).

이사야 30장 : 정도를 걷지 않는 이스라엘의 세속생활

여호와께서 이르시되 패역한 자식들은 화 있을진저 그들이 계교를 베푸나 나로...(1~3)
이제 가서 백성 앞에서 서판에 기록하며 책에 써서 후세에 영원히 있게 하라...(8~11)
그가 이 나라를 무너뜨리시되 토기장이가 그릇을 깨뜨림 같이 아낌이 없이 부수시리니...(14~19)
너희가 오른쪽으로 치우치든지 왼쪽으로 치우치든지 네 뒤에서 말소리가 네 귀에...(21~22)
너희가 거룩한 절기를 지키는 밤에 하듯이 노래할 것이며 피리를 불며 여호와의...(29~30)

이사야는 하나님을 불신하고, 주변의 강대국에 의지하여 국가의 안전을 보장받으려는 잘못된 대외정책을 비판합니다. 하나님을 거절하고 친 이집트 정책을 펴는 것과(1~7절) 하나님의 말씀을 거역하고 거짓과 패역한 삶을 살며, 거짓 예언에 귀를 기울인다면(8~11절) 결국 패망에 이르게 될 것입니다(12~14절). 이스라엘 백성은 위기의 순간에도 하나님께 돌아가지 않았고, 스스로 구원의 길을 찾다가 실패하고 말았습니다(15~17절). 그렇다면 하나님을 거역한 대가로 심판을 받았으니 더 이상 소망이 없는 것일까요? 이사야는 하나님의 긍휼하심으로 인하여 새로운 시작이 가능하다고 선포합니다(18~26절). 유다를 징계(심판)하셨던 하나님은 앗수르를 멸망시키실 준비를 마치셨습니다(27~33절).

유다서 1장 : 정도를 걷지 않는 거짓 교사들의 타락생활

사랑하는 자들아 우리가 일반으로 받은 구원에 관하여 내가 너희에게 편지하려는...(3~4)
또 자기 지위를 지키지 아니하고 자기 처소를 떠난 천사들을 큰 날의 심판까지 영원한...(6~8)
그들은 기탄 없이 너희와 함께 먹으니 너희의 애찬에 암초요 자기 몸만 기르는 목자요...(12~13)
이는 뭇 사람을 심판하사 모든 경건하지 않은 자가 경건하지 않게 행한 모든 경건하지...(15~23)

유다서의 저자는 야고보의 형제 유다입니다. 세베대의 아들 야고보는 일찍 순교했기에(행 12장) '야고보의 형제'로 소개될 수 있는 유다는 예수님의 동생밖에 없습니다(1절). 유다는 초대교회 안에 침투한 거짓 교사들을 고발합니다(4~10절). 그들은 하나님의 은혜를 방탕으로 바꾸어 육체를 더럽히는 자들이며, 그리스도를 부인하며, 나중에 심판을 받을 자들입니다. 거짓 교사들은 삯을 위하여 어그러진 길을 가며, 성도를 돌보지 않는 거짓 목자이기에 그들의 모든 행위로 인해 하나님의 심판을 받게 됩니다(11~16절). 교회 공동체는 악한 자를 경계해야 하며(17~19절), 그리스도 안에서 거룩한 믿음 위에 공동체를 세워 나가야 합니다(20~23절). 하나님은 믿음의 공동체를 마지막까지 지켜 주십니다(24, 25절).

하나님! 원망과 불평을 일삼다가 약속의 땅에 들어가지 못한 출애굽 1세대를 잊지 않게 하시고, 여호수아와 갈렙의 길을 걷게 하옵소서. 혹 죄로 인해 무너져도 주의 긍휼이 다시 일으켜 주십니다. 시편의 시인처럼 간절함으로 주의 전을 사모하게 하시고, 주님 오실 날이 점점 가까이 오고 있기에 더욱 악한 자를 경계하고 거룩한 믿음 위에 내 삶과 내가 속한 공동체를 세워 나가게 하옵소서.

본문 신명기 3장 | 시편 85편 | 이사야 31장 | 요한계시록 1장
주제 명령 (命令, 윗사람이 아랫사람에게 무엇을 하도록 시킴)

여호와 하나님은 각 시대마다 필요한 일꾼을 부르신다. 그리고 그들에게 구원의 역사를 이루어 가도록 명령을 내리신다. 지도자나 선지자나 제자는 그 명령을 실행함으로써 하늘의 면류관과 상급을 받는다.

신명기 3장 : 여호수아가 모세의 대를 이어 약속의 땅을 얻도록 명령

- 우리가 돌이켜 바산으로 올라가매 바산 왕 옥이 그의 모든 백성을 거느리고 나와서 우리를 대적하여 에드레이에서 싸우고자 하는지라...(1~3)
- 다만 모든 가축과 그 성읍들에서 탈취한 것은 우리의 소유로 삼았으며...(7~10)
- 그 때에 우리가 이 땅을 얻으매 아르논 골짜기 곁의 아로엘에서부터 길르앗 산지 절반과 그 성읍들을 내가 르우벤 자손과 갓 자손에게 주었고...(12~13)
- 르우벤 자손과 갓 자손에게는 길르앗에서부터 아르논 골짜기까지 주었으되 그 골짜기의 중앙으로 지역을 정하였으니 곧 암몬 자손의 지역 얍복 강까지며...(16~22)
- 구하옵나니 나를 건너가게 하사 요단 저쪽에 있는 아름다운 땅, 아름다운 산과 레바논을 보게 하옵소서 하되...(25~28)

세렛 시내를 건넌 이스라엘은 에돔, 모압, 암몬의 경계를 넘지 않으면서 대적들과 전쟁을 하게 됩니다. 바산 왕 옥과의 전쟁에서 승리함으로써 요단 동편 지역의 아르논 골짜기에서 헤르몬 산에 이르는 땅이 이스라엘의 소유가 되었습니다(1~11절). 요단 동편 땅에는 르우벤, 갓, 므낫세 반 지파가 정착하게 되었고(12~17절), 이제 그들의 방향은 요단 서편을 향하게 됩니다(18~22절). 약속의 땅에 들어가고 싶은 모세의 개인적인 소망은 이루어지지 않았습니다(23~29절). 지도자로서의 모세의 역할은 요단 동편까지입니다. 우리는 우리에게 맡겨진 것에 대해 최선을 다하고, 때가 되면 순종의 마음으로 내려놓아야 합니다.

시편 85편 : 주의 백성이 어리석은 데로 돌아가지 말도록 명령

- 여호와여 주께서 주의 땅에 은혜를 베푸사 야곱의 포로 된 자들이 돌아오게 하셨으며...(1~4)
- 주께서 우리를 다시 살리사 주의 백성이 주를 기뻐하도록 하지 아니하시겠나이까...(6~7)
- 진실로 그의 구원이 그를 경외하는 자에게 가까우니 영광이 우리 땅에 머무르리이다(9)
- 여호와께서 좋은 것을 주시리니 우리 땅이 그 산물을 내리로다(12)

고난 가운데 빠져 있는 공동체를 위한 기도입니다. 그들은 먼저 과거를 돌아봅니다(1~3절). 과거에 겪었던 고난과 고난의 원인을 성찰합니다. 그리고 현재의 자신들을 성찰합니다(4~7절). 자신들의 죄를 회개하고, 하나님이 진노를 거두어 주시기를 간구합니다. 기도하는 가운데 시인에게 평안이 임했습니다(8절). 시인은 하나님의 구원이 임할 것을 확신합니다(9~13절). 인애와 진리가 만나고, 의와 화평이 입 맞추고, 진리가 솟아나며, 땅은 풍성한 열매를 맺을 것입니다.

이사야 31장 : 애굽을 의지하지 말고 여호와를 의지하도록 명령

- 도움을 구하러 애굽으로 내려가는 자들은 화 있을진저 그들은 말을 의지하며 병거의 많음과 마병의 심히 강함을 의지하고 이스라엘의 거룩하신 이를 앙모하지 아니하며 여호와를 구하지 아니하나니...(1~3)
- 새가 날개 치며 그 새끼를 보호함 같이 나 만군의 여호와가 예루살렘을 보호할 것이라 그것을 호위하며 건지며 뛰어넘어 구원하리라 하셨느니라...(5~7)
- 그의 반석은 두려움으로 말미암아 물러가겠고 그의 고관들은 기치로 말미암아 놀라리라 이는 여호와의 말씀이라 여호와의 불은 시온에 있고 여호와의 풀무는 예루살렘에 있느니라(9)

이 장의 메시지는 분명합니다. 이집트나 앗시리아가 아니라, 여호와 하나님이 역사를 결정하신다는 것입니다. 이집트와의 동맹은 헛될 뿐이며(1~3절), 하나님은 심판을 통해 시온을 구원하실 것이기에(4, 5절) 유다 백성은 우상을 버리고 하나님께로 돌아와야 합니다(6~9절).

요한계시록 1장 : 아시아의 일곱 교회에 예언의 말씀을 전하도록 명령

- 예수 그리스도의 계시라 이는 하나님이 그에게 주사 반드시 속히 일어날 일들을 그 종들에게 보이시려고 그의 천사를 그 종 요한에게 보내어 알게 하신 것이라...(1~5)
- 볼지어다 그가 구름을 타고 오시리라 각 사람의 눈이 그를 보겠고 그를 찌른 자들도 볼 것이요 땅에 있는 모든 족속이 그로 말미암아 애곡하리니 그러하리라 아멘...(7~11)
- 내가 볼 때에 그의 발 앞에 엎드러져 죽은 자 같이 되매 그가 오른손을 내게 얹고 이르시되 두려워하지 말라 나는 처음이요 마지막이니...(17~20)

요한계시록은 원어로 '아포칼립시스'인데 '숨겨진 것을 드러내다'는 의미입니다. 당시 교회는 내부적으로는 거짓 선지자들의 미혹을, 외부적으로는 로마 황제숭배를 거부함으로 인한 혹독한 박해에 직면해 있었기에 요한은 마지막 날에 일어날 장엄한 하나님의 구원과 심판을 바라보며 현재를 이기도록 위로와 권면과 도전을 줍니다. 이 말씀을 읽고, 듣고, 지키는 자에게 진정 복이 있습니다(3절). 친히 피 흘리심으로 우리를 죄에서 해방하시고 하나님을 섬기는 나라와 제사장으로 삼으신 그리스도는 이제도 있었고, 전에도 계셨으며, 장차 오실 전능하신 하나님의 본체이십니다(5~8절). 요한은 일곱 금 촛대 사이에 계신 인자 같은 이를 봅니다(13~16절). 일곱 촛대는 일곱 교회를 상징합니다. 교회와 함께 하시는 예수 그리스도를 보여 줍니다. 예수님에 대한 다양한 상징적 표현들은 예수님의 초월성을 암시합니다. 죽음에서 부활하셔서 사망을 이기시고 영존하시는 예수님은 사망과 음부(Hades=지옥)도 다스리시는 분입니다(18절). 계시록의 내용은 미래뿐 아니라 현재의 역사까지 망라합니다(19절).

하나님이 정해 주신 나의 한계를 분명히 알고 그것을 인정하는 지혜가 있게 하옵소서. 고난 가운데 있을 때에는 과거와 현재를 잘 성찰하여 올바른 회개로 나아가게 하옵소서. 마지막 날, 모든 영광을 가지신 예수 그리스도께서 다시 오십니다. 그 날이 오면 나는 그의 권능과 위엄을 소리 높여 찬양할 것입니다.

본문 신명기 4장 | 시편 86-87편 | 이사야 32장 | 요한계시록 2장
주제 주관 (主管, 어떤 일의 주가 되어 그 일을 책임지고 맡아 다스림)

창조주 하나님은 만물의 근원이시다. 그러므로 모든 피조물은 그분이 주관하신다. 선민도 살인자도 다윗도 천지도 죄도 복도 교회도 모두 하나님의 뜻과 섭리 안에서 다스림을 받는다.

신명기 4장 - 이스라엘의 규례생활과 도피자의 은둔생활을 주관

- 이스라엘아 이제 내가 너희에게 가르치는 규례와 법도를 듣고 준행하라...(1~4)
- 오직 너는 스스로 삼가며 네 마음을 힘써 지키라 그리하여 네가 눈으로 본 그 일을 잊어버리지 말라 네가 생존하는 날 동안에 그 일들이 네 마음에서 떠나지 않도록 조심하라...(9~10)
- 또 그리하여 네가 하늘을 향하여 눈을 들어 해와 달과 별들, 하늘 위의 모든 천체 곧 너희의 하나님 여호와께서 천하 만민을 위하여 배정하신 것을 보고 미혹하여 그것에...(19~29)
- 어떤 국민이 불 가운데에서 말씀하시는 하나님의 음성을 너처럼 듣고 생존하였느냐...(33~35)
- 그런즉 너는 오늘 위로 하늘에나 아래로 땅에 오직 여호와는 하나님이시요...(39~43)

하나님은 모세에게 토라(하나님의 율법)를 교육할 것을 명하십니다. 이스라엘 백성은 하나님의 율례와 법도를 힘써 준행해야 합니다(1~8절). 그리고 후손에게 가르쳐야 합니다(9~14절). 특히 어떤 형태로든 우상을 만들어서는 안 되며(15~19절), 소멸하는 불이요 질투하시는 하나님이심을 기억하고 하나님의 진노를 두려워해야 합니다(20~24절). 우상숭배에 대하여 하나님은 분명 심판하시지만(25~28절) 만약 회개한다면 하나님은 응답하실 것입니다(29~31절). 이전에 있었던 하나님의 구원의 역사를 기억할 때(32~38절) 하나님의 법을 지키게 되며, 복을 누리게 될 것입니다(39, 40절). 도피성 제도에 하나님의 긍휼이 담겨 있습니다(41~43절). 도피성은 우리의 영원한 도피성 되시는 예수님을 예표합니다. 하나님은 약속하신 것을 반드시 성취하십니다(44~49절).

시편 86-87편 : 다윗의 기도에 대한 응답과 땅에 대한 생성을 주관

- 나는 경건하오니 내 영혼을 보존하소서 내 주 하나님이여 주를 의지하는 종을...(86:2~5)
- 여호와여 주의 도를 내게 가르치소서 내가 주의 진리에 행하오리니 일심으로...(86:11~17)
- 그의 터전이 성산에 있음이여...(87:1~7)

(86편) 큰 위기 가운데 있는 다윗이 간구합니다. 다윗의 유일한 소망은 하나님이십니다(1~7절). 당시에는 지역마다, 분야마다 각각의 신이 있었지만 다윗은 오직 하나님만이 유일한 참 신임을 고백합니다(8~13절). 다윗은 대적들의 교만함과 포악함을 고발하며 구원을 호소합니다(14~17절).
(87편) 고라 자손의 시입니다. 인간적인 눈으로 볼 때 예루살렘은 당시의 세계적인 도시인 바벨론이나 이집트의 성보다 규모도 작고 초라했습니다. 그러나 하나님은 시온(예루살렘)을 사랑하셨기에 하나님의 성이라 부르기에 충분합니다. 우리 존재가 그렇습니다. 우리는 보잘것없는 존재이지만, 하나님이 우리를 선택하심으로 인해 우리는 온 세상의 주인이신 하

나님의 소유가 되었습니다.

이사야 32장 : 이스라엘의 죄에 대한 심판과 복에 대한 회복을 주관

- 보라 장차 한 왕이 공의로 통치할 것이요 방백들이 정의로 다스릴 것이며...(1~4)
- 존귀한 자는 존귀한 일을 계획하나니 그는 항상 존귀한 일에 서리라(8)
- 마침내 위에서부터 영을 우리에게 부어 주시리니 광야가 아름다운 밭이 되며...(15~18)
- 모든 물 가에 씨를 뿌리고 소와 나귀를 그리로 모는 너희는 복이 있느니라(20)

공의와 정의로 통치하는 왕은 역사적 인물일 수도 있지만, 메시아로 이해할 수 있습니다. 메시아가 공의와 정의로 통치하는 나라는 사회질서와 우주 질서, 자연의 조화 등 모든 영역에서 구원이 이루어집니다(1~5절). 개인의 이익을 앞세우며, 불의와 부정을 범한 이전의 어리석은 자의 통치가 지나면, 공의와 정의가 다스리는 존귀한 자의 통치가 임할 것입니다(6~8절). 하나님은 이전의 시대를 완전히 종식시키고(예루살렘 심판, 9~14절) 새로운 구원을 약속하십니다(15~20절). 이는 위로부터 영이 우리에게 부어질 때 비로소 가능하게 될 것입니다(15절).

요한계시록 2장 : 일곱 교회의 칭찬과 책망에 대한 결과를 주관

- 에베소 교회의 사자에게 편지하라 오른손에 있는 일곱 별을 붙잡고 일곱 금 촛대...(1~5)
- 서머나 교회의 사자에게 편지하라 처음이며 마지막이요 죽었다가 살아나신 이가...(8~10)
- 버가모 교회의 사자에게 편지하라 좌우에 날선 검을 가지신 이가 이르시되...(12~16)
- 두아디라 교회의 사자에게 편지하라 그 눈이 불꽃 같고 그 발이 빛난 주석과 같은..(18~20)
- 또 내가 사망으로 그의 자녀를 죽이리니 모든 교회가 나는 사람의 뜻과 마음을...(23~25)
- 내가 또 그에게 새벽 별을 주리라(28)

계시록이 기록될 당시에 있었던 일곱 교회에 주시는 메시지입니다. 에베소 교회는 거짓 사도들을 잘 분별하고 그들을 용납하지 않았기에 칭찬을 들었지만, 처음 사랑을 버렸다는 책망을 듣습니다(1~7절). 처음 사랑을 회복하지 않으면 촛대를 옮기실 것입니다(주님의 은총에서 단절됨). 현재 고난 가운데 있는 서머나 교회는 더 극심한 고난을 겪게 될 것입니다. 그러나 서머나 교회는 믿음 가운데 부요한 교회(천국을 소유함)입니다(8~11절). 핍박의 날이 지날 때까지 잘 견디면 생명의 면류관을 받게 될 것입니다. 버가모 교회는 핍박에도 믿음을 지킨다는 칭찬을 듣지만, 니골라당의 교훈을 지키는 자들을 용납함으로 인해 책망을 듣습니다(12~17절). 니골라당의 교훈은 세상과의 타협(우상 제물을 먹는 문제, 육체적 행음, 황제숭배)을 의미합니다. 두아디라 교회는 나중 행위가 처음보다 많다는 칭찬을 받지만, 이세벨을 용납한 것으로 인해 책망을 듣습니다(18~29절). 그들의 열심[교회의 선한 사업(행위), 사랑과 믿음과 섬김과 인내]은 인정할 만했지만, 거짓 선지자를 용납하여 우상숭배와 음행에 빠지게 되었습니다. 즉 영적, 도덕적 순결함을 잃고 타락한 교회가 되었습니다.

보잘것없는 나를 하나님의 소유 삼아 주신 은혜를 감사합니다. 하나님의 계명과 법도를 힘써 준행하게 하시고, 이를 자녀들에게 잘 가르치게 하옵소서. 마지막 때가 가까울수록 주님을 더 사랑하길 원합니다. 거짓 진리를 잘 분별하게 하시고, 믿음을 잘 지켜 나가게 하옵소서.

June
6월

본문 신명기 5장 | 시편 88편 | 이사야 33장 | 요한계시록 3장

주제 **중보** (中保, 하나님과 사람의 사이를 화해시키고 교제를 유지하도록 하는 일)

창조주와 피조물 사이에는 사귐이 있다. 그러나 인간이 타락한 후에는 교제를 위한 중보자가 있어야 한다. 구약은 지도자, 제사장, 선지자가 중보하였고, 신약은 예수, 성령, 제자들이 중보하였다.

신명기 5장 : 하나님의 계명을 백성에게 전달하는 중보

- 모세가 온 이스라엘을 불러 그들에게 이르되 이스라엘아 오늘 내가 너희의 귀에...(1~3)
- 나는 너를 애굽 땅, 종 되었던 집에서 인도하여 낸 네 하나님 여호와라...(6~21)
- 말하되 우리 하나님 여호와께서 그의 영광과 위엄을 우리에게 보이시매 불 가운데에서 나오는 음성을 우리가 들었고 하나님이 사람과 말씀하시되 그 사람이 생존하는 것을 오늘 우리가 보았나이다(24)
- 육신을 가진 자로서 우리처럼 살아 계시는 하나님의 음성이 불 가운데에서 발함을...(26~29)

십계명은 이스라엘 백성에게 주신 하나님의 율법의 핵심입니다(출 20:1~17, 신 5:6~21). 시내산(호렙산)에서 모세가 하나님께로부터 받았습니다(1~6절). 다신교가 판을 치는 시대에 하나님은 유일성을 선포하시면서 하나님의 형상을 어떤 형태로든 만들지 말 것과 하나님의 이름을 우리의 유익을 이해 함부로 부르지 말라고 하십니다(1~3계명, 7~11절). 안식일은 노동에서 잠시 벗어날 수 있는 시간으로 구원의 상징이 됩니다. 우리는 안식일을 기억하여 거룩하게 지켜야 하며(12~15절), 이웃에 대한 사랑을 구체적으로 실천해야 합니다(16~21절). 하나님과 죄인인 인간 사이에는 중보자가 필요합니다(22~27절). 이 시대에는 모세가 잠시 그 역할을 했습니다. 우리에게는 진정한 중보자이신 예수님이 계십니다. 하나님은 이스라엘 백성이 순종함으로 복을 받기 원하십니다(28~33절).

시편 88편 : 이스라엘의 아픔을 하나님께 간구하는 중보

- 여호와 내 구원의 하나님이여 내가 주야로 주 앞에서 부르짖었사오니...(1~4)
- 주의 노가 나를 심히 누르시고 주의 모든 파도가 나를 괴롭게 하셨나이다...(7~9)
- 여호와여 오직 내가 주께 부르짖었사오니 아침에 나의 기도가 주의 앞에 이르리이다...(13~15)

보통 시편은 탄원의 기도가 드려진 이후 찬양으로 마무리되는 데 반해, 88편은 탄원과 간구로만 이루어져 있습니다. 매일 죽음을 생각할 정도의 절망에 빠져 밤낮으로 부르짖는 시인을 보게 됩니다(1~9절). 심지어 "죽은 자가 어찌 하나님을 찬송할 수 있느냐?"며 죽을 것 같은 고통에서 제발 건져 달라는 역설적인 호소도 합니다(10~12절). 마지막 부분에서도 상황이 달라지지는 않지만, 그는 기도하는 아침이 소망의 시간임을 고백하며, 어릴 적부터 고난을 당해 왔으며, 사랑하는 자들을 떠난 보낸 아픔도 있지만 그럼에도 불구하고 지금도 기도하고 있다고 고백합니다(13~18절). 고통이 제거되지는 않았지만, 여전히 기도를 들으시며 붙드시는 하나님을 신뢰하는 것입니다.

이사야 33장 : 여호와의 이스라엘 회복을 선포하는 중보

- 여호와여 우리에게 은혜를 베푸소서 우리가 주를 앙망하오니 주는 아침마다 우리의 팔이 되시며 환난 때에 우리의 구원이 되소서...(2~3)
- 여호와께서는 지극히 존귀하시니 그는 높은 곳에 거하심이요 정의와 공의를 시온에...(5~6)
- 오직 공의롭게 행하는 자, 정직히 말하는 자, 토색한 재물을 가증히 여기는 자...(15~16)
- 네가 강포한 백성을 보지 아니하리라 그 백성은 방언이 어려워 네가 알아듣지...(19~22)
- 그 거주민은 내가 병들었노라 하지 아니할 것이라 거기에 사는 백성이 사죄함을 받으리라(24)

이사야는 대적인 앗수르를 진멸하시고, 시온의 왕으로 통치하실 하나님을 바라봅니다. 자신들의 힘으로 안전을 보장받을 수 없는 시대이기에 이스라엘이 사는 길은 하나님께 은혜를 구하는 길뿐입니다(1~6절). 하나님의 개입만이 해방과 구원의 유일한 길입니다. 애통하는 기도에 하나님은 응답하십니다(7~16절). 침묵하시던 하나님은 예루살렘을 위해 일어나십니다(10~12절). 온 세상이 하나님의 능력을 알게 될 것이며, 하나님은 의로운 자의 산성과 피난처가 되실 것입니다(13~16절). 왕(여호와)의 출현과 함께 압제자들은 사라지고(17~19절) 예루살렘에는 안전과 평화가 찾아옵니다(20~24절).

요한계시록 3장 : 예수의 계시를 일곱 교회에 대언하는 중보

- 사데 교회의 사자에게 편지하라 하나님의 일곱 영과 일곱 별을 가지신 이가 이르시되 내가 네 행위를 아노니 네가 살았다 하는 이름은 가졌으나 죽은 자로다...(1~3)
- 빌라델비아 교회의 사자에게 편지하라 거룩하고 진실하사 다윗의 열쇠를 가지신 이 곧 열면 닫을 사람이 없고 닫으면 열 사람이 없는 그가 이르시되...(7~10)
- 라오디게아 교회의 사자에게 편지하라 아멘이시요 충성되고 참된 증인이시요...(14~20)

사데 교회는 "살았다 하는 이름은 가졌으나, 실상은 죽은 자"라는 책망을 듣습니다(1~6절). 주님은 "깨어나라", "회개하라"고 하십니다(2, 3절). 세상을 사랑하며, 성결하지 않은 삶을 살았던 과거를 돌이키고, 회개의 열매를 맺음으로 다시 일어나야 합니다. 빌라델비아 교회는 환난과 박해 속에서도 충성스러운 믿음과 순종, 주님 사랑으로 인해 칭찬받는 교회입니다(7~13절). 주님은 교회에 영적 권위와 능력을 주시고(핍박하던 사탄의 회당의 무리 중 몇 사람이 회개하고 돌아옴), 시험의 때에 지켜 주신다고 약속하십니다. 라오디게아 교회는 미지근한 신앙과 자기만족의 신앙에 대해 책망을 듣습니다(14~22절). 경제적으로 넉넉한 라오디게아 지역에 위치한 교회는 부요함으로 인해 안일함에 빠져 영적으로 둔한 상태가 되었습니다. 주님은 그들의 마음의 문을 두드리십니다(21절). 그들은 다시 그리스도를 영접한 진정한 그리스도인으로 거듭나야 합니다.

나를 구원하시고, 나의 영원한 피난처 되시는 하나님을 이 아침에 찬양합니다. 하나님이 나를 위해 행하신 일을 알기에, 주신 계명을 귀하게 여기고 기쁨으로 준행할 수 있습니다. 기도하는 시간이 내 안에 소망으로 채워지는 시간임을 고백합니다. 예수 그리스도와 더불어 함께 사는 진정한 그리스도인이 되게 하여 주옵소서.

본문 신명기 6장 | 시편 89편 | 이사야 34장 | 요한계시록 4장

주제 **경청** (傾聽, 남의 말을 귀 기울여 주의 깊게 들음)

성경은 하나님의 말씀이다. 믿음의 사역자들이 성령의 감동을 받아 기술하고 하나님의 백성들에게 전한 것이다. 그러므로 각 시대의 선택된 모든 자들은 어떤 위치에 있든지 집중하여 경청하고 행하여야 한다.

신명기 6장 : 이스라엘이 여호와의 명령과 규례와 법도를 경청함

- 이는 곧 너희의 하나님 여호와께서 너희에게 가르치라고 명하신 명령과 규례와 법도라 너희가 건너가서 차지할 땅에서 행할 것이니(1)
- 이스라엘아 듣고 삼가 그것을 행하라 그리하면 네가 복을 받고 네 조상들의 하나님...(3~9)
- 너는 조심하여 너를 애굽 땅 종 되었던 집에서 인도하여 내신 여호와를 잊지 말고...(12~15)
- 여호와께서 보시기에 정직하고 선량한 일을 행하라 그리하면 네가 복을 받고...(18~20)
- 여호와께서 우리에게 이 모든 규례를 지키라 명령하셨으니 이는 우리가 우리...(24~25)

이스라엘 백성에게 두 가지가 강조됩니다. 하나님의 법에 순종하는 것(1~3절)과 하나님을 사랑하는 것(4~9절)입니다. 하나님의 법에 대한 순종의 여부가 약속의 땅에서의 장수와 번영을 결정지을 것입니다. 특히, 이스라엘 백성은 쉐마('들으라')로 일컬어지는 4, 5절에 주목해야 합니다. "우리 하나님 여호와는 오직 유일한 여호와시니"라는 선언은 유일신에 대한 선언입니다. 주변 민족들이 다신론의 입장에 있지만 이스라엘은 유일하신 하나님을 선언합니다. "마음과 뜻과 힘을 다하여"는 우리의 내적 감동과 외적 행동, 즉 우리의 전 존재와 삶을 드려 하나님을 사랑하는 의미입니다. 이스라엘 백성은 약속의 땅에서 풍요로움을 누릴 때(10, 11절) 하나님을 잊지 말고(12, 13절), 이방신을 따르지 않으며(14, 15절) "정직하고 선량한 일", 곧 여호와의 율법을 준행하는 삶을 살아야 합니다(16~19절). 우리는 자녀들에게 여호와의 율법은 여호와를 경외하며 복을 누리게 하려고 주신 것임을 가르쳐야 합니다(20~25절).

시편 89편 : 성도들이 여호와의 언약과 환상 중의 말씀을 경청함

- 내가 여호와의 인자하심을 영원히 노래하며 주의 성실하심을 내 입으로 대대에...(1~5)
- 여호와 만군의 하나님이여 주와 같이 능력 있는 이가 누구리이까 여호와여 주의 성실하심이 주를 둘렀나이다(8)
- 하늘이 주의 것이요 땅도 주의 것이라 세계와 그 중에 충만한 것을 주께서 건설하셨나이다(11)
- 의와 공의가 주의 보좌의 기초라 인자함과 진실함이 주 앞에 있나이다(14)
- 그 때에 주께서 환상 중에 주의 성도들에게 말씀하여 이르시기를 내가 능력 있는...(19~25)
- 내가 또 그를 장자로 삼고 세상 왕들에게 지존자가 되게 하며...(27~36)
- 주여 주의 성실하심으로 다윗에게 맹세하신 그 전의 인자하심이 어디 있나이까(49)

다윗에게 주셨던 하나님의 언약을 실현해 주시기를 간구하는 시입니다. 그는 하나님과 맺은 언약에 대해 하나님이 인자와 성실로 응답하실 것을 신뢰합니다(1~4절). 하늘과 땅을 창조하시고, 통치하시는 크고 위대한 능력의 하나님이시지만, 다윗은 특별히 하나님의 성실을 강조합니다(5~14절). 그리고 이스라엘이 하나님의 백성임을 강조합니다(15~18절). 다윗은 하나님이 그의 인생 가운데 베푸신 은혜와 언약을 회상하며(19~29절), 이 언약이 후손들에게도 이어진다고 노래합니다(30~37절). 그러나 지금의 현실(아마도 개인이나 국가적 위기)은 하나님의 성실과 신실함이 나타나지 않고 있기에(38~45절) 주의 종이 받고 있는 비방을 기억해 달라고 기도합니다(46~52절).

이사야 34장 : 열방이 여호와의 심판과 보복에 대한 경고를 경청함

- 열국이여 너희는 나아와 들을지어다 민족들이여 귀를 기울일지어다...(1~5)
- 이것은 여호와께서 보복하시는 날이요 시온의 송사를 위하여 신원하시는 해라...(8~10)
- 그들이 국가를 이으려 하여 귀인들을 부르되 아무도 없겠고 그 모든 방백도...(12~13)
- 너희는 여호와의 책에서 찾아 읽어보라 이것들 가운데서 빠진 것이 하나도 없고 제 짝이 없는 것이 없으리니 이는 여호와의 입이 이를 명령하셨고 그의 영이 이것들을...(16~17)

열방과 민족들을 향한 하나님의 우주적인 심판이 선포됩니다(1~7절). 특별히 여호와를 대적하는 민족을 대표하여 에돔에 대한 심판을 선언합니다. 하나님이 시온을 위해 에돔을 심판하심으로 에돔은 폐허가 되어 더 이상 사람이 살 수 없게 됩니다(8~15절). 에돔에 대한 심판과 멸망은 가능성이 아니라 반드시 시행될 확고한 결정입니다(16, 17절). 하나님은 당신이 하신 말씀을 신실하게 집행하십니다.

요한계시록 4장 : 요한이 성령에 감동되어 하늘 보좌의 음성을 경청함

- 이 일 후에 내가 보니 하늘에 열린 문이 있는데 내가 들은 바 처음에 내게 말하던 나팔 소리 같은 그 음성이 이르되 이리로 올라오라 이 후에 마땅히 일어날 일들을 내가 네게...(1~8)
- 이십사 장로들이 보좌에 앉으신 이 앞에 엎드려 세세토록 살아 계시는 이에게 경배하고 자기의 관을 보좌 앞에 드리며 이르되...(10~11)

일곱 교회를 향한 주님의 말씀을 선포한 이후 요한은 천상에 대한 환상을 보게 됩니다. 천상의 광경을 묘사하고(3~8a절) 천상에서 울려 퍼지는 찬양에 대해 기록합니다(8b절~11절). 요한이 본 천상의 광경은 벽옥과 홍보석, 녹보석 같은 무지개가 보좌를 둘러 있고, 흰옷 입고 금관을 쓴 이십사 장로들의 보좌가 주님의 보좌를 둘러싸고 있습니다. 수정 같은 유리바다, 보좌와 보좌 주위에 네 생물도 있습니다. 이와 같은 영광스런 하늘 보좌에서 네 생물은 밤낮 쉬지 않고 하나님의 거룩하심, 전능하심, 영원하심, 심판 주 되심을 찬양합니다.

온 세계 위에 유일하신 하나님! 내 마음과 뜻과 힘을 다하여 경외합니다. 사랑합니다. 나와 맺은 언약에 성실하신 하나님을 찬양합니다. 천상의 천사들과 같이 주를 경배하게 될 날을 소망합니다.

본문 신명기 7장 | 시편 90편 | 이사야 35장 | 요한계시록 5장
주제 **거처** (居處, 일정하게 자리를 잡고 머무는 곳)

모든 피조물은 거처가 있다. 창조주 하나님은 모든 피조물에게 그 거처를 지정해 주셨다. 하나님도 자신의 거처를 하늘에 두셨다. 더 나아가 하나님은 스스로 구원받은 영혼의 영원한 거처가 되어 주셨다.

신명기 7장 : 약속의 땅 가나안은 성민 이스라엘의 새로운 거처

- 네 하나님 여호와께서 너를 인도하사 네가 가서 차지할 땅으로 들이시고...(1~5)
- 여호와께서 다만 너희를 사랑하심으로 말미암아, 또는 너희의 조상들에게 하신 맹세를...(8~9)
- 곧 너를 사랑하시고 복을 주사 너를 번성하게 하시되 네게 주리라고 네 조상들에게...(13~15)
- 그들을 두려워하지 말고 네 하나님 여호와께서 바로와 온 애굽에 행하신 것을 잘 기억하되(18)
- 네 하나님 여호와께서 또 왕벌을 그들 중에 보내어 그들의 남은 자와 너를 피하여...(20~21)
- 너는 그들이 조각한 신상들을 불사르고 그것에 입힌 은이나 금을 탐내지 말며...(25~26)

가나안 정복 전쟁 과정도 중요하지만, 정복 전쟁 종료 이후는 더 중요합니다. 가나안 땅에 들어가는 것은 하나님의 약속이기에 반드시 이루어질 것입니다. 하나님이 허락하신 싸움을 그들은 도중에 멈추거나 타협해서는 안 됩니다(1~5절). 더 중요한 것은 하나님의 백성으로서의 정체성이 무너지지 않도록 하나님의 말씀에서 떠나지 않아야 합니다(6~11절). 하나님의 말씀을 준행하였을 때 주실 복이 있습니다(12~15절). 순종하는 자에게 하나님은 복을 주십니다. 가나안 정복 전쟁을 수행함에 있어서 그들에게 올무가 될 만한 것에 대해서는 철저히 진멸을 명하십니다(16~26절). 단호함이 필요할 때 우리는 결단할 수 있어야 합니다.

시편 90편 : 유한한 인생을 구원하신 하나님은 영원한 거처

- 주여 주는 대대에 우리의 거처가 되셨나이다...(1~3)
- 주께서 우리의 죄악을 주의 앞에 놓으시며 우리의 은밀한 죄를 주의 얼굴 빛 가운데에 두셨사오니...(8~10)
- 우리에게 우리 날 계수함을 가르치사 지혜로운 마음을 얻게 하소서(12)
- 아침에 주의 인자하심이 우리를 만족하게 하사 우리를 일생 동안 즐겁고 기쁘게...(14~15)
- 주 우리 하나님의 은총을 우리에게 내리게 하사 우리의 손이 행한 일을 우리에게 견고하게 하소서 우리의 손이 행한 일을 견고하게 하소서(17)

하나님의 은총이 아니면 인생은 허무합니다. 모세는 인생의 허무함을 고백합니다. 세상 모든 것은 하나님에 의해 창조되고 유지되며, 그에 반해 인간은 유한합니다(1~5절). 인간은 시간이 지날수록 쇠잔해 가며 고작 70~80세를 살아갑니다. 하나님 앞에서 죄를 숨길 수 없는 연약한 존재이기에 하나님께 인생의 지혜를 구해야 합니다(6~11절). 연약한 인간은 하나님의 사랑과 은총을 구해야 하며, 하나님만이 인생의 허무함을 극복하고 복된 인생이 되게 하실 수 있습니다(12~17절).

이사야 35장 : 거룩한 길을 통해 들어가는 회복된 시온인 새 거처

- 광야와 메마른 땅이 기뻐하며 사막이 백합화 같이 피어 즐거워하며...(1~2)
- 그 때에 맹인의 눈이 밝을 것이며 못 듣는 사람의 귀가 열릴 것이며...(5~8)
- 여호와의 속량함을 받은 자들이 돌아오되 노래하며 시온에 이르러 그들의 머리 위에 영영한 희락을 띠고 기쁨과 즐거움을 얻으리니 슬픔과 탄식이 사라지리로다(10)

하나님이 이스라엘을 구속하는 날의 기쁨을 노래합니다. 생명이 살 수 없는 땅, 죽음이 지배하는 땅이 생명이 넘치는 기쁨의 땅으로 변하여 여호와의 영광과 아름다움을 선포하게 될 것입니다(1, 2절). 그의 구원이 선포되는 날 모든 원수를 물리치시고 이스라엘을 구원하실 것이며 그들은 영적으로, 육체적으로 온전히 회복될 것입니다(3~6절). 이제 이스라엘은 시온으로 돌아오게 됩니다(7~10절). 시온으로 돌아오는 길은 많은 위험이 도사리고 있지만, 하나님은 거룩한 길을 내셔서 그 길을 따라 무사히 돌아오게 하십니다.

요한계시록 5장 : 보좌에 앉으신 이와 어린 양이 함께 거하는 천상 거처

- 내가 보매 보좌에 앉으신 이의 오른손에 두루마리가 있으니 안팎으로 썼고 일곱 인으로 봉하였더라...(1~2)
- 장로 중의 한 사람이 내게 말하되 울지 말라 유대 지파의 사자 다윗의 뿌리가 이겼으니 그 두루마리와 그 일곱 인을 떼시리라 하더라...(5~7)
- 내가 또 보고 들으매 보좌와 생물들과 장로들을 둘러 선 많은 천사의 음성이 있으니 그 수가 만만이요 천천이라...(11~14)

계속해서 요한은 환상을 봅니다. 요한은 보좌에 앉으신 이의 오른손에 일곱 인으로 봉인된 두루마리를 보게 됩니다. 그러나 그 인을 떼서 두루마리를 펴거나 볼 자가 없어 울고 있는데, 장로 중의 한 사람이 유대 지파의 사자 다윗의 뿌리가 이겼으므로 그 일곱 인을 떼실 것이라며 위로합니다(1~5절). 다윗의 뿌리가 이겼다는 것은 예수 그리스도께서 죽음에서 부활하셨음을 의미하며, 일곱 인을 떼신다는 것은 부활하신 그리스도께서 재림과 심판과 영원한 하나님 나라에 대한 하나님의 구원의 경륜을 밝히 드러내신다는 의미입니다. 어린 양 예수 그리스도는 두루마리의 인봉을 떼시기에 합당하십니다. 어린 양 예수 그리스도는 죽임을 당하사 만인을 피로 사서 하나님께 드리시고 나라와 제사장으로 삼으셨습니다(9~14절). 죽임당하신 어린 양은 능력과 부와 지혜와 힘과 존귀와 영광과 찬송을 받으시기에 합당하십니다.

유다의 사자, 하나님의 어린 양이신 예수 그리스도가 이기셨습니다. 그의 승리가 곧 나의 승리입니다. 예수님으로 인하여 하나님의 백성, 하나님의 자녀가 되었으니 나의 구원의 날을 평생 노래하게 하옵소서. 하나님으로 인해 나는 허무한 인생이 아닌 의미 있는 인생이 되었습니다. 구원받은 이후 영광의 하나님 나라에 이르기까지 멈추지 않게 하옵소서.

본문 신명기 8장 | 시편 91편 | 이사야 36장 | 요한계시록 6장

주제 **마음** (감정이나 생각, 기억 따위가 깃들이거나 생겨나는 곳)

하나님은 성경을 통해 자신을 열어 보여주셨다. 특히 성품과 연관된 마음을 잘 보여주셨다. 사랑, 인자, 자비, 긍휼, 용서, 공의 등 하나님의 마음은 자기의 형상대로 지음받은 사람에게도 주어졌다.

신명기 8장 : 이스라엘이 좋은 땅을 차지하도록 인도하시는 사랑의 마음

- 내가 오늘 명하는 모든 명령을 너희는 지켜 행하라 그리하면 너희가 살고 번성하고 여호와께서 너희의 조상들에게 맹세하신 땅에 들어가서 그것을 차지하리라...(1~3)
- 네 하나님 여호와의 명령을 지켜 그의 길을 따라가며 그를 경외할지니라(6)
- 네가 먹을 것에 모자람이 없고 네게 아무 부족함이 없는 땅이며 그 땅의 돌은 철이요 산에서는 동을 캘 것이라...(9~14)
- 그러나 네가 마음에 이르기를 내 능력과 내 손의 힘으로 내가 이 재물을 얻었다 말할 것이라...(17~18)

약속의 땅에 들어간 이후에도 이스라엘은 하나님만을 의뢰해야 합니다. 약속의 땅을 차지하는 비결이자(1절), 약속의 땅에서의 부요한 삶의 비결은(7~10절) 광야에서의 보여주셨던 하나님의 신실함을 기억하는 것입니다(2~6절). 하나님을 잊지 말고, 이전의 은혜를 기억하라고 한 번 더 강조합니다(11~17절). 하나님을 잊어버리면 반드시 멸망하게 됩니다(18~20절).

시편 91편 : 주를 의뢰하는 자를 건지시고 높이시며 영화롭게 하시는 마음

- 지존자의 은밀한 곳에 거주하며 전능자의 그늘 아래에 사는 자여...(1~4)
- 천 명이 네 왼쪽에서, 만 명이 네 오른쪽에서 엎드러지나 이 재앙이 네게 가까이 하지 못하리로다(7)
- 그가 너를 위하여 그의 천사들을 명령하사 네 모든 길에서 너를 지키게 하심이라...(11~12)
- 하나님이 이르시되 그가 나를 사랑한즉 내가 그를 건지리라 그가 내 이름을 안즉 내가 그를 높이리라...(14~16)

큰 곤경에 빠졌거나 전쟁을 앞둔 것으로 보이는 공동체가 하나님께 신앙을 고백하고 구원과 보호를 의뢰합니다. 시인에게 하나님은 '피난처', '요새', '방패', '거처'입니다. 하나님의 구원과 보호는 하나님이 악인에 대하여 보응(심판)하시는 것까지 포함됩니다(8절). 또한 우리는 악인에 대한 하나님의 보응을 지켜보는 수준이 아닌 그들을 발로 밟으며, 누르는 데까지 나아갑니다(13절). "믿는 자들에게는 이런 표적이 따르리니 곧 그들이 내 이름으로 귀신을 쫓아내며 새 방언을 말하며"(막 16:17). 하나님은 우리를 건지시고 높이십니다.

이사야 36장 : 랍사게의 교만한 마음과 엘리아김, 셉나, 요아의 나약한 마음

- 히스기야 왕 십사년에 앗수르 왕 산헤립이 올라와서 유다의 모든 견고한 성을 쳐서 취하니라(1)
- 랍사게가 그들에게 이르되 이제 히스기야에게 말하라 대왕 앗수르 왕이 이같이 말씀하시기를 네가 믿는 바 그 믿는 것이 무엇이냐...(4~7)
- 이에 랍사게가 일어서서 유다 방언으로 크게 외쳐 이르되 너희는 대왕 앗수르 왕의 말씀을 들으라...(13~18)
- 그러나 그들이 잠잠하여 한 말도 대답하지 아니하였으니 이는 왕이 그들에게 명령하여 대답하지 말라 하였음이었더라(21)

36장~39장은 히스기야 왕과 관련된 이야기입니다. 36~37장은 앗수르 왕 산헤립에 의해 예루살렘이 포위된 절체절명의 위기와 하나님의 간섭에 의해 극적으로 구원받은 이야기입니다. 산헤립의 신하인 랍사게는 히스기야에게 항복을 권하며, 유다 백성들이 알아들을 수 있는 아람어로 위협적인 연설을 하면서 예루살렘 주민들을 선동합니다(1~12절). 특히 앗수르로부터 자기의 민족을 지킨 신이 없었다며 '여호와 하나님이 지켜 주시고 건져 주신다'는 왕의 말에 속지 말라고 말합니다(13~22절). 자신의 힘을 믿고 하나님을 조롱하던 앗수르는 훗날 유다보다 더 먼저 멸망합니다.

요한계시록 6장 : 마지막 때에 구원과 심판을 행한 대로 갚으시는 공의의 마음

- 내가 보매 어린 양이 일곱 인 중의 하나를 떼시는데 그 때에 내가 들으니 네 생물 중의 하나가 우렛소리 같이 말하되 오라 하기로...(1~17)

어린 양 예수 그리스도는 일곱 인을 떼기에 합당하십니다(계 5:4). 어린 양이 첫째 인을 떼니, 흰 말을 탄 자가 나타납니다(1, 2절). 그는 승리의 상징인 면류관을 받았습니다. 둘째 인을 떼니, 붉은 말을 탄 자가 나타나 땅에서 화평을 제합니다(3, 4절). 전쟁과 살육에 대한 예언으로 종말의 징조입니다. 셋째 인을 떼니, 검은 말을 탄 자가 손에 저울을 가지고 나아와 말을 합니다(5, 6절). 검은 말을 탄 자는 기근을 상징합니다. 하루 삯으로 옵니다. 넷째 인을 떼니, 사망으로 명명된 청황색 말을 탄 자가 나타납니다(7, 8절). 여기서 사망은 전염병을 의미하는 것으로 보입니다. 다섯째 인을 떼니, 순교자의 영혼이 보입니다(9~11절). 때가 이르면 하나님과 그리스도의 원수로 행한 악인들에 대해 공의의 심판을 행하실 것입니다. 여섯째 인을 떼니 우주적인 종말의 징조가 보입니다(12~17절). 악인에 대한 심판이 이루어지는 날은 그리스도 안에서 인내하며 고난과 죽임을 당했던 성도들이 궁극적으로 승리하는 날입니다.

하나님! 나에게 행하신 놀라운 일들을 잊지 않겠다고 다짐합니다. 나의 생이 다하는 날까지 구원의 하나님을 찬송하겠습니다. 내게 두려움을 주는 세상의 소리가 아닌 언약의 하나님이 들려주시는 말씀에 귀를 기울이게 하옵소서. 하나님이 나의 방패요 피난처 되심을 신뢰합니다.

본문 신명기 9장 | 시편 92-93편 | 이사야 37장 | 요한계시록 7장

주제 **기도** (祈禱, 인간이 하나님께 자신의 일거수일투족을 아뢰는 것)

기도는 성경의 가르침이다. 기도는 믿는 자의 생명선이다. 기도는 하나님과 교제하는 기적의 통로다. 예수 그리스도가 기도하셨고, 모세도 이사야도 순교자도 기도했다. 기도는 성도의 의무요 권리인 것이다.

신명기 9장 : 이스라엘을 위한 40주 40야의 속죄의 기도

- 이스라엘아 들으라 네가 오늘 요단을 건너 너보다 강대한 나라들로 들어가서...(1~2)
- 네 하나님 여호와께서 그들을 네 앞에서 쫓아내신 후에 네가 심중에 이르기를...(4~5)
- 그 때에 내가 돌판들 곧 여호와께서 너희와 세우신 언약의 돌판들을 받으려고 산에...(9~10)
- 내게 이르시되 일어나 여기서 속히 내려가라 네가 애굽에서 인도하여 낸 네 백성이...(12~13)
- 내가 본즉 너희가 너희의 하나님 여호와께 범죄하여 자기를 위하여 송아지를 부어...(16~19)
- 너희의 죄 곧 너희가 만든 송아지를 가져다가 불살라 찧고 티끌 같이 가늘게 갈아 그 가루를 산에서 흘러내리는 시내에 뿌렸느니라(21)
- 내가 너희를 알던 날부터 너희가 항상 여호와를 거역하여 왔느니라...(24~27)

하나님은 항상 앞서서 행하시는 분이시니, 두려워할 필요가 없습니다(1~3절). 이스라엘이 가나안 땅에 들어갈 수 있는 것은 하나님이 그들의 조상들과 하신 약속을 이루셨기 때문입니다(4, 5절). 이스라엘 백성 역시 하나님에 대하여 신실해야 합니다. 모세는 이스라엘이 신실하지 못했던 과거의 사건 중 이스라엘이 금송아지 우상을 만들어 섬겼던 일을 언급합니다(9~29절). 이때 모세는 하나님의 진노를 막기 위해 필사적으로 기도합니다(19절). 우리에게 하나님의 진노가 임하는 것을 막아선 이가 있으니 바로 예수 그리스도입니다.

시편 92-93편 : 안식일에 성도가 부르는 곡조 있는 기도

- 지존자여 십현금과 비파와 수금으로 여호와께 감사하며 주의 이름을 찬양하고...(92:1~5)
- 악인들은 풀 같이 자라고 악을 행하는 자들은 다 흥왕할지라도 영원히 멸망하리이다(92:7)
- 여호와여 주의 원수들은 패망하리이다 정녕 주의 원수들은 패망하리니 죄악을 행하는 자들은 다 흩어지리이다(92:9)
- 의인은 종려나무 같이 번성하며 레바논의 백향목 같이 성장하리로다...(92:12~15)
- 여호와께서 다스리시니 스스로 권위를 입으셨도다 여호와께서 능력의 옷을 입으시며...(93:1~2)
- 높이 계신 여호와의 능력은 많은 물 소리와 바다의 큰 파도보다 크니이다...(93:4~5)

(92편) 92편의 표제어는 "안식일의 찬송시"입니다. 안식일마다 회당에서 낭송되었던 시입니다. 지존자 되시는 여호와를 찬양하리라는 다짐(1~3절), 여호와의 위대하심과 악인의 운명(4~9절), 의인을 높이시는 여호와(10~15절) 등 세 부분으로 나누어집니다.

(93편) 92편과 마찬가지로 안식일에 불렸던 찬송시입니다. 온 세상을 다스리시는 최고의 통치자이신 하나님은(1절) 하나님과 하나님의 백성을 대적하는 세력들을 깨뜨리십니다(2~5절). 그의 왕권은 영원합니다.

이사야 37장 : 산헤립과 랍사게의 교만을 상대하는 기도

- 히스기야 왕이 듣고 자기의 옷을 찢고 굵은 베 옷을 입고 여호와의 전으로 갔고...(1~4)
- 이사야가 그들에게 이르되 너희는 너희 주에게 이렇게 말하라 여호와께서 이같이...(6~7)
- 히스기야가 그 사자들의 손에서 글을 받아 보고 여호와의 전에 올라가서 그 글을...(14~17)
- 우리 하나님 여호와여 이제 우리를 그의 손에서 구원하사 천하 만국이 주만이...(20~21)
- 네가 훼방하며 능욕한 것은 누구에게냐 네가 소리를 높이며 눈을 높이 들어 향한...(23~26)
- 네가 나를 거슬러 분노함과 네 오만함이 내 귀에 들렸으므로 내가 갈고리로 네 코를...(29~33)
- 대저 내가 나를 위하며 내 종 다윗을 위하여 이 성을 보호하며 구원하리라...(35~36)

앗수르의 침략을 받은 히스기야는 참회하며 하나님을 찾습니다(1~4절). 하나님은 이사야를 통해 구원을 약속하십니다(5~7절). 앗수르는 항복을 종용하며 두 번째 위협을 가해 옵니다(8~13절). 히스기야는 하나님의 개입을 요청하는 기도를 올립니다(14~20절). 하나님은 산헤립에 대한 심판과 예루살렘에 대한 구원 요청에 대해 응답하십니다(21~38절).

요한계시록 7장 : 큰 환난에서 나온 흰옷 입은 자들의 찬양과 기도

- 이 일 후에 내가 네 천사가 땅 네 모퉁이에 선 것을 보니 땅의 사방의 바람을 붙잡아 바람으로 하여금 땅에나 바다에나 각종 나무에 불지 못하게 하더라(1)
- 이르되 우리가 우리 하나님의 종들의 이마에 인치기까지 땅이나 바다나 나무들을...(3~4)
- 이 일 후에 내가 보니 각 나라와 족속과 백성과 방언에서 아무도 능히 셀 수 없는 큰 무리가 나와 흰 옷을 입고 손에 종려 가지를 들고 보좌 앞과 어린 양 앞에 서서...(9~17)

7장은 여섯 번째 봉인을 뗀 이후 일곱 번째 봉인을 떼기 전에 요한이 본 환상입니다. 하나님의 인을 가지고 온 천사는 다른 네 천사에게 '하나님의 종들의 이마에 인 치기까지 잠시 동안 재앙을 기다리라'고 말합니다. 하나님의 인침을 받는 것은 하나님의 보호와 구원을 상징합니다. 요한은 인침을 받은 자의 수가 십사만사천이라고 증언합니다. 십사만사천은 문자 그대로가 아니라 성령의 인침을 받은 모든 그리스도인을 의미합니다. 요한은 셀 수 없이 많은 흰옷 입은 큰 무리를 보게 됩니다. 흰옷 입은 무리들은 "어린 양의 피에 그 옷을 씻어 희게 한 자"입니다(14절). 어린 양이 친히 그들의 목자가 되셔서 생명수 샘으로 인도하시고, 하나님이 모든 눈물을 씻겨 주십니다(17절).

나를 대신하여 십자가에서 하나님의 진노의 잔을 마신 예수님으로 인해 본래 심판의 대상이었던 나는 구원의 대상으로 바뀌었습니다. 영원한 안식을 주신 주를 찬송합니다. 구원의 날이 이르기까지 성령으로 인침 받은 자가 되었으니 인생 끝까지 신앙을 잘 지켜 나가게 하옵소서.

본문 신명기 10장 | 시편 94편 | 이사야 38장 | 요한계시록 8장
주제 **소외** (疏外, 혐오나 무관심 등으로 주위에서 꺼리며 따돌림)

하나님은 모두를 사랑하신다. 죄인도 사랑하신다. 하지만 죄인이 회개의 길을 열어 놓았음에도 돌아오지 않을 때는 심판의 매를 드신다. 반면 인간은 모두를 사랑하지 않는다. 많은 경우 자신에게 이익이 되는 자만을 사랑한다. 가난하고 힘없는 많은 사람을 무시하며 소외시킨다.

신명기 10장 - 소외된 고아와 과부를 위해 정의를 행하시는 하나님

- 그 때에 여호와께서 내게 이르시기를 너는 처음과 같은 두 돌판을 다듬어 가지고...(1~4)
- 그 때에 여호와께서 레위 지파를 구별하여 여호와의 언약 궤를 메게 하며 여호와 앞에...(8~10)
- 이스라엘아 네 하나님 여호와께서 네게 요구하시는 것이 무엇이냐 곧 네 하나님...(12~13)
- 그러므로 너희는 마음에 할례를 행하고 다시는 목을 곧게 하지 말라...(16~19)
- 애굽에 내려간 네 조상들이 겨우 칠십 인이었으나 이제는 네 하나님 여호와께서 너를 하늘의 별 같이 많게 하셨느니라(22)

이스라엘이 금송아지를 만들어 섬기는 것을 본 모세가 십계명 돌판을 던져 깨뜨렸기 때문에, 모세는 하나님의 명으로 돌판을 만들어 다시 시내산에 올라갑니다. 하나님은 그 돌판에 십계명을 새겨 주십니다(3~5절). 이는 우상숭배로 인해 깨어진 언약이 다시 회복되었음을 보여줍니다. 아론이 죽고, 하나님은 레위지파를 특별하게 구별하여 세우십니다. 하나님이 진정 원하시는 것은 하나님을 사랑하며 경외하는 것이며, 우리의 행복을 위하여 주신 그의 명령과 규례를 지키는 것입니다(12, 13절).

시편 94편 : 소외된 과부와 고아들을 위해 복수하시는 하나님

- 여호와여 복수하시는 하나님이여 복수하시는 하나님이여 빛을 비추어 주소서...(1~3)
- 과부와 나그네를 죽이며 고아들을 살해하며...(6~7)
- 뭇 백성을 징벌하시는 이 곧 지식으로 사람을 교훈하시는 이가 징벌하지 아니하시랴...(10~14)
- 여호와께서 내게 도움이 되지 아니하셨더면 내 영혼이 벌써 침묵 속에 잠겼으리로다...(17~19)

탄원시입니다. 억울함과 절박함이 어우러져 시인은 "복수의 하나님"을 부릅니다(1, 2절). 악한 사람들이 승리의 노래를 부르는 고통스런 현실에서 기도자와 공동체는 하나님께 탄원을 하게 되고, 백성들을 향해 호소합니다(3~11절). 하나님은 악인들에 대한 심판을 예비하시며, 악인으로부터 고통당하는 경건한 자들에게 평안을 주십니다(13절). 고난의 현실 속에서 기도하는 시인에게 지나온 시간 속에서의 하나님의 신실함과 지금은 흥왕하는 듯 보이는 악인의 유한함이 보이기 시작합니다. 그는 하나님에 대한 신뢰를 선포합니다(21~23절).

이사야 38장 : 병으로 죽게 되어 소외당한 왕을 구원하신 하나님

- 그 때에 히스기야가 병들어 죽게 되니 아모스의 아들 선지자 이사야가 나아가 그에게...(1~3)

- 너는 가서 히스기야에게 이르기를 네 조상 다윗의 하나님 여호와께서 이같이...(5~6)
- 보라 아하스의 해시계에 나아갔던 해 그림자를 뒤로 십 도를 물러가게 하리라 하셨다 하라 하시더니 이에 해시계에 나아갔던 해의 그림자가 십 도를 물러가니라(8)
- 나의 거처는 목자의 장막을 걷음 같이 나를 떠나 옮겨졌고 직공이 베를 걷어 말음 같이...(12~14)
- 보옵소서 내게 큰 고통을 더하신 것은 내게 평안을 주려 하심이라 주께서 내 영혼을 사랑하사 멸망의 구덩이에서 건지셨고 내 모든 죄를 주의 등 뒤에 던지셨나이다(17)
- 오직 산 자 곧 산 자는 오늘 내가 하는 것과 같이 주께 감사하며 주의 신실을 아버지가...(19~21)

회복할 수 없는 질병에 걸린 히스기야는 지금까지 자신의 성실하고 선했던 삶에 대하여 인정해 달라는 간구로 치유를 위한 기도를 하였고, 하나님은 특별한 은총을 내려주셔서 그의 생명을 연장해주십니다. 그는 질병의 치유와 함께, 앗수르의 침략에 대한 예루살렘의 구원도 약속받게 됩니다. 히스기야는 감사의 기도를 드립니다(9~20절). 제사장으로부터 완치판정을 받아야 성전에 들어갈 수 있는 히스기야는 치유 약속에 대한 징조를 구합니다(21, 22절).

요한계시록 8장 : 소외당한 성도의 기도로 땅을 심판하시는 하나님

- 일곱째 인을 떼실 때에 하늘이 반 시간쯤 고요하더니...(1~5)
- 첫째 천사가 나팔을 부니 피 섞인 우박과 불이 나와서 땅에 쏟아지매 땅의 삼분의 일이 타 버리고 수목의 삼분의 일도 타 버리고 각종 푸른 풀도 타 버렸더라...(7~12)

어린 양이 일곱 인을 떼자 하늘이 고요해졌습니다. 태풍 속에 고요와 같습니다. 아무 일도 안 일어나는 것 같지만, 일곱 나팔 재앙이 이내 시작됩니다. 일곱 나팔 재앙은 하나님께 드려진 성도의 기도에 대한 응답이기도 합니다(3~5절). 기도의 내용은 성도들이 자신을 박해한 악한 세력에 대한 하나님의 공의로운 심판의 요청입니다("우리 피를 갚아 주지 아니하시기를 어느 때까지 하시려 하나이까", 6:10). 첫째 나팔 소리와 함께 우박과 불이 쏟아져 땅의 삼분의 일이 타 버렸고, 둘째 나팔소리와 함께 바다의 삼분의 일이 피로 변하고, 바다 생물의 삼분의 일이 죽었습니다. 셋째 나팔 소리에 쓴 쑥이라는 이름의 큰 별이 강과 여러 샘에 떨어져 많은 사람이 죽게 되었고, 넷째 나팔 소리에 해와 달과 별들의 삼분의 일이 어두워졌습니다. 생명의 유지를 위해 필요한 것들이 손상을 입게 된 것입니다. 점차 파괴되어 가는 세상을 보며 우리는 마지막 때가 오고 있음을 깨달아야 합니다.

인간이 깨뜨린 언약을 다시 회복하시는 하나님을 봅니다. 히스기야나 시편 기자처럼 고통스런 현실 속에서도 하나님의 신실함을 보게 하시고, 하나님을 신뢰하게 하옵소서. 마지막 때에 오고 있는 징조들이 내 눈에 보이게 하시고, 이때를 살아가는 지혜가 있게 하옵소서.

본문 신명기 11장 | 시 95-96편 | 이사야 39장 | 요한계시록 9장

주제 행함 (하나님께서 말씀하신 것을 온전히 따름)

하나님은 모든 만물의 창조주이시며 구원자이시다. 따라서 주관자요 통치자이시다. 그러므로 모든 피조물, 특히 그를 믿고 따르는 자들은 하나님이 주신 모든 말씀을 철저히 경청하고 행하여야 한다.

신명기 11장 : 하나님이 주신 책무, 법도, 규례, 명령을 행함

- 그런즉 네 하나님 여호와를 사랑하여 그가 주신 책무와 법도와 규례와 명령을 항상 지키라...(1~3)
- 너희가 여호와께서 행하신 이 모든 큰 일을 너희의 눈으로 보았느니라(7)
- 너희가 건너가서 차지할 땅은 산과 골짜기가 있어서 하늘에서 내리는 비를 흡수하는 땅이요...(11~17)
- 여호와께서 그 모든 나라 백성을 너희 앞에서 다 쫓아내실 것이라 너희가 너희보다 강대한 나라들을 차지할 것인즉(23)
- 너희의 하나님 여호와께서 너희에게 말씀하신 대로 너희가 밟는 모든 땅 사람들에게 너희를 두려워하고 무서워하게 하시리니 너희를 능히 당할 사람이 없으리라...(25~29)

이스라엘 백성들은 하나님이 그들을 위해 행하신 과거의 역사를 반드시 기억해야 하며(1~7절), 약속의 땅에서 그들을 신실하게 인도하실 하나님을 신뢰해야 합니다(8~12절). 십계명의 제1계명처럼 하나님 외 다른 신을 섬기지 말아야 하며(13~17절), 하나님만을 섬기기 위해 늘 그의 말씀을 가까이해야 합니다(18~21절). 말씀으로 내 삶을 붙들어 매지 않으면 유혹을 이길 수 없습니다. 그들의 번영도 군대의 힘이나 경제력, 외교에 있는 것이 아니라 하나님의 말씀을 사랑하고 지키는 것에 있으며(22~25절), 그들 앞에 복과 저주의 길이 함께 놓여 있습니다(26~32절).

시편 95-96편 : 크신 하나님께 노래하며 경배함을 힘써 행함

- 오라 우리가 여호와께 노래하며 우리의 구원의 반석을 향하여 즐거이 외치자...(95:1~3절)
- 오라 우리가 굽혀 경배하며 우리를 지으신 여호와 앞에 무릎을 꿇자...(95:6~9)
- 새 노래로 여호와께 노래하라 온 땅이여 여호와께 노래할지어다...(96:1~2)
- 여호와는 위대하시니 지극히 찬양할 것이요 모든 신들보다 경외할 것임이여(96:4)
- 존귀와 위엄이 그의 앞에 있으며 능력과 아름다움이 그의 성소에 있도다...(96:6~10)
- 그가 임하시되 땅을 심판하러 임하실 것임이라 그가 의로 세계를 심판하시며 그의 진실하심으로 백성을 심판하시리로다(96:13)

(95편) 우리는 하나님을 찬양하고, 그의 음성에 순종하며 살아야 합니다. 우리가 하나님을 찬양해야 하는 이유는 그가 우리의 창조주이시며(1~4절), 목자가 되시고(5~7절), 우리

에게 안식을 주시는 분이기 때문입니다(8~11절).

(96편) 여호와 하나님은 창조주이시며, 세상의 왕이시며 다스리시는 분입니다. 창조주 하나님을 보는 눈, 세상을 통치하시는 하나님을 보는 눈, 그리고 심판하시는 하나님을 보는 눈을 가지고 부르는 노래, 세상의 노래와는 분명히 다른 노래, 바로 이 노래가 새 노래입니다. 우리는 새 노래로 여호와를 찬양합니다.

이사야 39장 : 은혜를 잊고 교만한 왕에게 심판 예언을 행함

- 그 때에 발라단의 아들 바벨론 왕 므로닥발라단이 히스기야가 병 들었다가 나았다 함을 듣고 히스기야에게 글과 예물을 보낸지라...(1~8)

페르시아를 멸망시킨 바벨론이 유다를 동등한 동맹국으로 인정해 준 것에 크게 고무된 히스기야는 바벨론 사신에게 자신이 가진 것들을 자랑하게 되고, 때가 되면 유다의 사람들과 기물들이 바벨론으로 옮겨지게 될 것이라는 심판의 메시지를 듣게 됩니다. 심판의 선언에 대해 히스기야는 자신의 과오를 인정하고, 하나님의 심판 선언을 수용합니다.

요한계시록 9장 : 주의 명령을 받은 천사들이 땅에 재앙을 행함

- 다섯째 천사가 나팔을 불매 내가 보니 하늘에서 땅에 떨어진 별 하나가 있는데 그가 무저갱의 열쇠를 받았더라...(1~5)
- 황충들의 모양은 전쟁을 위하여 준비한 말들 같고 그 머리에 금 같은 관 비슷한 것을 썼으며 그 얼굴은 사람의 얼굴 같고...(7~11)
- 여섯째 천사가 나팔을 불매 내가 들으니 하나님 앞 금 제단 네 뿔에서 한 음성이 나서...(13~18)
- 이 재앙에 죽지 않고 남은 사람들은 손으로 행한 일을 회개하지 아니하고 오히려 여러 귀신과 또는 보거나 듣거나 다니거나 하지 못하는 금, 은, 동과 목석의 우상에게 절하고 ...(20~21).

다섯째 나팔이 울리자 천사(별 하나)가 무저갱의 열쇠를 받습니다. 천사가 무저갱을 열자 황충이 올라옵니다. 황충이 정확히 무엇인지를 알 수 없으나 악한 세력임에는 분명한데, 특별히 하나님의 인을 받은 사람은 해할 수 없습니다(4절). 마지막 심판은 죽음으로 끝낼 수도 없습니다. 죽기를 구하여도 죽을 수 없습니다(6절). 여섯째 나팔 소리와 함께 네 천사(악한 영)가 풀립니다. 그들로 인해 1/3의 사람이 죽게 됩니다. 사람들은 재앙의 공포 앞에 놓이게 되었는데(15~19절), 그럼에도 불구하고 회개를 거부합니다(20, 21절). 회개하지 않는 것은 하나님과 대항해 싸우는 것입니다.

주님! 복과 저주의 길이 내 앞에 놓여 있습니다. 복된 길을 가게 하옵소서. 교만하지 않게 하시고, 세상과 역사에 대한 바른 눈을 갖게 하셔서 새 노래로 하나님을 찬양하게 하옵소서. 성령님! 회개할 줄 모르는 심령이 굳어진 자가 되지 않도록 부드러운 마음을 주시옵소서.

본문 신명기 12장 | 시편 97-98편 | 이사야 40장 | 요한계시록 10장

주제 **예배** (禮拜, 거룩하신 하나님께 존경과 숭배를 나타내는 의식과 행동)

오직 예배의 대상은 전능하고 거룩하신 하나님이시다. 하나님 아버지를 예배하는 데는 장소와 내용과 방법이 매우 중요하다. 성전에서 의식을 진행하는 예배와 세상에서 사명을 감당하는 예배가 있다.

신명기 12장 : 자기 이름을 두시려고 택하신 곳에서 예배

- 너희가 쫓아낼 민족들이 그들의 신들을 섬기는 곳은 높은 산이든지 작은 산이든지...(2~8)
- 너희는 너희의 하나님 여호와께서 자기 이름을 두시려고 택하실 그 곳으로 내가...(11~12)
- 너는 삼가 네 땅에 거주하는 동안에 레위인을 저버리지 말지니라(19)
- 다만 크게 삼가서 그 피는 먹지 말라 피는 그 생명인즉 네가 그 생명을 고기와 함께...(23)
- 너는 피를 먹지 말라 네가 이같이 여호와께서 의롭게 여기시는 일을 행하면 너와 네 후손이 복을 누리리라(25)
- 내가 네게 명령하는 이 모든 말을 너는 듣고 지키라 네 하나님 여호와의 목전에 선과 의를 행하면 너와 네 후손에게 영구히 복이 있으리라(28)
- 너는 스스로 삼가 네 앞에서 멸망한 그들의 자취를 밟아 올무에 걸리지 말라...(30~32)

하나님은 가나안의 우상을 제거하고, 택하신 장소에서 제사를 드리라고 말씀하십니다(1~19절). 하나님께 드릴 예물을 가지고 정해진 정소로 가서 자녀, 종들, 레위인과 함께 즐거이 드려야 합니다. 일반 고기 및 제물을 먹는 행위에 대한 규정을 지켜야 합니다(20~28절). 정해진 곳에서 먹어야 하며, 피를 먹는 것은 금지되어 있습니다. 무엇보다 하나님을 경외하는 삶에 있어서 우상에 대해 더욱 경계해야 합니다(29~32절).

시편 97-98편 : 여호와의 다스림의 심판, 거룩한 이름을 예배

여호와께서 다스리시나니 땅은 즐거워하며 허다한 섬은 기뻐할지어다...(97:1~2)
하늘이 그의 의를 선포하니 모든 백성이 그의 영광을 보았도다...(97:6~7)
여호와여 주는 온 땅 위에 지존하시고 모든 신들보다 위에 계시니이다...(97:9~10)
의인이여 너희는 여호와로 말미암아 기뻐하며 그의 거룩한 이름에 감사할지어다(97:12)
새 노래로 여호와께 찬송하라 그는 기이한 일을 행하사 ... 구원을 베푸셨음이로다(98:1)
온 땅이여 여호와께 즐거이 소리칠지어다 소리 내어 즐겁게 노래하며 찬송할지어다...(98:4~7)
그가 땅을 심판하러 임하실 것임이로다 그가 의로 세계를 판단하시며...(98:9)

(97편) 태초부터 영원까지 다스리시는 하나님은 진정한 왕, 통치자입니다. 왕이신 하나님을 높이는 제의를 배경으로 하고 있습니다. 왕이신 하나님은(1절) 당신이 창조하신 세계를 다스리시며(2~6절), 그의 통치는 영원할 것입니다(8~12절). 반면 우상 숭배자들은 수치와 심판을 받을 것입니다(7, 8절).
(98편) 98편도 하나님의 통치를 찬양하는 제왕시입니다. 언약에 신실하신 하나님(1~3절)

을 지음받은 모든 피조물이 찬양합니다(4~9절). 하나님을 찬양하고 즐거워하는 것이 우리의 본분입니다.

이사야 40장 : 영원하시고 위대하신 여호와를 앙망하는 예배

너희의 하나님이 이르시되 너희는 위로하라 내 백성을 위로하라...(1~5)
풀은 마르고 꽃은 시드나 우리 하나님의 말씀은 영원히 서리라 하라...(8~10)
누가 여호와의 영을 지도하였으며 그의 모사가 되어 그를 가르쳤으랴...(13~15)
그런즉 너희가 하나님을 누구와 같다 하겠으며 무슨 형상을 그에게 비기겠느냐(18)
그는 땅 위 궁창에 앉으시나니 땅에 사는 사람들은 메뚜기 같으니라 그가 하늘을...(22~24)
너희는 눈을 높이 들어 누가 이 모든 것을 창조하였나 보라 ... 하나도 빠짐이 없느니라(26)
너는 알지 못하였느냐 듣지 못하였느냐 영원하신 하나님 여호와, 땅 끝까지 창조하신...(28~31)

바벨론 포로로 있는 이스라엘 백성에게 위로의 메시지가 선포됩니다(1, 2절). 고통의 시간이 지나고 구속의 때가 다가왔습니다. 하나님이 그들의 구원을 위해 오실 것입니다(3~5절). 모든 것은 소멸하지만 하나님의 말씀(약속)은 영원합니다(6~8절). 잠잠하셨던 하나님이 강한 자로 임하실 것입니다(9~11절). 하나님은 전능하시며 완전하셔서 부족함이 없으십니다(12~14절). 열방은 하나님 앞에 지극히 작은 존재, 한 방울의 물과 같습니다(15~17절). 하나님은 만들어진 신이 아니기에 형상화해서는 안 됩니다(18~20절). 창조주요 절대 주권자이신 하나님은(21~26절) 이스라엘을 다시 일으키시며, 새 힘의 근원이 되십니다(27~31절).

요한계시록 10장 : 작은 두루마리를 가진 힘센 천사의 순종하는 예배

내가 또 보니 힘센 다른 천사가 구름을 입고 하늘에서 내려오는데 그 머리 위에 무지개가 있고 그 얼굴은 해 같고 그 발은 불기둥 같으며...(1~2)
내가 본 바 바다와 땅을 밟고 서 있는 천사가 하늘을 향하여 오른손을 들고...(5~11)

일곱째 나팔이 울리기 전에 한 천사가 등장합니다(1~4절). 천사의 외침에 일곱 우레가 화답하는 것은 하나님의 뜻이 온 땅에 선포되고 있음을 의미하는데, 그 말씀을 기록할 수 없습니다. 일곱째 천사가 나팔을 불 때 하나님의 비밀이 이루어질 것이라고 선포합니다(7절). 하나님의 비밀은 복음입니다. 복음은 태초부터 감추어져 있다가 예수 그리스도로 인하여 드러난 신비입니다. 하나님은 요한에게 천사가 가지고 있던 두루마리를 가지라고 말씀하시고, 천사는 입에는 다나 배에는 쓸 것이라는 말과 함께 그것을 먹으라고 합니다. 말씀을 믿고 사는 삶은 때론 쓰기도 합니다. 그러나 쓴맛을 감내하였을 때 영혼을 살리는 말씀의 능력을 경험하게 됩니다.

태초부터 영원까지 다스리시는 하나님! 나는 하나님의 통치를 기뻐하며 즐거워합니다. 내 마음이 하나님을 떠나 우상에게로 향하지 않게 하옵소서. 태초부터 감추어졌던 복음의 단맛을 알게 하셨으니 복음으로 인한 쓴맛도 삼키게 하옵소서.

본문 신명기 13-14장 | 시편 99-101편 | 이사야 41장 | 요한계시록 11장
주제 **유일** (有一, 오직 한 분이신 하나님)

여호와 하나님 아버지는 유일하신 참 신이시다. 그러므로 어떤 우상도 용납할 수 없고 오직 찬양을 받으시기에 합당하신 통치자이시다. 우리는 그의 독생자 예수 그리스도를 통해 그 앞에 나가 예배할 수 있다.

신명기 13-14장 : 거짓된 우상을 용납지 않는 유일하신 진리의 하나님

- 너희 중에 선지자나 꿈 꾸는 자가 일어나서 이적과 기사를 네게 보이고...(13:1~3)
- 너는 그를 따르지 말며 듣지 말며 긍휼히 여기지 말며 애석히 여기지 말며...(13:8~9)
- 너희 가운데서 어떤 불량배가 일어나서 그 성읍 주민을 유혹하여 이르기를...(13:13~16)
- 너희는 너희 하나님 여호와의 자녀이니 죽은 자를 위하여 자기 몸을 베지 말며...(14:1)
- 너는 가증한 것은 무엇이든지 먹지 말라(14:3)
- 너희는 너희의 하나님 여호와의 성민이라 스스로 죽은 모든 것은 먹지 말 것이나...(14:21~28)

(13장) 이적과 기사를 보인다고 다 참 선지자는 아닙니다(1~5절). 하나님 외에 다른 신을 섬기는 행위를 유도하는 거짓 선지자는 단호하게 제거하여 악을 제하라고 하십니다. 거짓 선지자뿐 아니라 하나님을 떠나게 만드는 사람-심지어 가족이라도-에게서 단호하게 돌아서야 합니다(6~11절). 성 전체가 우상을 섬기고 있을 때에는 진멸해야 합니다(12~18절). 하나님의 백성은 제1계명의 파괴나 하나님과 맺은 언약의 파괴에 대하여 철저하게 대응해야 합니다. 그러나 우상을 조금씩 허용함으로 인해, 결과적으로 하나님을 잃어버리게 되는 역사를 그들은 반복합니다.
(14장) 이스라엘은 이방의 가증한 관습(죽은 자의 몸을 베거나 두 눈 사이를 미는 행위)을 따라서는 안 됩니다(1, 2절). 거룩한 백성인 이스라엘은 음식에 있어서도 구별해서 섭취해야 합니다(3~21절). 이스라엘 백성은 매년 십일조를 드리며, 3년에 한 번 그 해의 소산으로 추가로 십일조를 더 드립니다. 이는 가난한 레위인과 나그네, 고아와 과부들을 돌보기 위함입니다(22~29절).

시편 99~101편 : 찬송을 받으시기에 합당한 유일하신 거룩의 하나님

- 시온에 계시는 여호와는 위대하시고 모든 민족보다 높으시도다...(99:2~3)
- 너희는 여호와 우리 하나님을 높여 그의 발등상 앞에서 경배할지어다...(99:5~7)
- 내가 인자와 정의를 노래하겠나이다 여호와여 내가 주께 찬양하리이다...(101:1~3)
- 내 눈이 이 땅의 충성된 자를 살펴 나와 함께 살게 하리니 완전한 길에 행하는 자가...(101:6~7)

(99편) 제왕시에 속하지만 99편은 특별히 하나님의 거룩하심을 강조합니다(3, 5, 9절). 하나님은 정의와 공의로 통치하시며(1~5절) 언약에 신실하십니다(6~9절). 하나님은 중보자(사무엘)의 기도를 들으시고, 언약을 기억하사 은혜를 베풀어 주십니다.
(100편) 감사시입니다. 모든 피조물들은 자신을 존재하게 하신 창조주 하나님께 감사하

며 기쁨으로 찬양해야 합니다(1, 2절). 그의 인자와 성실하심을 영원토록 찬양해야 합니다(3~5절).

(101편) 다윗은 하나님의 인자와 정의를 찬양합니다(1, 2절). 그는 죄에 대하여 단호하게 거절할 것을 다짐합니다(2~4절). 믿음의 동지를 찾으며, 거짓을 행하는 자와 함께 하기를 거절합니다(5~8절).

이사야 41장 : 모든 신들 위에 뛰어나신 유일하신 창조주 하나님

- 섬들아 내 앞에 잠잠하라 민족들아 힘을 새롭게 하라 가까이 나아오라...(1~4)
- 그러나 나의 종 너 이스라엘아 내가 택한 야곱아 나의 벗 아브라함의 자손아...(8~10)
- 이는 나 여호와 너의 하나님이 네 오른손을 붙들고 네게 이르기를 두려워하지 말라...(13~15)
- 무리가 보고 여호와의 손이 지으신 바요 이스라엘의 거룩한 이가 이것을 창조하신...(20~24)
- 보라 그들은 다 헛되며 그들의 행사는 허무하며 그들이 부어 만든 우상들은 바람이요...(29)

하나님은 당신의 계획을 이루기 위해 동방의 한 통치자를 일으키십니다(1~4절). 하나님은 이방나라 왕을 당신의 계획을 위해 부르셔서 일하게 하십니다. 온 세상의 주권이 하나님께 있습니다. 언약에 성실하신 하나님이 계시기에 이스라엘은 두려워할 필요가 없습니다(5~13절). 하나님은 언약 안에서 당신의 백성과 함께 하시며 보호하십니다. 하나님은 버러지 같은 이스라엘을 사랑하십니다(14~16절). 원수를 제압하시고, 이스라엘의 구속자가 되어 주십니다. 이는 훗날 십자가에서 사망 권세를 깨뜨리시고, 우리를 구원하시는 것으로 최종 완성됩니다. 죽음의 상태에 놓여 있는 당신의 백성에게 생명을 공급하셔서 다시 살리십니다(17~20절). 생명을 줄 수 없는 우상의 거짓을 폭로하시고(21~24절), 고레스를 통해 당신의 뜻을 이루실 것을 말씀하시며, 당신만이 역사의 주관자이심을 선포하십니다(25~29절).

요한계시록 11장 : 온 세상과 천국의 주시요 유일하신 통치자 하나님

또 내게 지팡이 같은 갈대를 주며 말하기를 일어나서 하나님의 성전과 제단과...(1~5)
그들이 그 증언을 마칠 때에 무저갱으로부터 올라오는 짐승이 그들과 더불어 전쟁을...(7~13)
일곱째 천사가 나팔을 불매 하늘에 큰 음성들이 나서 이르되 세상 나라가 우리 주와...(15~18)

일곱 나팔이 울리기 전(10:1~11:14) 교회가 사명을 감당하는 모습을 보여줍니다. 교회 공동체는 고난당하면서도 담대히 하나님의 나라를 선포하는 곳입니다. 고난은 결코 영원하지 않습니다. 하나님은 고난 속에서도 복음이 승리하는 권능을 주십니다. 예수님의 뒤를 따르는 교회와 성도는 핍박을 받게 마련입니다(7~10절). 세상은 복음의 진리를 싫어하기 때문입니다. 그러나 교회는 주님과 함께 영광을 받게 될 것입니다(11~14절). 일곱 번째 나팔이 울리자 마침내 하나님의 통치가 온전히 실현됩니다(15~19절). 이날은 심판의 날이면서, 상을 주시는 날입니다.

역사의 주권자 되시는 구원의 하나님! 생명은 오직 하나님께로부터 옴을 고백합니다. 생명 주신 하나님을 떠나지 않게 하시고, 다른 것을 찾지 않게 하옵소서. 날마다 그 인자하심과 진실하심, 성실하심을 찬양합니다. 복음의 진리를 굳게 붙들고 살아가게 하시고, 복음을 위하여 살아가게 하셔서 마지막 날 주님께로부터 상 받게 하옵소서.

본문 신명기 15장 | 시편 102편 | 이사야 42장 | 요한계시록 12장

주제 **긍휼** (矜恤, 불쌍하고 가엾게 여겨서 도와줌)

하나님은 모든 영혼을 사랑하시되 특히 죄인과 소외된 자를 긍휼히 여기신다. 채무가 있는 사람, 약하여 고난에 처한 사람, 포로로 잡혀가고 맹인 된 사람, 복음을 위해 핍박을 받는 사람을 불쌍히 여기신다.

신명기 15장 : 면제와 자유를 허락하시는 하나님의 긍휼

- 매 칠 년 끝에는 면제하라...(1~2)
- 네가 만일 네 하나님 여호와의 말씀만 듣고 내가 오늘 네게 내리는 그 명령을...(4-5)
- 네 하나님 여호와께서 네게 주신 땅 어느 성읍에서든지 가난한 형제가 너와 함께고 ...(7~9)
- 땅에는 언제든지 가난한 자가 그치지 아니하겠으므로 내가 네게 명령하여...(11)
- 네 동족 히브리 남자나 히브리 여자가 네게 팔렸다 하자 만일 여섯 해 동안 너를...(12~14)
- 종이 만일 너와 네 집을 사랑하므로 너와 동거하기를 좋게 여겨 네게 향하여 내가...(16~17)
- 네 소와 양의 처음 난 수컷은 구별하여 네 하나님 여호와께 드릴 것이니 네 소의...(19~21)

이웃을 배려하기 위한 7년 면제년 제도가 있습니다(동족에게 적용, 1~6절). 제7년은 여호와의 면제년으로 빚을 탕감해 줍니다. 이웃을 형제로 대하라는 의미입니다. 가난한 이웃에 대해 책임을 져야 합니다(7~11절). 마음을 완악하게 먹지 말고, 도움을 손길을 펴며, 돈과 양식을 빌려주어야 합니다. 이웃 사랑은 행함으로 증명됩니다. 종을 면제하는 제도도 있습니다(12~18절). 제7년이 되면 종을 풀어 주는 것이 원칙이지만, 종이 남기를 원할 경우 정해진 의식을 치른 후 주인의 소유로 남게 됩니다. 소나 양의 처음 난 수컷은 여호와께 드려야 합니다(19~23절). 이는 유월절의 구원과 연관되어 있습니다.

시편 102편 : 심한 고난에 응답하시는 하나님의 긍휼

여호와여 내 기도를 들으시고 나의 부르짖음을 주께 상달하게 하소서...(1~5)
나는 재를 양식 같이 먹으며 나는 눈물 섞인 물을 마셨나이다(9)
내 날이 기울어지는 그림자 같고 내가 풀의 시들어짐 같으니이다...(11~12)
여호와께서 빈궁한 자의 기도를 돌아보시며 그들의 기도를 멸시하지 아니하셨도다(17)
여호와께서 그의 높은 성소에서 굽어보시며 하늘에서 땅을 살펴 보셨으니...(19~21)
나의 말이 나의 하나님이여 나의 중년에 나를 데려가지 마옵소서 주의 연대는...(24)
천지는 없어지려니와 주는 영존하시겠고 그것들은 다 옷 같이 낡으리니 의복 같이...(26~27)

개인 탄원시입니다. 시인은 견디기 힘든 고난 가운데, 하나님의 침묵으로 더욱 절규합니다. 자신의 힘겨움을 토로하고(3~7절), 자신을 괴롭히는 원수에 대해서 하나님께 탄원합니다(8, 9절). 자신의 고통과 원수에 대한 탄원으로 시작된 기도의 분위기가 바뀌었습니다. 그는 탄원하는 가운데 하나님의 임재를 경험합니다. 하나님은 회복시키시며(12~16절), 가련한 자의 기도를 들으시고 긍휼을 베푸십니다(17~22절). 시인은 마침내 그의 생명을 영존하시는 하나님께 맡깁니다(23~28절). 인생의 나약함을 감싸 안는 하나님의 영원성으로 인해 우리는 위로받습니다.

이사야 42장 : 흑암에 있는 자를 회복하시는 하나님의 긍휼

내가 붙드는 나의 종, 내 마음에 기뻐하는 자 곧 내가 택한 사람을 보라 내가 나의 영을...(1~4)
나 여호와가 의로 너를 불렀은즉 내가 네 손을 잡아 너를 보호하며 너를 세워 백성의...(6~8)
여호와께서 용사 같이 나가시며 전사 같이 분발하여 외쳐 크게 부르시며 그 대적을 크게 치시리로다(13)
내가 맹인들을 그들이 알지 못하는 길로 이끌며 그들이 알지 못하는 지름길로 인도하며 암흑이 그 앞에서 광명이 되게 하며 굽은 데를 곧게 할 것이라 내가 이 일을 행하여 그들을 버리지 아니하리니...(16~17)
여호와께서 그의 의로 말미암아 기쁨으로 교훈을 크게 하며 존귀하게 하려 하셨으나...(21~25)

42장은 "여호와의 종의 노래"로 알려져 있습니다. 온 세상을 창조하신 능력의 여호와는 그의 종에게 사명을 부여하십니다(여호와의 정의를 실현하는 통치, 1~9절). 여호와는 전쟁에 나서는 용사같이, 해산하는 여인같이 친히 나서서 심판과 구원을 행할 것이기에 그의 백성들은 여호와를 기뻐하며 노래해야 합니다(10~17절). 그러나 구원을 약속받은 이스라엘은 여전히 돌이키지 않고 있습니다(18~25절). 그들의 비참함은 여호와의 무능이나 무관심이 아니라 그들의 죄와 불순종으로 인한 심판에서 비롯된 것입니다. 이사야는 죄를 고백하고 회개하기를 촉구합니다.

요한계시록 12장 : 아이를 낳고 도망한 여자를 보호하시는 하나님의 긍휼

하늘에 큰 이적이 보이니 해를 옷 입은 한 여자가 있는데 그 발 아래에는 달이 있고 그 머리에는 열두 별의 관을 썼더라...(1~17)

요한은 눈으로 보이는 세계 이면의 영적 세계에서 어떤 일이 벌어졌고, 현재 벌어지고 있는지를 설명해 줍니다. 12장에는 핍박당하는 한 여자가 등장합니다(1~6절). 여자는 하나님의 백성(교회, 성도)을 의미합니다. 하늘 전쟁에서 패배하여 땅으로 쫓겨난 사탄은 끊임없이 하나님의 백성을 괴롭힙니다. 그러나 어린 양 예수 그리스도의 피로 구속함을 받고, 말씀으로 주님을 증언하며, 죽기까지 믿음을 지킨 자들은 승리합니다(11절). 사탄의 때는 얼마 남지 않았습니다(12절). 하나님을 상대로 싸울 수 없는 사탄(용)은 교회와 성도를 박해하지만, 하나님은 큰 독수리의 날개로, 땅을 열어 모든 물을 삼키게 함으로써 보호하십니다. 그리스도인을 향한 말살정책과 핍박은 언제나 있어 왔습니다. 그러나 하나님은 믿음을 지키게 하셨고, 결국엔 교회로 하여금 승리하게 하셨습니다.

내가 이웃을 사랑하고 배려해야 하는 이유는 하나님의 사랑과 구원의 은혜 때문입니다. 하나님의 사랑과 구원이 진정한 여호와의 종이 되시는 예수 그리스도로 인하여 나타났습니다. 이 진리는 모든 고난과 핍박을 이기게 하는 원동력이 됩니다. 그리스도께서 주시는 영원한 생명이 나를 위로합니다.

본문 신명기 16장 | 시편 103편 | 이사야 43장 | 요한계시록 13장

주제 **송축** (頌祝, 기쁜 일을 기리고 축하함)

창조주요 구원자이신 여호와 하나님을 송축함이 마땅하다. 특히 송축해야 할 내용과 방법과 시기를 잘 분별하여 합당한 송축을 드려야 하고 사탄이나 짐승의 기적을 보고 그릇된 경배에 빠져서는 안 된다.

신명기 16장 : 절기를 지킬 수 있도록 소산을 주신 주를 송축

- 아빕월을 지켜 네 하나님 여호와께 유월절을 행하라 이는 아빕월에 네 하나님 여호와께서 밤에 너를 애굽에서 인도하여 내셨음이라...(1~3)
- 유월절 제사를 네 하나님 여호와께서 네게 주신 각 성에서 드리지 말고...(5~6)
- 일곱 주를 셀지니 곡식에 낫을 대는 첫 날부터 일곱 주를 세어...(9~10)
- 너희 타작 마당과 포도주 틀의 소출을 거두어 들인 후에 이레 동안 초막절을 지킬 것이요...(13~19)

약속의 땅에 정착한 이스라엘은 3대 절기를 지켜야 합니다. 이는 하나님의 구원과 연관되어 있습니다. 유월절과 무교절(1~8절)은 장자의 생명이 보호받은 열 번째 죽음의 재앙과 관련된 절기입니다. 이로 인해 출애굽을 하게 되었는데, 출애굽은 이스라엘 민족의 신앙의 근본이 되는 사건입니다. 칠칠절(9~12절)은 가나안땅으로 인도하셔서 정착하게 하시고 이른 비와 늦은 비를 주셔서 추수하게 하신 은혜에 감사하는 절기입니다. 밀 추수와 관련되어 있습니다. 초막절(13~17절)은 출애굽 후 광야에서 초막에 거한 것을 기념하는 절기인데, 시기적으로 곡식과 과일의 추수를 마친 후 지키게 됩니다. 이스라엘의 지도자들은 공의로운 판단을 해야 하며, 여호와를 예배하는 이스라엘 백성은 우상을 세우지 말아야 합니다(18~22절).

시편 103편 : 긍휼과 은혜와 용서가 풍성하신 주를 송축

- 내 영혼아 여호와를 송축하라 내 속에 있는 것들아 다 그의 거룩한 이름을 송축하라...(1~5)
- 여호와는 긍휼이 많으시고 은혜로우시며 노하기를 더디 하시고 인자하심이...(8~9)
- 동이 서에서 먼 것 같이 우리의 죄과를 우리에게서 멀리 옮기셨으며...(12~14)
- 여호와의 인자하심은 자기를 경외하는 자에게 영원부터 영원까지 이르며...(17~18)
- 능력이 있어 여호와의 말씀을 행하며 그의 말씀의 소리를 듣는 여호와의...(20~22)

개인의 감사와 공동체의 감사가 함께 드러나는 시입니다. 시인은 여호와를 송축해야 할 개인적인 이유(죄사함, 병 나음, 생명을 지켜주심, 긍휼 등, 3~5절)와 공동체적인 이유(여호와의 성품, 인자하심과 죄용서, 6~12절)를 말합니다. 인간의 유한함(13~16절)과 여호와의 무한하심(17, 18절)을 대조하며, 그의 우주적인 왕권을 선포하며, 모든 피조세계와 더불어 여호와를 송축하라고 명령합니다(19~22절).

이사야 43장 : 창조와 구속과 지명하여 부르신 주를 송축

- 야곱아 너를 창조하신 여호와께서 지금 말씀하시느니라 이스라엘아 너를 지으신...(1~4)
- 내 이름으로 불려지는 모든 자 곧 내가 내 영광을 위하여 창조한 자를 오게 하라...(7~8)
- 너희의 구속자요 이스라엘의 거룩한 이 여호와가 말하노라 너희를 위하여 내가...(14~15)
- 너희는 이전 일을 기억하지 말며 옛날 일을 생각하지 말라...(18~19)
- 이 백성은 내가 나를 위하여 지었나니 나를 찬송하게 하려 함이니라...(21~25)

43장은 여전히 죄 가운데 방황하고 있는 당신의 백성을 향한 하나님의 열렬한 사랑을 드러냅니다. 사랑의 대상이며, 당신의 소유이기에 어떤 위험도 그들을 집어삼키지 못하게 할 것이며, 사방에서 그들을 불러 모으며, 열방의 증인으로 세울 것입니다(1~13절). 여호와는 출애굽을 통해 드러난 그 능력을 발휘하셔서 바벨론을 패망시킬 것입니다(14~17절). 이전 일, 옛적 일(출애굽 사건)을 기억하지 못할 새 역사를 행할 것입니다(18~21절). 예수 그리스도를 통해 이루신 구원은 출애굽 사건, 바벨론의 귀환을 완전히 잊을 만큼 위대한 구원의 역사입니다. 그러나 어리석은 이스라엘 백성은 하나님께 나아가지 않고 있습니다. 하나님은 그들의 죄를 드러내시고 용서하시길 원하셔서 "변론하자"고 말씀하시며 그들을 초청하십니다(22~28절).

요한계시록 13장 : 신성을 모독하는 짐승을 심판하실 주를 송축

- 내가 보니 바다에서 한 짐승이 나오는데 뿔이 열이요 머리가 일곱이라 그 뿔에는...(1~8)
- 사로잡힐 자는 사로잡혀 갈 것이요 칼에 죽을 자는 마땅히 칼에 죽을 것이니 성도들의 인내와 믿음이 여기 있느니라(10)
- 내가 보매 또 다른 짐승이 땅에서 올라오니 어린 양 같이 두 뿔이 있고 용처럼 말을...(11~18)

12장의 용에 이어 또 다른 존재(바다에서 나온 짐승)가 등장합니다. 짐승은 압도적인 능력으로 자신에게 도전하지 못하게 합니다. 역사적으로 그런 예는 많습니다. 이스라엘 백성들을 착취했던 이집트의 파라오가 그랬고, 이스라엘 군사들을 위협했던 블레셋의 골리앗이 그랬습니다. 이 짐승은 기적을 보여주며 사람들을 미혹합니다(3, 4절). 사람들이 미혹되어 짐승을 경배하는 상황에서 선택이 강요됩니다. 본문의 배경에는 로마제국(네로)의 잔혹한 박해가 있습니다. 당시 그리스도인들에게 용은 네로를 연상케 했을 것입니다. 짐승은 하나님을 비방합니다(6절). 성도들과 싸워 이기는 것처럼 보일 겁니다(성도의 순교를 의미, 7절). 그러나 기억해야 합니다. 악한 세력의 득세와 형통은 한시적이라는 사실을. 우리는 믿음을 지켜야 합니다. 하나님을 비방하고, 하나님의 역사를 훼방하는 악한 세력에게는 최후의 심판과 저주가 기다리고 있습니다.

예수님의 십자가에서의 죽으심과 부활은 가장 위대하고 완전한 구원의 역사입니다. 이스라엘 백성이 매 절기를 통해 구원의 역사를 마음에 새겼다면, 나는 예배할 때마다 하나님의 구원의 역사를 마음에 새기며 그 은혜를 노래할 것입니다. 내게 감사할 많은 이유를 주셨으니 여호와를 송축하고 또 송축합니다. 마지막 때가 가까울수록 미혹이 더 강할 것이지만 나를 사랑하며 지키시는 예수 그리스도로 인하여 승리할 것을 확신합니다.

본문 신명기 17장 | 시편 104편 | 이사야 44장 | 요한계시록 14장
주제 **이치** (理致, 사물의 정당하고 당연한 조리와 법)

세상의 모든 이치는 창조주 하나님이 수립하셨다. 그러므로 모든 만물은 그 이치에 따라 돌아간다. 오직 사람만이 그것을 거역하고 불순종하였다. 따라서 하나님은 다시 새로운 이치를 정하셨다. 그것은 독생자 예수 그리스도를 통한 구원과 심판의 이치다.

신명기 17장 : 이치에 맞게 삶의 문제를 해결하고 왕을 세움

- 흠이나 악질이 있는 소와 양은 아무것도 네 하나님 여호와께 드리지 말지니 이는 네 하나님 여호와께 가증한 것이 됨이니라...(1~5)
- 네 성중에서 서로 피를 흘렸거나 다투었거나 구타하였거나 서로 간에 고소하여 네가 판결하기 어려운 일이 생기거든 너는 일어나 네 하나님 여호와께서 택하실 곳으로 올라가서...(8~10)
- 사람이 만일 무법하게 행하고 네 하나님 여호와 앞에 서서 섬기는 제사장이나 재판장에게 듣지 아니하거든 그 사람을 죽여 이스라엘 중에서 악을 제하여 버리라(12)
- 네가 네 하나님 여호와께서 네게 주시는 땅에 이르러 그 땅을 차지하고 거주할 때에 만일 우리도 우리 주위의 모든 민족들 같이 우리 위에 왕을 세워야겠다는 생각이 나거든...(14~19)

하나님께 드리는 제사에서 금지된 것 중 하나는 흠 있는 제물로 드리는 것입니다(1절). 그리고 우상을 섬기는 것입니다. 우상을 섬긴 자는 단호하게 처벌하였습니다(2~7절). 지방에서 판단하기 어려운 재판은 중앙 성소에서 재판장과 제사장에 의해 판결을 받습니다(8~13절). 재판을 맡은 이는 좌우로 치우치지 않아야 합니다. 이스라엘의 왕권사상은 이웃 나라와 조금 다릅니다(14~20절). 신이 내린 왕권임을 주장하며 절대 권력을 휘둘렀던 이웃 나라 왕들과는 달리 이스라엘의 왕은 하나님이 택한 자로 세워야 하며, 많은 말(군사력)과 여자, 은금을 두어서는 안 됩니다. 왕의 마음을 하나님으로부터 떠나게 할 만한 것들을 주의해야 하며, 무엇보다 왕이 해야 할 일은 율법(하나님의 말씀)을 힘써 지키는 것입니다.

시편 104편 : 이치에 맞게 모든 만물이 돌아가도록 창조함

- 내 영혼아 여호와를 송축하라 여호와 나의 하나님이여 주는 심히 위대하시며 존귀와 권위로 옷 입으셨나이다(1)
- 주께서 그들을 위하여 정하여 주신 곳으로 흘러갔고 산은 오르고 골짜기는...(8~12)
- 그가 가축을 위한 풀과 사람을 위한 채소를 자라게 하시며 땅에서 먹을 것이...(14~15)
- 여호와께서 달로 절기를 정하심이여 해는 그 지는 때를 알도다...(19~24)
- 이것들은 다 주께서 때를 따라 먹을 것을 주시기를 바라나이다...(27~30)
- 나의 기도를 기쁘게 여기시기를 바라나니 나는 여호와로 말미암아 즐거워하리로다(34)

창조주요 통치자이신 여호와를 찬양합니다. 여호와는 세상을 창조하시고, 창조하신 세계의 질서를 세우셨으며(5~9절) 피조물이 필요로 하는 것을 공급하십니다(본문은 '물'

의 공급을 강조, 10~18절). 낮과 밤을 주관하시는 하나님은(19~24절), 혼돈스런 바다 역시 당신의 창조질서로 통치하십니다(25~30절). 피조세계는 여호와의 영광을 드러내는 증거입니다. 피조세계는 여호와를 즐거워해야 합니다.

이사야 44장 : 이치를 알지 못하고 우상을 만든 자를 심판함

- 나의 종 야곱, 내가 택한 이스라엘아 이제 들으라...(1~4)
- 이스라엘의 왕인 여호와, 이스라엘의 구원자인 만군의 여호와가 이같이 말하노라...(6~9)
- 목공은 줄을 늘여 재고 붓으로 긋고 대패로 밀고 곡선자로 그어 사람의 아름다움을 따라 사람의 모양을 만들어 집에 두게 하며(13)
- 이 나무는 사람이 땔감을 삼는 것이거늘 그가 그것을 가지고 자기 몸을 덥게도 하고...(15~17)
- 마음에 생각도 없고 지식도 없고 총명도 없으므로 내가 그것의 절반을 불 사르고...(19~20)
- 네 구속자요 모태에서 너를 지은 나 여호와가 이같이 말하노라 나는 만물을 지은...(24~26)
- 고레스에 대하여는 이르기를 내 목자라 그가 나의 모든 기쁨을 성취하리라 하며 예루살렘에 대하여는 이르기를 중건되리라 하며 성전에 대하여는 네 기초가 놓여지리라 하는 자니라(28)

하나님과 같은 신이 없습니다. 하나님은 언약을 맺은 당신의 백성을 회복시키시는(1~5절) 유일한 참된 구원자입니다(6~8절). 그러므로 이스라엘 백성들은 헛된 우상의 무익함을 알고 미혹되지 말아야 합니다(9~20절). 하나님의 참되심을 알고, 우상의 헛됨을 알았다면 이제 남은 것은 하나님을 신뢰하며, 그에게로 돌아오는 것입니다(21~28절).

요한계시록 14장 : 이치에 맞는 심판이 여러 천사에 의해 진행됨

- 또 내가 보니 보라 어린 양이 시온 산에 섰고 그와 함께 십사만 사천이 서 있는데 그들의 이마에는 어린 양의 이름과 그 아버지의 이름을 쓴 것이 있더라(1)
- 그들이 보좌 앞과 네 생물과 장로들 앞에서 새 노래를 부르니 땅에서 속량함을 받은...(3~5)
- 또 보니 다른 천사가 공중에 날아가는데 땅에 거주하는 자들 곧 모든 민족과...(6~13)
- 또 내가 보니 흰 구름이 있고 구름 위에 인자와 같은 이가 앉으셨는데 그 머리에는...(14~20)

막강한 권력(로마)이 세상을 주관하는 것처럼 보이는 상황에서 하나님의 주권을 고백하며 믿음을 지키는 것은 쉽지 않았습니다. 그럼에도 불구하고 어린 양을 따르는 사람들을 보여줍니다. 그 수는 십사만 사천입니다. 십사만 사천은 구원받은 하나님의 백성을 뜻하는 상징적인 숫자입니다. 이들의 승리의 노래가 울려 퍼집니다(1~5절). 이때 천사가 차례로 등장하면서 복음을 선포하며 회개를 촉구하고, 우상숭배와 부도덕의 상징인 바벨론의 멸망을 선포하고, 복음을 거부하는 자에게 주어진 영원한 형벌을 선포합니다(6~13절). 계속해서 요한은 환상 중에 구원의 추수(14~16절)와 심판의 추수(17~20절)가 진행되는 것을 봅니다.

창조주이시며, 영원한 통치자 되시는 하나님! 내게 하나님과 같은 분은 없습니다. '여호와를 영원토록 즐거워하는 것'이 마땅한 본분임을 다시 고백합니다. 우상이 내 마음에 틈타지 못하게 하시고, 생명책에 내 이름이 기록되어 있음을 아는 오늘을 살아가게 하옵소서.

본문 신명기 18장 | 시편 105편 | 이사야 45장 | 요한계시록 15장
주제 **대언** (代言, 하나님의 뜻을 말이나 행동으로 대신 전함)

하나님은 거룩하시다. 인간은 죄인이다. 그러므로 하나님은 대언자를 세워 친히 자신의 뜻을 전하신다. 대언자가 때로는 말로, 때로는 행동으로, 때로는 상징적 사건을 일으킴으로 주의 뜻을 대언하는 것이다.

신명기 18장 : 한 선지자가 하나님의 말씀을 이스라엘에게 대언함

- 레위 사람 제사장과 레위의 온 지파는 이스라엘 중에 분깃도 없고 기업도 없을지니...(1~5)
- 네 하나님 여호와께서 네게 주시는 땅에 들어가거든 너는 그 민족들의 가증한 행위를...(9~11)
- 너는 네 하나님 여호와 앞에서 완전하라(13)
- 네 하나님 여호와께서 너희 가운데 네 형제 중에서 너를 위하여 나와 같은 선지자...(15~16)
- 내가 그들의 형제 중에서 너와 같은 선지자 하나를 그들을 위하여 일으키고...(18~22)

하나님을 섬기도록 구별된 제사장은 가나안 땅 분배 시 지파 몫의 땅을 따로 받지 않았습니다. 여호와께서 그들의 기업이 되십니다(2절). 하나님은 백성이 드리는 희생 제물 가운데 제사장의 몫을 구별하십니다. 지방에서 올라왔더라도 레위인은 차별받지 않고 중앙 성소에서 일할 수 있습니다(6~8절). 이스라엘은 이방민족의 가증한 행위를 철저히 금해야 합니다(9~14절). 메시아의 오심에 대한 예언이 등장합니다(15절). 하나님과 이스라엘 사이에서 중보자 역할을 했던 모세와 같은 선지자가 나타날 것입니다. 오병이어의 기적 이후 유대인들이 고백합니다. "이는 참으로 세상에 오실 그 선지자라"(요 6:14). 바로 예수 그리스도이십니다.

시편 105편 : 시편 기자가 하나님의 하신 일을 만민에게 대언함

- 여호와께 감사하고 그의 이름을 불러 아뢰며 그가 하는 일을 만민 중에 알게 할지어다...(1~3)
- 그의 종 아브라함의 후손 곧 택하신 야곱의 자손 너희는 그가 행하신 기적과...(5-6)
- 그는 그의 언약 곧 천 대에 걸쳐 명령하신 말씀을 영원히 기억하셨으니(8)
- 야곱에게 세우신 율례 곧 이스라엘에게 하신 영원한 언약이라...(10~15)
- 그가 한 사람을 앞서 보내셨음이여 요셉이 종으로 팔렸도다...(17~19)
- 이에 이스라엘이 애굽에 들어감이여 야곱이 함의 땅에 나그네가 되었도다(23)
- 그리하여 그는 그의 종 모세와 그의 택하신 아론을 보내시니...(26~27)
- 마침내 그들을 인도하여 은 금을 가지고 나오게 하시니 그의 지파 중에 비틀거리는...(37~42)
이는 그들이 그의 율례를 지키고 그의 율법을 따르게 하려 하심이로다 할렐루야(45)

이스라엘 역사가 압축된 서사시입니다. 하나님은 당신의 백성을 위해 크고 놀라운 일을 행하십니다(1~6절). 하나님은 언약을 기억하셔서(7~11절) 아브라함과 이삭과 야곱을 보호하셨습니다(12~15절). 요셉의 일생으로부터 이스라엘 백성이 출애굽하기까지 약 400여 년의 기간 동안에도 하나님은 언약을 기억하사 그들과 함께 하셨고, 마침내 구원하셨습니다(16~36절). 출애굽 및 광야에서의 여정 동안 선하신 하나님은 그들에게 늘 은혜를 베푸셨습니다(37~42절). 구원의 노래를 부르고 약속의 땅을 향해 나아온 하나님의 백성은 하나님의 율법을 즐거이 따라야 합니다(43~45절).

이사야 45장 : 고레스가 하나님의 회복하심을 이스라엘에게 대언함

- 여호와께서 그의 기름 부음을 받은 고레스에게 이같이 말씀하시되 내가 그의...(1~6)
- 이스라엘의 거룩하신 이 곧 이스라엘을 지으신 여호와께서 이같이 이르시되...(11~14)
- 이스라엘은 여호와께 구원을 받아 영원한 구원을 얻으리니 너희가 영원히 부끄러움을 당하거나 욕을 받지 아니하리로다(17)
- 열방 중에서 피난한 자들아 너희는 모여 오라 함께 가까이 나아오라 나무 우상을 가지고 다니며 구원하지 못하는 신에게 기도하는 자들은 무지한 자들이니라...(20~22)

하나님은 자기 백성을 위해서 이방인 통치자인 바사 왕 고레스(페르시아의 키루스 대제)를 마치 다윗의 후손인 것처럼 사용하십니다(1~8절). 역사의 주관자이신 하나님은 포로였던 이스라엘 백성이 아무런 대가 없이 본국으로 돌아갈 수 있도록 고레스를 통해 포로귀환 명령을 내리십니다. 이방인 왕을 통해서도 능히 일하시는 하나님의 섭리와 권세 앞에 모든 민족은 굴복해야 합니다(9~13절). 자신을 드러내지 않지만 실제로 역사를 움직이시는 창조주 하나님은 이스라엘에게 영원한 구원을 주실 것입니다(14~19절). 우리 하나님과 같은 분은 없습니다(20~25절). 세계를 움직이는 유일한 절대자는 대제국 페르시아의 신이 아니라, 지금 포로 생활 하고 있는 지극히 작은 이스라엘의 하나님 여호와이십니다.

요한계시록 15장 : 일곱 천사가 일곱 대접 재앙을 받아 하나님의 뜻을 대언함

또 하늘에 크고 이상한 다른 이적을 보매 일곱 천사가 일곱 재앙을 가졌으니 곧 마지막 재앙이라 하나님의 진노가 이것으로 마치리로다...(1~8)

짐승(적그리스도)의 박해를 이긴 순교자들이 승리의 노래를 부릅니다(2~4절). 세상의 기준으로 보면 신앙을 지키다 죽은 그들은 실패자처럼 보이지만, 그들은 어린 양에 대한 믿음을 끝까지 지킨 영원한 승리자입니다. 이 땅에서 멸시와 박해를 받았지만, 하늘에서 가장 존귀한 대우를 받을 것입니다. 순교자의 찬송 소리 가운데 하늘 성전이 열리며 일곱 천사가 하나님의 진노를 가득 담은 금 대접을 받습니다(5~7절). 하나님은 교회와 성도를 학대하며 죽인 세력에 대한 하나님의 진노의 잔에 부어지게 됩니다. 그리스도인이 환난 중에 기뻐할 수 있는 것은 하나님이 영원한 생명 가운데 지키시며, 대적자들을 반드시 심판하시기 때문입니다.

하나님의 권세와 섭리 앞에 마음의 무릎을 꿇습니다. 다른 어떤 신과도 비길 수 없는 하나님의 크신 주권을 찬양합니다. 예수 그리스도를 통해 '너를 통해 모든 민족이 복을 받게 하리라'는 창세기 12장의 언약과 모세와 같은 선지자를 일으키겠다는 언약을 이루셨습니다. 마지막 날에 성경대로 이루어질 하나님의 공의의 심판과 구원을 기다립니다. 풀은 마르고 꽃은 시드나 주의 말씀만은 영원함을 선포합니다.

6/14

본문 신명기 19장 | 시편 106편 | 이사야 46장 | 요한계시록 16장

주제 **배려** (配慮, 여러 가지로 마음을 써서 보살피고 도와줌)

하나님의 모든 관심과 역사는 사람에게 있다. 왜냐하면 자기의 형상대로 창조한 존재이기 때문이다. 그래서 혹 연약하여 실수했을 때나 고의로 범죄하여 불순종을 했을 때도 한없이 인자와 자비하심으로 배려해 주신다. 반면 완전타락한 자에게는 오직 심판을 행하실 뿐이다.

신명기 19장 : 실수로 범죄한 자를 보호하는 도피성 제도의 배려

- 네 하나님 여호와께서 네게 기업으로 주신 땅 가운데에서 세 성읍을 너를 위하여...(2~4)
- 그 사람이 그에게 본래 원한이 없으니 죽이기에 합당하지 아니하나 두렵건대 그 피를 보복하는 자의 마음이 복수심에 불타서 살인자를 뒤쫓는데 그 가는 길이 멀면 그를 따라 잡아 죽일까 하노라(6)
- 네 눈이 그를 긍휼히 여기지 말고 무죄한 피를 흘린 죄를 이스라엘에서 제하라...(13~19)
- 네 눈이 긍휼히 여기지 말라 생명에는 생명으로, 눈에는 눈으로, 이에는 이로, 손에는 손으로, 발에는 발로이니라(21)

가나안 땅에 들어가면 세 성읍을 지정하여 도피성을 만들어야 합니다(1~13절). 도피성은 의도치 않게 살인한 사람이 살 수 있도록 만든 제도입니다. 이는 보복의 악순환을 막기 위함입니다. 그러나 도피성 제도가 악용되지 않도록 고의로 살인한 사람은 보호 대상에서 제외됩니다. 인간에게는 탐욕이 있습니다. 그래서 하나님은 이웃 지파의 땅을 탐내지 않도록 임의 변경을 금지하십니다(14절). 억울한 자가 최대한 발생하지 않도록 두세 증인의 증언이 있어야 하며, 위증은 악한 것이기에 철저하게 처벌하도록 했습니다(15~20절). 거짓 증인으로 판명 날 경우 그가 의도한 대로 갚아 주어야 합니다(동해복수법, 21절).

시편 106편 : 악한 이스라엘을 향해 심판을 중단하신 배려

- 할렐루야 여호와께 감사하라 그는 선하시며 그 인자하심이 영원함이로다(1)
- 정의를 지키는 자들과 항상 공의를 행하는 자는 복이 있도다...(3~5)
- 그러나 여호와께서는 자기의 이름을 위하여 그들을 구원하셨으니 그의 큰 권능을...(8~9)
- 그러나 그들은 그가 행하신 일을 곧 잊어버리며 그의 가르침을 기다리지 아니하고...(13~15)
- 그들이 호렙에서 송아지를 만들고 부어 만든 우상을 경배하여...(19~21)
- 그러므로 여호와께서 그들을 멸하리라 하셨으나 그가 택하신 모세가 그 어려움 가운데에서 그의 앞에 서서 그의 노를 돌이켜 멸하시지 아니하게 하였도다...(23~30)
- 그들이 또 므리바 물에서 여호와를 노하시게 하였으므로 그들 때문에 재난이...(32~37)
- 그러므로 여호와께서 자기 백성에게 맹렬히 노하시며 자기의 유업을 미워하사...(40~46)

105편에 이어 이스라엘 역사를 되짚어 보는 서사시입니다. 선조들의 잘못을 돌아보며, 성찰하고 회개하는 내용입니다. 홍해를 건너기 전 이집트 군대에 의해 쫓길 때에 차라리 애굽의 종으로 사는 게 낫겠다고 불평했던 죄(6~12절), 이스라엘 백성의 탐욕(민 11장의 기브롯 핫다아와 사건, 13~15절), 다단과 아비람의 반역(16~18절), 송아지 우상 사건(19~23절), 계속되는 이스라엘 백성의 불평(24~27절), 바알브올에서의 음행사건(28~31절), 므리바 사건(물과 관련된 하나님 불신, 32~33절), 우상숭배(34~39절), 바벨론 유배와 해방(40~46절)이 차례로 등장합니다. 그럼에도 불구하고 하나님은 그들을 거듭 용서해 주시고, 다시 회복시키십니다(47절).

이사야 46장 : 패역하고 완악한 선민을 자녀같이 감싸주신 배려

- 벨은 엎드러졌고 느보는 구부러졌도다 그들의 우상들은 짐승과 가축에게 실렸으니 너희가 떠메고 다니던 그것들이 피곤한 짐승의 무거운 짐이 되었도다...(1~4)
- 사람들이 주머니에서 금을 쏟아 내며 은을 저울에 달아 도금장이에게 주고 그것으로 신을 만들게 하고 그것에게 엎드려 경배하며...(6~10)
- 마음이 완악하여 공의에서 멀리 떠난 너희여 내게 들으라...(12~13)

바벨론의 신(마르둑)은 사람의 손으로 만든 우상에 불과합니다. 하나님이 바사 왕 고레스를 통해 이스라엘을 구원하시는 날 바벨론의 신들은 그 허상을 드러낼 것입니다(1~7절). 실제로 바벨론은 페르시아(바사)에 의해 멸망합니다. 이스라엘은 과거에 하나님이 그들을 위해 어떤 일을 행하셨는지를 기억하고(8~10절) 하나님이 당신의 계획을 반드시 성취하신다는 것을 신뢰해야 합니다(11~13절).

요한계시록 16장 : 배려할 수 없는 완전 타락한 자를 향한 큰 재앙

- 또 내가 들으니 성전에서 큰 음성이 나서 일곱 천사에게 말하되 너희는 가서 하나님의 진노의 일곱 대접을 땅에 쏟으라 하더라...(1~11)
- 또 여섯째 천사가 그 대접을 큰 강 유브라데에 쏟으매 강물이 말라서 동방에서 오는 왕들의 길이 예비되었더라...(12~21)

하나님의 진노를 담은 일곱 대접의 재앙입니다. 각 대접들은 각기 다른 곳에 쏟아집니다. 각각의 대접이 쏟아질 때마다 출애굽 때의 열 재앙을 연상시키는 심판이 임합니다. 그러나 넷째 천사에 의한 심판이 임할 때까지도 사람들은 회개하지 않았고, 오히려 하나님을 비방합니다(9절). 재앙 중이라도 하나님은 충분히 회개의 기회를 주십니다. 첫째부터 넷째 재앙이 온 세상을 향한 보편적인 재앙이라면, 다섯 번째부터 일곱 번째까지는 용과 짐승, 가짜 어린 양에 내리는 재앙인데, 이는 세상의 악한 권력, 종교 권력, 하나님을 부정하는 세상의 문명 등을 의미합니다(10~16절). 특히 마지막 심판은 하나님의 음성으로 시작되는 강력한 천재지변입니다(18~20절). 하나님을 대적했던 무리들은 완전히 무너지게 됩니다.

역사는 하나님의 신실함을 보여줍니다. 헛된 우상을 버리고, 영원한 도피성 되시는 예수 그리스도만을 붙들기로 결단합니다. 마지막 날에 하나님이 행하실 모든 심판은 옳습니다.

본문 신명기 20장 | 시편 107편 | 이사야 47장 | 요한계시록 17장
주제 시각 (視角, 사물이나 현상을 바라보거나 파악하는 각도 또는 입장)

하나님의 백성은 믿음의 시각을 가져야 한다. 전쟁에서 적을 보는 시각, 고난 중에 주를 보는 시각, 미래에 일어날 일을 보는 시각이 신앙적이어야 한다. 반면 자신을 과대평가하는 시각은 멸망을 부른다.

신명기 20장 : 전쟁 앞에 있는 이스라엘이 적을 보는 시각

- 네가 나가서 적군과 싸우려 할 때에 말과 병거와 백성이 너보다 많음을 볼지라도 그들을 두려워하지 말라 애굽 땅에서 너를 인도하여 내신 네 하나님 여호와께서 너와 함께 하시느니라...(1~8)
- 네가 어떤 성읍으로 나아가서 치려 할 때에는 그 성읍에 먼저 화평을 선언하라...(10~16)
- 너희가 어떤 성읍을 오랫동안 에워싸고 그 성읍을 쳐서 점령하려 할 때에도 도끼를 둘러 그 곳의 나무를 찍어내지 말라 이는 너희가 먹을 것이 될 것임이니 찍지 말라 들의 수목이 사람이냐 너희가 어찌 그것을 에워싸겠느냐...(19~20)

전쟁은 하나님께 속한 것입니다. 이스라엘은 상대의 병력과 무기를 두려워하지 말고, 철저히 하나님을 신뢰해야 합니다(1~9절). 여기서는 두 가지 전쟁방식이 소개됩니다. 가나안 땅 밖에 있는 민족에 대해서는 유연하게 적용하지만, 가나안 땅 안에서의 전쟁에 대해서는 헤렘(진멸)을 명합니다. 이는 신명기서 전체적으로 강조하고 있는 여호와 신앙에서 떠나게 할 모든 위험요소를 제거하기 위함입니다.

시편 107편 : 고난 중에 있는 자가 주 하나님을 보는 시각

- 그들이 광야 사막 길에서 방황하며 거주할 성읍을 찾지 못하고...(4~12)
- 미련한 자들은 그들의 죄악의 길을 따르고 그들의 악을 범하기 때문에 고난을 받아...(17~20)
- 배들을 바다에 띄우며 큰 물에서 일을 하는 자는...(23~30)
- 그 주민의 악으로 말미암아 옥토가 변하여 염전이 되게 하시며(34)
- 또 복을 주사 그들이 크게 번성하게 하시고 그의 가축이 감소하지 아니하게 하실지라도...(38~39)
- 궁핍한 자는 그의 고통으로부터 건져 주시고 그의 가족을 양 떼 같이 지켜 주시나니(41)

107편은 감사시(1~32절)와 찬송시(33~43절)로 나눌 수 있습니다. 이 시는 바벨론에서의 포로귀환을 배경으로 하고 있습니다. 이스라엘 백성은 하나님이 행하신 구원의 은혜에 감사하며(1~3절), 광야를 지나오며 간절히 기도했습니다(4~8절). 하나님은 사모하는 자를 만족케 하십니다(9절). 하나님은 때론 고통을 주셔서 겸손하게 하시기도 하지만, 환난 중에 부르짖을 때 환난에서 건져내십니다(10~22절). 인생의 풍랑 속에서 소망의 항구로 인도하십니다(23~32절). 모든 상황을 뒤바꿀 수 있는 하나님의 주권이 선포됩니다. 하나님은 심판하시기도 하고(33, 34절), 구원을 베푸시기도 하십니다(35~38절). 하나님의 심판과 구원으로 사람들의 운명은 엇갈리게 됩니다(39~41절). 여호와의 인자하심을 깨달아야 합니다(42, 43절).

이사야 47장 : 자기 자신을 잘못 이해하는 바벨론의 시각

- 처녀 딸 바벨론이여 내려와서 티끌에 앉으라 딸 갈대아여 보좌가 없어졌으니 땅에 앉으라 네가 다시는 곱고 아리땁다 일컬음을 받지 못할 것임이라...(1~3)
- 딸 갈대아여 잠잠히 앉으라 흑암으로 들어가라 네가 다시는 여러 왕국의 여주인이라 일컬음을 받지 못하리라...(5~11)
- 네가 많은 계략으로 말미암아 피곤하게 되었도다 하늘을 살피는 자와 별을 보는 자와 초하룻날에 예고하는 자들에게 일어나 네게 임할 그 일에서 너를 구원하게 하여 보라(13)
- 네가 같이 힘쓰던 자들이 네게 이같이 되리니 어려서부터 너와 함께 장사하던 자들이 각기 제 길로 흩어지고 너를 구원할 자가 없으리라(15)

이스라엘을 학대하는 바벨론에 대한 하나님의 혹독한 심판을 선언합니다. 바벨론을 '처녀'로 비유하고 있습니다. 바벨론의 아름다움은 사라지게 될 것이며(1~4절) 한순간에 바벨론은 무너지게 될 것이며(5~11절) 바벨론의 계략들은 그들을 다시 살릴 수 없습니다(12~15절).

요한계시록 17장 : 요한이 큰 음녀와 여자와 짐승을 보는 시각

- 또 일곱 대접을 가진 일곱 천사 중 하나가 와서 내게 말하여 이르되 이리로 오라 많은 물 위에 앉은 큰 음녀가 받을 심판을 네게 보이리라...(1~5)
- 또 내가 보매 이 여자가 성도들의 피와 예수의 증인들의 피에 취한지라 내가...(6~8)
- 지혜 있는 뜻이 여기 있으니 그 일곱 머리는 여자가 앉은 일곱 산이요...(9~13)
- 그들이 어린 양과 더불어 싸우려니와 어린 양은 만주의 주시요 만왕의 왕이시므로...(14)
- 또 천사가 내게 말하되 네가 본 바 음녀가 앉아 있는 물은 백성과 무리와 열국과 방언들이니라(15)
- 네가 본 바 이 열 뿔과 짐승은 음녀를 미워하여 망하게 하고 벌거벗게 하고 그의 살을 먹고...(16)
- 이는 하나님이 자기 뜻대로 할 마음을 그들에게 주사 한 뜻을 이루게 하시고 그들의...(17)
- 또 네가 본 그 여자는 땅의 왕들을 다스리는 큰 성이라 하더라(18)

큰 음녀 바벨론의 운명에 대한 환상입니다. 화려한 모습 속에 감춰진 음녀의 실체는 음란과 더러움이며, 그리스도인들을 박해하는 악의 세력입니다. 음녀가 제시하는 일시적인 쾌락은 장차 받게 될 끔찍한 심판에 비할 수 없습니다. 성도들은 영적 분별과 영적 전쟁을 통해 이러한 미혹을 이겨야 합니다. 악의 세력은 결국 멸망합니다. 짐승이 아무리 강하다 해도 하나님과 어린 양의 적수가 될 수는 없습니다. 또한 열 뿔과 짐승이 음녀를 멸망시킵니다(16, 17절). 악은 스스로 자멸하게 되어 있습니다. 하나님이 그렇게 되도록 하실 것입니다(18절).

전쟁은 하나님께 속해 있습니다. 또한 구원과 심판은 하나님이 결정하십니다. 악한 세력은 하나님과 어린 양 예수 그리스도를 이길 수 없습니다. 악한 세력이 패망하고, 주의 백성이 완전히 승리하는 날을 기다리며 믿음의 선한 싸움에서 승리하게 하옵소서.

본문 신명기 21장 | 시편 108-109편 | 이사야 48장 | 요한계시록 18장
주제 제거(除去, 어떤 사물이나 현상 따위를 없어지게 함)

하나님이 천지만물을 창조하셨을 때는 보시기에 심히 좋았다. 하지만 사람이 타락하면서 세상은 더러워지고 악해졌다. 마침내 거룩하신 하나님은 이 모든 악함, 회개치 않는 죄인, 사악한 마귀를 제거하신다.

신명기 21장 : 선민 안에서 피살의 의구심과 불효자를 제거

- 네 하나님 여호와께서 네게 주어 차지하게 하신 땅에서 피살된 시체가 들에 엎드러진 것을 발견하고 그 쳐죽인 자가 누구인지 알지 못하거든...(1~9)
- 네가 만일 그 포로 중의 아리따운 여자를 보고 그에게 연연하여 아내를 삼고자...(11~13)
- 자기의 소유를 그의 아들들에게 기업으로 나누는 날에 그 사랑을 받는 자의 아들을 장자로 삼아 참 장자 곧 미움을 받는 자의 아들보다 앞세우지 말고...(16~21)
- 그 시체를 나무 위에 밤새도록 두지 말고 그 날에 장사하여 네 하나님 여호와께서 네게 기업으로 주시는 땅을 더럽히지 말라 나무에 달린 자는 하나님께 저주를 받았음이니라(23)

공동체의 거룩함을 지키기 위한 규례입니다. 무죄한 자의 피를 흘린 죄를 제거하는 방법(1~9절)과 포로인 여성과 결혼하는 절차와 합법적 이혼에 대한 규례(10~13절), 장자의 상속 권리(15~17절), 패역한 아들에 대한 징계(18~21절), 나무에 달린 시체에 관한 처리(22, 23절)에 관한 내용입니다.

시편 108-109편 : 이유없이 다윗을 괴롭히는 악한 자를 제거

- 하나님이여 내 마음을 정하였사오니 내가 노래하며 나의 마음을 다하여 찬양하리로다...(108:1~5)
- 하나님이여 주께서 우리를 버리지 아니하셨나이까 하나님이여 주께서 우리의 군대들과 함께 나아가지 아니하시나이다...(108:11~13)
- 나는 사랑하나 그들은 도리어 나를 대적하니 나는 기도할 뿐이라...(109:4~11)
- 그가 인자를 베풀 일을 생각하지 아니하고 가난하고 궁핍한 자와 마음이 상한...(109:16~18)
- 그러나 주 여호와여 주의 이름으로 말미암아 나를 선대하소서 주의 인자하심이...(109:21~22)
- 여호와 나의 하나님이여 나를 도우시며 주의 인자하심을 따라 나를 구원하소서...(109:26~28)

(108편) 108편은 시편 57:1~11절(1~5절)과 60:5~12절(6~13절)이 합쳐진 시입니다. 구원의 확신에 이른 기도자가 드리는 찬송(1~5절)과 전능하신 하나님께 드리는 공동체를 위한 간구(6~9절), 하나님의 출정을 바라는 간구(10~13절)로 구성되어 있습니다.
(109편) 대표적인 저주시입니다. '원수사랑'을 실천해야 할 그리스도인에게 저주시가 불편할 수도 있지만, 악한 자에게서 부당한 고통과 박해를 당하고 있는 상황에서 속마음을 정직하게 토로한다는 면에서 기도자의 솔직함을 볼 수 있습니다. 거짓말로 공격하는 자들을 고발하며(1~5절), 그들이 심판받고 땅에서 끊어지기를 구합니다(6~15절). 악

인이 행한 대로 그들에게 그대로 갚아주시길 기도하며(16~20절), 자신의 약함을 돌아보아 주시기를 간구합니다(21~25절). 하나님은 궁핍한 자의 편이 되십니다(26~31절).

이사야 48장 : 이스라엘과 유다의 불의와 외식의 죄를 제거

- 야곱의 집이여 이를 들을지어다 너희는 이스라엘의 이름으로 일컬음을 받으며...(1~4)
- 네가 들었으니 이 모든 것을 보라 너희가 선전하지 아니하겠느냐 이제부터 내가...(6~11)
- 너희는 다 모여 들으라 나 여호와가 사랑하는 자는 나의 기뻐하는 뜻을 바벨론에...(14~15)
- 너희의 구속자시요 이스라엘의 거룩하신 이이신 여호와께서 이르시되 나는 네게...(17~19)
- 여호와께서 말씀하시되 악인에게는 평강이 없다 하셨느니라(22)

이스라엘이 패역함에도 불구하고 하나님은 은혜를 베푸십니다. 하나님은 이스라엘 백성의 고집을 '쇠의 심줄'(4절)로 비유하십니다. 그렇게 완고하게 거역함에도 불구하고 하나님은 그들을 부르십니다. 하나님은 패역한 그들을 향해 새로운 일을 행하실 것입니다(6~11절). 하나님은 새 역사를 위해 새로운 지도자를 보내실 것이며(12~16절) 그로 말미암아 새로운 구원을 이루실 것입니다(17~22절). 본문은 1차적으로 고레스 왕을 지칭하고 있지만, 이 예언은 훗날 메시아 예수 그리스도를 통해 온전히 성취됩니다.

요한계시록 18장 : 음행과 사치를 일삼던 음녀 바벨론을 제거

- 힘찬 음성으로 외쳐 이르되 무너졌도다 무너졌도다 큰 성 바벨론이여 귀신의 처소와...(2~3)
- 또 내가 들으니 하늘로부터 다른 음성이 나서 이르되 내 백성아, 거기서 나와...(4~8)
- 그와 함께 음행하고 사치하던 땅의 왕들이 그가 불타는 연기를 보고 위하여 울고...(9~10)
- 땅의 상인들이 그를 위하여 울고 애통하는 것은 다시 그들의 상품을 사는 자가...(11~13)
- 바벨론아 네 영혼이 탐하던 과일이 네게서 떠났으며 맛있는 것들과 빛난 것들이...(14~19)
- 하늘과 성도들과 사도들과 선지자들아, 그로 말미암아 즐거워하라 하나님이 너희를 위하여 그에게 심판을 행하셨음이라 하더라(20)
- 이에 한 힘 센 천사가 큰 맷돌 같은 돌을 들어 바다에 던져 이르되 큰 성 바벨론이...(21~23)
- 선지자들과 성도들과 및 땅 위에서 죽임을 당한 모든 자의 피가 그 성 중에서 발견되었느니라 하더라(24)

큰 성 바벨론의 멸망이 선포됩니다. 바벨론은 악의 세력을 상징합니다. 바벨론의 죄목은 우상숭배, 사치, 음행입니다(1~3절). 하나님은 바벨론의 죄에 참여하지 말고 그가 받을 재앙을 받지 말라고 말씀하십니다(4~8절). 바벨론의 멸망은 바벨론과 결탁한 많은 부류의 사람에게 슬픈 소식이 됩니다(9~19절). 그러나 하나님의 종들은 바벨론의 멸망을 기뻐합니다(20절). 바벨론으로 인해 하나님의 백성들이 죽임을 당했기 때문입니다(24절).

완고함으로 하나님을 거부하며 살던 나를 포기하지 않으시는 하나님! 나를 위해 예수 그리스도를 통해 구원의 새 역사를 이루어 주셨습니다. 악한 세력은 지금도 내 영혼과 삶을 파괴하려 하지만, 그들의 끝은 영원한 저주와 심판인 것을 알기에 거룩함을 견지하고, 믿음을 지키며 살아가게 하옵소서.

6/17

본문 신명기 22장 | 시편 110-111편 | 이사야 49장 | 요한계시록 19장

주제 통치 (統治, 주권자가 나라나 지역을 도맡아 다스림)

하나님은 창조하신 모든 우주만물을 통치하신다. 자연도 다스리시고 질서를 위해 법을 만들어 인간사회도 통치하신다. 최후에는 인류의 구원과 심판을 위해 예수 그리스도를 보내셔서 우주적인 통치를 하신다.

신명기 22장 : 이웃의 소유와 가정의 순결을 지키시는 통치

- 네 형제의 소나 양이 길 잃은 것을 보거든 못 본 체하지 말고 너는 반드시 그것들을...(1~2)
- 여자는 남자의 의복을 입지 말 것이요 남자는 여자의 의복을 입지 말 것이라 이같이 하는 자는 네 하나님 여호와께 가증한 자이니라(5)
- 어미는 반드시 놓아 줄 것이요 새끼는 취하여도 되나니 그리하면 네가 복을 누리고...(7~8)
- 누구든지 아내를 맞이하여 그에게 들어간 후에 그를 미워하여...(13~15)
- 비방거리를 만들어 말하기를 내가 네 딸에게서 처녀임을 보지 못하였노라 하나 보라 내 딸의 처녀의 표적이 이것이라 하고 그 부모가 그 자리옷을 그 성읍 장로들 앞에 펼 것이요...(17~21)
- 만일 남자가 어떤 약혼한 처녀를 들에서 만나서 강간하였으면 그 강간한 남자만...(25~29)

이웃과의 친밀감의 정도, 원인, 상황 등의 변수를 다 떠나서 이웃의 잃어버린 소유를 봤다면 그것에 대해 모른 척해서는 안 됩니다(1~4절). 5절은 자신의 타고난 성을 부정하는 의식이나 행위를 금하는 내용입니다. 생명을 존중히 여기고(6~8절) 순전한 삶을 살아가야 합니다(9~11절). 12절의 '술'은 하나님의 법도를 기억나게 하는 도구입니다. 13~30절은 순결에 관한 규례입니다. 성윤리는 개인의 선택이나 취향의 문제가 아닙니다. 공동체의 타락에 직결될 만큼 중요한 문제입니다. 점점 타락해 가는 오늘날 건강한 가정과 사회를 이루기 위해 거룩한 성윤리는 여전히 굳건하게 지켜져야 합니다.

시편 110-111편 : 권능의 규로 진실과 정의를 실현하시는 통치

- 여호와께서 내 주에게 말씀하시기를 내가 네 원수들로 네 발판이 되게 하기까지 너는 내 오른쪽에 앉아 있으라 하셨도다...(110:1~4)
- 그의 행하시는 일이 존귀하고 엄위하며 그의 의가 영원히 서 있도다...(111:3~8)
- 여호와를 경외함이 지혜의 근본이라 그의 계명을 지키는 자는 다 훌륭한 지각을 가진 자이니 여호와를 찬양함이 영원히 계속되리로다(111:10)

(110편) 110편은 예수 그리스도에 대한 예언으로 신약에서 많이 인용되는 시편입니다. 이스라엘 왕이 기름 부음을 받아 등극할 때 사용된 노래인데, 선지자의 시점에서 내용이 전개됩니다. 1절은 서기관들과의 논쟁(막 12:36), 예수 그리스도의 부활 변증(행 2:34, 35)에서 메시아 및 하나님의 아들로서의 예수님의 권위를 나타내기 위해 인용되었습니다. 예수 그리스도는 영원한 통치자(2, 3절) 및 영원한 제사장(4~7절)이십니다.

(111편) 다윗이 예배를 위해 지은 시입니다. 하나님의 찬송하기 위해 모인 자들(정직한

자들)은 하나님이 행하신 놀라운 일들을 기억하며 노래합니다(1~4절). 또한 하나님은 당신의 백성과 그들에게 주신 언약을 기억하십니다(5~9절). 하나님을 경외하며 그의 계명을 지키는 것이 지혜입니다(10절).

이사야 49장 : 이방의 빛을 위해 선민을 회복시키시는 통치

- 섬들아 내게 들으라 먼 곳 백성들아 귀를 기울이라 여호와께서 태에서부터 나를...(1~6)
- 여호와께서 이같이 이르시되 은혜의 때에 내가 네게 응답하였고 ... 상속하게 하리라(8)
- 오직 시온이 이르기를 여호와께서 나를 버리시며 주께서 나를 잊으셨다 하였거니와...(14~17)
- 주 여호와가 이같이 이르노라 내가 뭇 나라를 향하여 나의 손을 들고 민족들을 향하여 나의 기치를 세울 것이라 그들이 네 아들들을 품에 안고 네 딸들을 어깨에 메고 올 것이며...(22~23)
- 여호와가 이같이 말하노라 용사의 포로도 빼앗을 것이요 두려운 자의 빼앗은...(25~26)

두 번째 '종의 노래'로 알려진 49장은 여호와의 종(메시아)이 1인칭 화자가 되어 여호와가 주신 사명과 약속을 소개합니다. 이스라엘은 여호와의 종으로 부름을 받았지만 그 사명을 감당하지 못하였고, 도리어 패역에서 돌이키지 않았습니다. 여호와의 종은 패역한 자들을 돌이키기 위해 택함을 받아 구원의 약속을 성취할 메시아입니다. 여호와의 종의 사역은 결코 순탄치 않았으나 그는 끝까지 여호와를 신뢰하였으며, 여호와는 친히 구원의 계획의 성취를 약속하십니다. 여호와는 절대로 자기 백성을 포기하지 않으십니다. 당신의 백성에게 친히 하신 이 약속은 예수 그리스도를 통한 구원으로 완전히 성취됩니다.

요한계시록 19장 : 어린 양의 혼인잔치와 백마를 탄 자의 통치

이 일 후에 내가 들으니 하늘에 허다한 무리의 큰 음성 같은 것이 있어 이르되 할렐루야 구원과 영광과 능력이 우리 하나님께 있도다...(1~2)
또 내가 들으니 허다한 무리의 음성과도 같고 많은 물 소리와도 같고 큰 우렛소리와도 같은 소리로 이르되 할렐루야 주 우리 하나님 곧 전능하신 이가 통치하시도다...(6~10)
또 내가 하늘이 열린 것을 보니 보라 백마와 그것을 탄 자가 있으니 그 이름은...(11~16)
또 내가 보매 그 짐승과 땅의 임금들과 그들의 군대들이 모여 그 말 탄 자와...(19~21)

하나님은 당신의 종들이 흘린 피에 대해 음녀를 완전히 심판하심으로 갚아 주십니다(2절). 구속함을 받은 자들의 찬양이 울려 퍼집니다(1~5절). 그리스도의 신부들은 세마포 옷을 입고 어린 양의 혼인잔치에 참여합니다(6~10절). 이 잔치에 참여하는 자가 복이 있습니다(9절). 요한은 백마와 백마 탄 자를 보게 됩니다. 그 뒤를 흰 세마포 옷을 입은 하늘의 군대(구속받은 성도)가 따릅니다. 흰색은 승리의 상징입니다. 만왕의 왕이신 그리스도는 온 세상에 대한 공의로운 심판을 행하실 것입니다(11~21절).

오늘의 이사야 말씀과 시편 말씀에서 예수 그리스도에 대한 예언을 확인할 수 있습니다. 그리스도께서 약속된 여호와의 종으로 오셔서 하나님의 구원계획을 성취하였으니 찬송 받으시기에 합당하십니다. 천사장의 나팔소리와 함께 다시 오셔서 내게 영원한 기쁨과 영광을 주실 구세주가 되시기에 또한 찬송합니다. 그날을 소망하며 거룩하고 순전한 삶을 살게 하옵소서.

본문 신명기 23장 | 시편 112-113편 | 이사야 50장 | 요한계시록 20장
주제 특혜 (特惠, 특별히 베푸는 혜택)

하나님은 선하시고 의로우시다. 그러므로 믿음과 소망과 사랑을 행하는 경외의 백성에게 특혜를 베푸신다. 아주 작은 생존을 위한 양식으로부터 풍성한 축복에 이르기까지, 사명을 감당할 수 있는 은사로부터 영생하는 구원에 이르기까지 꼭 필요한 때에 합당한 특혜를 베푸신다.

신명기 23장 : 하나님이 가난한 자에게 주시는 생존적 특혜

- 고환이 상한 자나 음경이 잘린 자는 여호와의 총회에 들어오지 못하리라...(1~4)
- 너는 에돔 사람을 미워하지 말라 그는 네 형제임이니라 애굽 사람을 미워하지 말라 네가 그의 땅에서 객이 되었음이니라(7)
- 네가 적군을 치러 출진할 때에 모든 악한 일을 스스로 삼갈지니...(9~10)
- 이는 네 하나님 여호와께서 너를 구원하시고 적군을 네게 넘기시려고 네 진영 중에 행하심이라 그러므로 네 진영을 거룩히 하라 그리하면 네게서 불결한 것을 보시지 않으므로...(14~15)
- 창기가 번 돈과 개 같은 자의 소득은 어떤 서원하는 일로든지 네 하나님 여호와의 전에 가져오지 말라 이 둘은 다 네 하나님 여호와께 가증한 것임이니라...(18~21)
- 네 이웃의 포도원에 들어갈 때에는 마음대로 그 포도를 배불리 먹어도 되느니라 그러나 그릇에 담지는 말 것이요(24)

23장에 나타나는 여러 가지 규정들은 이스라엘이 거룩한 공동체여야 한다는 전제하에 주어진 것들입니다. 하나님은 이스라엘의 시민(여호와의 총회 회원)이 될 수 없는 자를 명시합니다(1~8절). 거세된 자(주로 이방신의 제사장), 사생자(야곱의 열두 지파의 후손이 아닌 자), 발람 선지자를 매수하여 이스라엘을 저주하려 한 암몬과 모압 사람은 배제되었습니다. 부정한 상태가 되면 그것이 해소될 때까지 이스라엘 진영에 들어올 수 없습니다(9~14절). 이스라엘 진영에 하나님이 계시기 때문입니다. 그 외 일상에서 일어날 수 있는 다양한 규례가 등장합니다(15~25절).

시편 112-113편 : 하나님이 정직한 자에게 주시는 영원한 특혜

- 할렐루야, 여호와를 경외하며 그의 계명을 크게 즐거워하는 자는 복이 있도다...(112:1~3)
- 은혜를 베풀며 꾸어 주는 자는 잘 되나니 그 일을 정의로 행하리로다...(112:5~7)
- 그가 재물을 흩어 빈궁한 자들에게 주었으니 그의 의가 영구히 있고 그의 뿔이 영광 중에 들리리로다(112:9)
- 이제부터 영원까지 여호와의 이름을 찬송할지로다...(113:2~3)
- 스스로 낮추사 천지를 살피시고...(113:6~9)

(112편) 112편의 내용은 시편 1편과 매우 유사합니다. 하나님을 경외하고 말씀을 가까이하며 즐거워하는 것이 형통한 삶의 조건이며, 약하고 가난한 자를 돌보는 삶을 통해 영광을 얻게 됩니다. 결국 하나님 사랑, 이웃 사랑입니다.

(113편) 이스라엘의 제의(특히 절기) 가운데 쓰인 찬송시입니다. 높으신 하나님이시지만, 그의 눈은 낮은 곳을 향합니다(4~6절). 약자를 긍휼히 여기시는 하나님은 모든 상황을 초월하여 언제나 찬양을 받으셔야 합니다(7~9절).

이사야 50장 : 하나님이 이사야에게 주시는 은사적 특혜

- 나 여호와가 이같이 말하노라 내가 너희의 어미를 내보낸 이혼 증서가 어디 있느냐 내가 어느 채주에게 너희를 팔았느냐 보라 너희는 너희의 죄악으로 말미암아 팔렸고 너희의 어미는 너희의 배역함으로 말미암아 내보냄을 받았느니라(1)
- 주 여호와께서 학자들의 혀를 내게 주사 나로 곤고한 자를 말로 어떻게 도와 줄 줄을 알게 하시고 아침마다 깨우치시되 나의 귀를 깨우치사 학자들 같이 알아듣게 하시도다...(4~8)
- 너희 중에 여호와를 경외하며 그의 종의 목소리를 청종하는 자가 누구냐 흑암 중에 행하여 빛이 없는 자라도 여호와의 이름을 의뢰하며 자기 하나님께 의지할지어다(10)

바벨론에 포로로 끌려와 있음에도 불구하고 이스라엘은 회개는커녕 도리어 원망합니다. 그러나 하나님은 그들을 포기하지 않으십니다. 4~9절은 세 번째 '종의 노래'로 알려져 있습니다. 패역한 이스라엘을 위해 하나님은 당신의 종을 준비하십니다. 여호와의 종의 사역은 고난과 수치입니다(5, 6절). 여호와의 종은 자신을 통해 이루실 여호와의 뜻을 알기에 묵묵히 종의 길을 갈 것이며, 여호와를 끝까지 신뢰할 것입니다.

요한계시록 20장 : 하나님이 생명책에 기록된 자에게 주시는 특혜

- 또 내가 보매 천사가 무저갱의 열쇠와 큰 쇠사슬을 그의 손에 가지고 하늘로부터...(1~6)
- 천 년이 차매 사탄이 그 옥에서 놓여...(7~10)
- 또 내가 크고 흰 보좌와 그 위에 앉으신 이를 보니 땅과 하늘이 그 앞에서 피하여 간 데 없더라...(11~15)

무저갱의 열쇠와 큰 쇠사슬을 가지고 하늘에서 내려온 천사는 사탄을 잡아 결박하여 무저갱에 던져 넣습니다. 그 후 잠시 사탄이 풀려날 것이지만(하나님의 섭리 하에 잠시 동안 활동함, 3절), 결국엔 불과 유황 못에서 영벌을 받게 될 것입니다. 4~6절은 천년왕국에 관한 내용인데 ① 전천년설(천년왕국 이전 그리스도의 재림), ② 후천년설(천년왕국 이후 그리스도의 재림), ③ 무천년설(지상에 가시적인 천년왕국은 없음). 이렇게 세 가지 의견으로 나뉩니다. 어느 의견이 맞느냐?보다 진실한 성도로 살고 있느냐?가 더 중요합니다. 육체의 죽음(첫째 사망)을 각오하고 어린 양 예수를 따르는 사람은 첫째 부활에 참여하게 되며, 둘째 사망(영원한 형벌, 지옥)을 당하지 않습니다. 사탄은 완전히 패배하여 영원한 불 못에 던져지게 되며(7~10절), 재림하신 그리스도는 최후의 심판을 행하십니다(11~15절).

십자가에서의 고난과 수치라는 사역을 통해 나를 건지신 주님! 마지막 날에 있을 악인에 대한 심판과 하나님의 백성에 대한 구원을 기대합니다. 나를 긍휼히 여겨 주셨으니 약한 자를 긍휼히 여기게 하시고, 주의 순결한 신부가 되게 하셨으니 거룩하게 살게 하옵소서.

본문 신명기 24장 | 시편 114-115편 | 이사야 51장 | 요한계시록 21장

주제 초심 (初心, 생활을 하거나 일을 하는 데 있어서 처음에 가진 마음)

아담과 하와는 초심을 잃었다. 모든 것이 하나님께로부터 왔음을 알면서도 초심을 잃고 사탄의 유혹에 넘어가 불순종의 죄를 저질렀다. 성도는 수렁에서 건져주시고 광야에서 인도해 주신 하나님께 감사하며 찬양하는 초심을 잃지 않을 때 거룩한 성 새 예루살렘에 들어가게 된다.

신명기 24장 : 애굽에서 종살이하던 때를 기억하는 초심

- 사람이 아내를 맞이하여 데려온 후에 그에게 수치되는 일이 있음을 발견하고 그를 기뻐하지 아니하면 이혼 증서를 써서 그의 손에 주고 그를 자기 집에서 내보낼 것이요(1)
- 그 여자는 이미 몸을 더럽혔은즉 그를 내보낸 전남편이 그를 다시 아내로 맞이하지...(4~6)
- 너희는 애굽에서 나오는 길에서 네 하나님 여호와께서 미리암에게 행하신 일을 기억할지니라(9)
- 그가 가난한 자이면 너는 그의 전당물을 가지고 자지 말고...(12~16)
- 네가 밭에서 곡식을 벨 때에 그 한 뭇을 밭에 잊어버렸거든 다시 가서 가져오지 말고...(19~22)

하나님은 사회적 약자에 대한 돌봄을 강조하십니다. 이스라엘 공동체에서 상대적으로 약자였던 여자를 보호하기 위한 규정(1~5절), 가난한 자와 병든 자를 보호하기 위한 규정입니다(6~13절). 이스라엘 백성들은 자신들이 오랜 기간 이집트에서 종의 신분이었음을 기억하고 나그네, 고아, 과부와 같은 약자들에게 긍휼을 베풀어야 합니다(14~22절).

시편 114-115편 : 출애굽 과정에서 받은 은혜를 기억하는 초심

이스라엘이 애굽에서 나오며 야곱의 집안이 언어가 다른 민족에게서 나올 때에...(114:1~4)
땅이여 너는 주 앞 곧 야곱의 하나님 앞에서 떨지어다(114:7)
여호와여 영광을 우리에게 돌리지 마옵소서 우리에게 돌리지 마옵소서 오직 주는 인자하시고 진실하시므로 주의 이름에만 영광을 돌리소서(115:1)
오직 우리 하나님은 하늘에 계셔서 원하시는 모든 것을 행하셨나이다(115:3)
이스라엘아 여호와를 의지하라 그는 너희의 도움이시요 너희의 방패시로다...(115:9~13)
하늘은 여호와의 하늘이라도 땅은 사람에게 주셨도다...(115:15~17)

(114편) 출애굽을 배경으로 한 시입니다. 출애굽 당시를 떠올리며 하나님의 위대하신 능력을 찬송합니다.
(115편) 제의 시편으로 전능하신 하나님과 우상들의 무력함이 대조됩니다(1~8절). 하나님은 우리의 방패이시며(9~11절), 복을 주시는 분입니다(12~14절). 우리는 생명의 주권자이신 하나님을 날마다 찬송해야 합니다(15~18절).

이사야 51장 : 선택, 인도, 위로, 구원해 주심을 기억하는 초심

의를 따르며 여호와를 찾아 구하는 너희는 내게 들을지어다 너희를 떠낸 반석과 너희를 파낸 우

묵한 구덩이를 생각하여 보라...(1~3)
너희는 하늘로 눈을 들며 그 아래의 땅을 살피라 하늘이 연기 같이 사라지고 땅이 옷 같이 해어지며 거기에 사는 자들이 하루살이 같이 죽으려니와 나의 구원은 영원히 있고 나의 공의는 폐하여지지 아니하리라...(6~8)
여호와께 구속 받은 자들이 돌아와 노래하며 시온으로 돌아오니 영원한 기쁨이 그들의 머리 위에 있고 즐거움과 기쁨을 얻으리니 슬픔과 탄식이 달아나리이다...(11~12)
결박된 포로가 속히 놓일 것이니 죽지도 아니할 것이요 구덩이로 내려가지도 아니할 것이며 그의 양식이 부족하지도 아니하리라...(14~17)
네 주 여호와, 그의 백성의 억울함을 풀어 주시는 네 하나님이 이같이 말씀하시되 보라 내가 비틀걸음 치게 하는 잔 곧 나의 분노의 큰 잔을 네 손에서 거두어서 네가 다시는 마시지 못하게 하고...(22~23)

이스라엘은 스스로를 구원할 수 없는 존재입니다. 그러나 하나님과 맺은 언약으로 인해 그들은 소망이 있습니다. 하나님은 그들을 위로하시는데, 최고의 위로는 그들을 다시 회복하시는 것입니다. 본문은 1차적으로 포로에서의 자유를 의미하지만, 예수 그리스도의 십자가와 부활로 인하여 죄와 사망으로부터 영원한 자유를 얻게 됨으로써 예언은 완전히 성취되었습니다. 하나님은 "너희를 위로하는 자는 곧 나"라고 말씀하십니다. 인간을 두려워하는 것은 하나님을 잊었기 때문입니다. 위로의 하나님이 곧 나의 하나님입니다. 그러므로 죄에서 깨어나야 합니다(17절).

요한계시록 21장 : 거룩한 성 새 예루살렘에 들어가는 신부의 초심

또 내가 새 하늘과 새 땅을 보니 처음 하늘과 처음 땅이 없어졌고 바다도 다시 있지...(1~7)
일곱 대접을 가지고 마지막 일곱 재앙을 담은 일곱 천사 중 하나가 나아와서 내게 말하여 이르되 이리 오라 내가 신부 곧 어린 양의 아내를 네게 보이리라 하고...(9~12)
그 성은 네모가 반듯하여 길이와 너비가 같은지라 그 갈대 자로 그 성을 측량하니 만 이천 스다디온이요 길이와 너비와 높이가 같더라...(16~21)
성 안에서 내가 성전을 보지 못하였으니 이는 주 하나님 곧 전능하신 이와 및 어린 양이 그 성전이심이라...(22~23)
만국이 그 빛 가운데로 다니고 땅의 왕들이 자기 영광을 가지고 그리로 들어가리라...(24~27)

요한은 새 하늘과 새 땅을 보았습니다. 하나님은 인간의 죄로 인해 망가진 세상을 새롭게 재창조하십니다. 하나님이 그들과 함께 계시고, 그들은 하나님의 백성이 되리라는 언약이 온전히 성취됩니다. 거룩한 새 예루살렘 성은 시험과 환난을 이기고 믿음을 지킨 자들의 것입니다. 거룩한 새 예루살렘 성에 대하여 자세하게 묘사하는데(9~21절), 이 성은 생명책에 기록된 자만이 들어갈 수 있습니다(22~27절).

하나님은 홍해를 건너는 장엄한 출애굽 구원의 역사를 마지막 날에 다시 한번 재현하실 것입니다. 마지막 날에 성취될 영광스런 역사가 바로 나를 위한 하나님의 새 창조의 역사임을 고백합니다. 약한 나를 돌아보신 하나님! 약한 자에게 긍휼을 베푸는 인생을 살게 하옵소서.

본문 신명기 25장 | 시편 116편 | 이사야 52장 | 요한계시록 22장

주제 권징 (勸懲, 착한 일을 권장하고 악한 일을 징계함. 권선징악의 준말)

만물을 다스리시는 하나님은 피조물의 범사를 감찰하시고 그 선악 간에 따라 권징하신다. 선민 사이에 불법을 행했을 때, 이방민족이 선민을 괴롭혔을 때, 마지막 때 예수를 거부하고 예언의 말씀을 지키지 않으며 오히려 핍박과 박해로 악을 자행했을 때 큰 권징을 행하신다.

신명기 25장 : 이웃을 향해 불법을 행하였을 때 내리는 권징

- 사람들 사이에 시비가 생겨 재판을 청하면 재판장은 그들을 재판하여 의인은 의롭다 하고 악인은 정죄할 것이며...(1~3)
- 형제들이 함께 사는데 그 중 하나가 죽고 아들이 없거든 그 죽은 자의 아내는 나가서 타인에게 시집 가지 말 것이요 그의 남편의 형제가 그에게로 들어가서 그를 맞이하여 아내로 삼아 그의 남편의 형제 된 의무를 그에게 다 행할 것이요...(5~6)
- 그의 형제의 아내가 장로들 앞에서 그에게 나아가서 그의 발에서 신을 벗기고 그의 얼굴에 침을 뱉으며 이르기를 그의 형제의 집을 세우기를 즐겨 아니하는 자에게는 이같이...(9~10)
- 너는 네 주머니에 두 종류의 저울추 곧 큰 것과 작은 것을 넣지 말 것이며...(13~15)
- 너희는 애굽에서 나오는 길에 아말렉이 네게 행한 일을 기억하라...(17~18)

본문은 두 가지 주제를 다룹니다. 첫째는 태형에 관한 규례로 40대까지만 때릴 수 있습니다. 재판관들은 공정한 판결을 내려야 합니다. 둘째, 계대법입니다. 형제가 자녀 없이 죽었을 때, 죽은 형제의 미망인과 결혼해 아들을 낳아 대를 잇게 해 주는 규례입니다. 그렇게 되면 형제가 죽었어도 자기 몫의 유산이 더 늘지 않아서인지 즐겨하지 않았던 것으로 보입니다. 따라서 계대법을 거부하는 자는 공개적인 굴욕을 당하게 됩니다. 11, 12절의 상황은 상당히 이례적인 내용으로 아마도 급소를 공격해 사람을 위험에 빠뜨리는 행위로 간주하여 엄히 금하는 것으로 보입니다. 하나님의 백성은 공정해야 합니다. 아말렉에 대한 명령은 그들이 이스라엘의 약한 자들을 쳤기 때문입니다. 약한 자에 대하여 긍휼과 호의를 베풀지 않는 것은 악한 행위로 간주됩니다.

시편 116편 : 환난, 슬픔을 당한 자가 기도할 때 내리는 권징

- 여호와께서 내 음성과 내 간구를 들으시므로 내가 그를 사랑하는도다...(1~5)
- 주께서 내 영혼을 사망에서, 내 눈을 눈물에서, 내 발을 넘어짐에서 건지셨나이다(8)
- 내가 크게 고통을 당하였다고 말할 때에도 나는 믿었도다(10)
- 내게 주신 모든 은혜를 내가 여호와께 무엇으로 보답할까...(12~14)
- 내가 여호와께 서원한 것을 그의 모든 백성이 보는 앞에서 내가 지키리로다(18)

과거에 하나님이 자신을 큰 위기에서 건져 주신 것을 기억하며 하나님을 찬양합니다(찬양시). 하나님의 구원을 경험한 그는 고통 중에도 하나님을 여전히 신뢰합니다(8~11절). 기도자는 구원을 베푸신 하나님께 감사 제사를 드립니다. 그리고 무엇으로도 보답할 수 없는 하나님의 은혜에 대하여 '하나님의 종'으로서 자기 자신을 드리는 것이 최선의 보답임을 알고 그러한 삶을 서원합니다(16~19절).

이사야 52장 : 사로잡혀 간 시온을 회복시킬 때 내리는 권징

시온이여 깰지어다 깰지어다 네 힘을 낼지어다 거룩한 성 예루살렘이여 네 아름다운 옷을 입을지어다 이제부터 할례 받지 아니한 자와 부정한 자가 다시는 네게로 들어옴이 없을...(1~3)
그러므로 내 백성은 내 이름을 알리라 그러므로 그 날에는 그들이 이 말을 하는 자가 나인 줄을 알리라 내가 여기 있느니라...(6~7)
너 예루살렘의 황폐한 곳들아 기쁜 소리를 내어 함께 노래할지어다 이는 여호와께서 그의 백성을 위로하셨고 예루살렘을 구속하셨음이라...(9~10)
여호와께서 너희 앞에서 행하시며 이스라엘의 하나님이 너희 뒤에서 호위하시리니 너희가 황급히 나오지 아니하며 도망하듯 다니지 아니하리라...(12~15)

심판에 처해 있던 이스라엘 백성에게 구원과 회복이 선포됩니다. 여인으로 의인화되어 있는 시온(예루살렘)은 거룩한 성으로 변화되고, 이스라엘의 거룩하신 분이 거하시는 보좌로 회복될 것입니다. 돈 없이, 즉 여호와의 긍휼과 의지로 회복될 것입니다(3절). 하나님이 그들을 온전히 통치하실 것입니다(7~12절). 13절부터는 고난받는 여호와의 종의 모습이 나타납니다. 여호와의 종은 지극히 존귀하게 될 것이나 많이 상하신 모습을 보입니다(13~15절).

요한계시록 22장 : 예언 말씀을 지키지 않는 자에게 내리는 권징

또 그가 수정 같이 맑은 생명수의 강을 내게 보이니 하나님과 및 어린 양의 보좌로부터...(1~5)
보라 내가 속히 오리니 이 두루마리의 예언의 말씀을 지키는 자는 복이 있으리라 하더라(7)
그가 내게 말하기를 나는 너와 네 형제 선지자들과 또 이 두루마리의 말을 지키는 자들과 함께 된 종이니 그리하지 말고 하나님께 경배하라 하더라(9)
불의를 행하는 자는 그대로 불의를 행하고 더러운 자는 그대로 더럽고 의로운 자는 그대로 의를 행하고 거룩한 자는 그대로 거룩하게 하라...(11~15)
나 예수는 교회들을 위하여 내 사자를 보내어 이것들을 너희에게 증언하게 하였노라 나는 다윗의 뿌리요 자손이니 곧 광명한 새벽 별이라 하시더라(16)
내가 이 두루마리의 예언의 말씀을 듣는 모든 사람에게 증언하노니 만일 누구든지...(18~19)
이것들을 증언하신 이가 이르시되 내가 진실로 속히 오리라 하시거늘 아멘...(20~21)

새 예루살렘의 모습은 흡사 에덴동산을 연상시킵니다. 즉, 에덴의 회복입니다. 생명나무가 있고, 하나님의 얼굴을 볼 수 있는 새 예루살렘에는 사망, 아픈 것, 저주가 없습니다. 주님은 속히 오실 것이니, 성도들은 주님의 약속을 믿고 끝까지 견디며 이겨야 합니다. 그리스도인은 하늘의 상급을 사모하는 자입니다(12~15절). 행위대로 갚으신다는 것은 성도들이 박해와 미혹에 굴복하지 말고 어린 양을 끝까지 믿고 따르는 믿음의 행위를 보이라는 의미입니다. 그리스도인은 주와 함께 누릴 영원한 영광을 바라보며, 세상의 종말 및 개인의 종말을 늘 준비하며 살아가는 사람입니다.

오직 하나님의 긍휼과 거룩한 의지로 나는 잃었던 생명을 회복하였습니다. 새 하늘과 새 땅의 역사가 나타날 때 구원과 회복의 큰 축제가 벌어지게 될 것입니다. 그날을 소망하며 주의 법을 사랑함으로 지키고, 내 삶을 주께 드리오니 받아 주옵소서.

본문 신명기 26장 | 시편 117-118편 | 이사야 53장 | 마태복음 1장
주제 인자 (仁慈, 어질고 자애로움. 하나님 속성 중의 하나)

하나님의 성품 중의 하나가 인자하심이다. 이 인자하심으로 이스라엘을 출애굽 하셨고 그 후 이스라엘의 긴 역사를 주관하셨다. 또한 온 인류를 구원하시기 위해 인자하심으로 독생자 구주 예수를 보내셨다.

신명기 26장 : 큰 위엄과 이적으로 인도하신 주의 인자하심을 닮음

- 네 하나님 여호와께서 네게 주신 땅에서 그 토지의 모든 소산의 맏물을 거둔 후에 그것을 가져다가 광주리에 담고 네 하나님 여호와께서 그의 이름을 두시려고 택하신 곳으로...(2~4)
- 우리가 우리 조상의 하나님 여호와께 부르짖었더니 여호와께서 우리 음성을 들으시고 우리의 고통과 신고와 압제를 보시고...(7~10)
- 셋째 해 곧 십일조를 드리는 해에 네 모든 소산의 십일조 내기를 마친 후에 그것을 레위인과 객과 고아와 과부에게 주어 네 성읍 안에서 먹고 배부르게 하라(12)
- 내가 애곡하는 날에 이 성물을 먹지 아니하였고 부정한 몸으로 이를 떼어두지 아니하였고 죽은 자를 위하여 이를 쓰지 아니하였고 내 하나님 여호와의 말씀을 청종하여...(14~15)
- 네가 오늘 여호와를 네 하나님으로 인정하고 또 그 도를 행하고 그의 규례와 명령과 법도를 지키며 그의 소리를 들으리라 확언하였고...(17~19)

가나안 정착 이후 햇곡식을 거둘 때, 하나님께 예물을 드리는 것에 대한 규례입니다. 예배자는 첫 열매가 담긴 바구니를 제단 앞에 놓고 신앙을 고백합니다(1~4절). 예배자의 신앙고백에는 이스라엘의 지난날 역사가 담겨 있습니다(5~9절). 이는 과거의 고난에서 건지신 하나님을 기억하기 위함입니다. 12절부터는 3년마다 드리는 십일조를 설명하는데, 3년 십일조는 소외계층과 함께 중앙 성소가 아닌 각 지방에 사는 레위인을 돌보는 데 쓰입니다. 모든 민족 가운데 하나님이 이스라엘을 선택하심으로써 이스라엘은 하나님의 보배로운 백성이 되었습니다(16~19절).

시편 117-118편 : 여호와의 진실하심과 인자하심을 찬양함

- 너희 모든 나라들아 여호와를 찬양하며 너희 모든 백성들아 그를 찬송할지어다...(117:1~2)
- 여호와께 감사하라 그는 선하시며 그의 인자하심이 영원함이로다...(118:1~6)
- 여호와께 피하는 것이 사람을 신뢰하는 것보다 나으며...(118:8~9)
- 그들이 나를 에워싸고 에워쌌으니 내가 여호와의 이름으로 그들을 끊으리로다(118:11)
- 여호와는 나의 능력과 찬송이시요 또 나의 구원이 되셨도다(118:14)
- 내가 죽지 않고 살아서 여호와께서 하시는 일을 선포하리로다(118:17)
- 내게 의의 문들을 열지어다 내가 그리로 들어가서 여호와께 감사하리로다...(118:19~20)
- 주는 나의 하나님이시라 내가 주께 감사하리이다 주는 나의 하나님이시라 내가 주를 높이리이다(118:28)

(117편) 성경에서 가장 짧은 성경인 117편은 모든 나라와 백성에게 여호와를 찬양하라고 명

령하며, 여호와의 인자와 진실하심이 영원하다고 노래합니다.

(118편) 제의 시편으로 분류됩니다. 제의 공동체는 하나님께 감사의 제사를 드립니다. 하나님의 인자하심이 감사 제사의 핵심 고백입니다. 영원토록 인자를 베푸시는 여호와 하나님은 시인의 편입니다(1~7절). 시인은 여호와의 이름을 의뢰하며, 여호와께 피하는 것이 사람을 신뢰하는 것보다 낫다고 선언합니다(8~13절). 여호와의 오른손은 그의 백성을 능히 구원하십니다(14~18절). 특히 22절은 예수 그리스도를 생각나게 합니다. 시인이 속한 공동체가 지금은 건축자가 버린 돌과 같은 처지에 있으나, 하나님의 선하심과 인자하심은 그들의 처지를 모퉁이의 머릿돌로 바꿔 주실 것입니다.

이사야 53장 : 고난의 종의 구원을 위한 인자하심을 신뢰함

- 그는 주 앞에서 자라나기를 연한 순 같고 마른 땅에서 나온 뿌리 같아서 고운 모양도 없고 풍채도 없은즉 우리가 보기에 흠모할 만한 아름다운 것이 없도다...(2~9)
- 그러므로 내가 그에게 존귀한 자와 함께 몫을 받게 하며 강한 자와 함께 탈취한 것을 나누게 하리니 이는 그가 자기 영혼을 버려 사망에 이르게 하며 범죄자 중 하나로 헤아림을 받았음이니라 그러나 그가 많은 사람의 죄를 담당하며 범죄자를 위하여 기도하였느니라(12)

구약의 예언 중에 예수 그리스도를 가장 잘 드러내는 본문입니다. '고난받는 여호와의 종'의 모습을 잘 묘사하고 있습니다. 환영받지 못하고 멸시를 받는 여호와의 종(1~3절)은 고통당하는 사명을 짊어지고 있습니다. 그가 받을 고난에 대해 '슬픔, 징벌, 맞음, 고난, 찔림, 상함, 징계, 채찍' 등의 이어지는 단어들이 잘 보여주고 있습니다. 그러나 그가 받는 고난을 통해 하나님은 죄인을 고치십니다. 부당한 고난에도 불구하고 순종하시는 여호와의 종은 결국 죽임을 당하게 되지만, 이로 인해 여호와의 뜻을 성취하게 됩니다(7~10절). 아담과 하와의 범죄 이후 하나님이 세우신 구원의 역사가 마침내 이루어졌습니다.

마태복음 1장 : 임마누엘로 오신 예수의 인자하심을 신뢰함

- 아브라함과 다윗의 자손 예수 그리스도의 계보라...(1~3)
- 살몬은 라합에게서 보아스를 낳고 보아스는 룻에게서 오벳을 낳고 오벳은 이새를 낳고...(5~6)
- 바벨론으로 사로잡혀 간 후에 여고냐는 스알디엘을 낳고 스알디엘은...(12~13)
- 야곱은 마리아의 남편 요셉을 낳았으니 마리아에게서 그리스도라 칭하는 예수가 나시니라(16)
- 예수 그리스도의 나심은 이러하니라 그의 어머니 마리아가 요셉과 약혼하고 동거하기 전에 성령으로 잉태된 것이 나타났더니...(18~23)

1장은 예수님의 기원(족보)에 대한 내용입니다. 마태는 예수님은 아브라함과 다윗에게 약속하신 언약의 성취를 위해 오신 분으로 설명합니다. 예수님의 탄생은 메시아에 대한 약속의 성취입니다(12~17절). 예수님은 성령으로 잉태되어 동정녀의 몸을 빌어 이 땅에 태어나셨습니다. 천사로부터 특별한 수태고지를 들은 요셉은 순종하여 아내 마리아를 수용했으며 마침내 아들을 낳고 그 이름을 예수라 지었습니다.

동정녀 마리아를 통해 인간의 역사 속으로 들어오신 귀하신 예수님! 이 땅에 오셔서 온갖 수치와 모욕을 다 당하시고, 십자가에서 죽으셨습니다. 그러나 이로 인해 나는 평화와 안식을 얻게 되었습니다. 나는 주의 선하심과 인자하심을 평생 노래할 것입니다.

본문 신명기 27, 28장 1-19절 | 시편 119편 1-24절 | 이사야 54장 | 마태복음 2장
주제 준행 (遵行, 말씀과 전례와 명령 따위를 좇아서 그대로 행함)

타락한 인간은 구원을 위해 법도가 필요하다. 그러므로 하나님과 예수님은 인간의 영원한 생명을 위해 말씀과 율법과 증거를 주셨다. 인간은 어떤 상황 속에서도 이 법을 준행함으로써 참된 구원에 이른다.

신명기 27장, 28장 1~19절 : 하나님의 말씀과 명령을 준행하여 복을 받음

- 너희가 요단을 건너 네 하나님 여호와께서 네게 주시는 땅에 들어가는 날에 큰 돌들을 세우고 석회를 바르라...(27:2~7)
- 너희가 요단을 건넌 후에 시므온과 레위와 유다와 잇사갈과 요셉과 베냐민은 백성을 축복하기 위하여 그리심 산에 서고...(27:12~16)
- 무죄한 자를 죽이려고 뇌물을 받는 자는 저주를 받을 것이라 할 것이요 모든 백성은 아멘 할지니라(27:25)
- 네가 네 하나님 여호와의 말씀을 삼가 듣고 내가 오늘 네게 명령하는 그의 모든 명령을 지켜 행하면 네 하나님 여호와께서 너를 세계 모든 민족 위에 뛰어나게 하실 것이라...(28:1~9)
- 여호와께서 너를 위하여 하늘의 아름다운 보고를 여시사 네 땅에 때를 따라...(28:12~14)

이스라엘 백성이 약속의 땅에 건너갔을 때, 가장 먼저 할 일은 큰 돌을 세우고 석회를 바른 후 말씀을 새기는 것입니다. 먼저 에발산에 세웁니다(4절). 큰 돌을 세우고 율법을 새겼습니다. 이어서 하나님이 세우신 질서를 깨뜨리고, 어지럽히는 행위에 대해 금지하는 내용이 선포됩니다(저주선언, 27:11~26절). 반대로 말씀에 순종하면 받는 복에 대한 내용도 선포됩니다(축복선언, 28:1~14절). 15절부터는 다시 저주선언이 이어집니다.

시편 119편 1~24절 : 여호와의 율법과 증거를 준행하여 복을 받음

- 행위가 온전하여 여호와의 율법을 따라 행하는 자들은 복이 있음이여...(1~4)
- 내가 주의 모든 계명에 주의할 때에는 부끄럽지 아니하리이다...(6~7)
- 청년이 무엇으로 그의 행실을 깨끗하게 하리이까 주의 말씀만 지킬 따름이니이다(9)
- 내가 주께 범죄하지 아니하려 하여 주의 말씀을 내 마음에 두었나이다(11)
- 내가 모든 재물을 즐거워함 같이 주의 증거들의 도를 즐거워하였나이다...(14~16)
- 내 눈을 열어서 주의 율법에서 놀라운 것을 보게 하소서(18)
- 고관들도 앉아서 나를 비방하였사오나 주의 종은 주의 율례들을 작은 소리로 읊조렸나이다...(23~24)

119편은 성경에서 가장 긴 장이며, 히브리어 알파벳이 순서대로 각 구절의 첫 자음으로 사용된 알파벳 시편이며, 하나님의 말씀에 대한 찬양을 담은 '토라(율법) 시편'입니다. 말씀을 따르는 자가 누리는 행복에 관한 확신과 말씀에 대한 시인의 간절함을 엿볼 수 있습니다. 말씀에 대한 순종이 복이며(1~6절), 말씀에 대해 즐거워하는 것이 복입니다(7~16절). 하나님의 말씀은 우리의 영원한 즐거움입니다(17~24절).

이사야 54장 : 하나님이 자신의 언약을 준행하여 복을 이룸

- 잉태하지 못하며 출산하지 못한 너는 노래할지어다 산고를 겪지 못한 너는 외쳐 노래할지어다 이는 홀로 된 여인의 자식이 남편 있는 자의 자식보다 많음이라 여호와께서 말씀하셨느니라...(1~5)
- 내가 넘치는 진노로 내 얼굴을 네게서 잠시 가렸으나 영원한 자비로 너를 긍휼히 여기리라 네 구속자 여호와께서 말씀하셨느니라(8)
- 산들이 떠나며 언덕들은 옮겨질지라도 나의 자비는 네게서 떠나지 아니하며 나의 화평의 언약은 흔들리지 아니하리라 너를 긍휼히 여기시는 여호와께서 말씀하셨느니라...(10~14)
- 너를 치려고 제조된 모든 연장이 쓸모가 없을 것이라 일어나 너를 대적하여 송사하는 모든 혀는 네게 정죄를 당하리니 이는 여호와의 종들의 기업이요 이는 그들이 내게서 얻은 공의니라 여호와의 말씀이니라(17)

여인으로 의인화된 '시온'에 대한 회복의 약속입니다. '시온'은 남편에게 버림받고, 자식은 모두 잃어버린 홀로 지내는 여인입니다. 하나님은 심판 중에도 긍휼을 잊지 않으십니다. 하나님이 친히 구속자가 되어 주시며, 남편이 되어 주실 것입니다(5절). '시온'(이스라엘)은 재건축되는 성에 비유되고 있습니다(11절~). 그들이 회복될 때는 그 어떤 성보다도 튼튼하고 화려할 것입니다. 그리고 진정한 평안을 누리게 될 것입니다.

마태복음 2장 : 주의 사자의 지시를 준행하여 예수를 보호함

- 헤롯 왕 때에 예수께서 유대 베들레헴에서 나시매 동방으로부터 박사들이 예루살렘에 이르러 말하되...(1~2)
- 또 유대 땅 베들레헴아 너는 유대 고을 중에서 가장 작지 아니하도다 네게서 한 다스리는 자가 나와서 내 백성 이스라엘의 목자가 되리라 하였음이니이다...(6~11)
- 그들이 떠난 후에 주의 사자가 요셉에게 현몽하여 이르되 헤롯이 아기를 찾아 죽이려 하니 일어나 아기와 그의 어머니를 데리고 애굽으로 피하여 내가 네게 이르기까지...(13~14)
- 이에 헤롯이 박사들에게 속은 줄 알고 심히 노하여 사람을 보내어 베들레헴과 그 모든 지경 안에 있는 사내아이를 박사들에게 자세히 알아본 그 때를 기준하여 두 살부터 그 아래로 다 죽이니(16)
- 헤롯이 죽은 후에 주의 사자가 애굽에서 요셉에게 현몽하여 이르되...(19~23)

이방인들이 예수님을 경배하러 옵니다. 그러나 유대인들은 그들의 진정한 왕, 메시야가 이 땅에 온 사실을 전혀 모르고 있습니다. 예수님의 오심은 유대인뿐 아니라, 모든 민족을 위한 것임을 동방에서 온 박사들이 보여주고 있습니다. 헤롯은 예수님을 제거하려고 했지만, 하나님은 그 뜻대로 되도록 허락하지 않으셨습니다. 헤롯은 유아 살해 명령을 내리고, 예수님은 부모님과 함께 이집트로 피신해 있다가 헤롯의 사후 이스라엘로 돌아와 나사렛에 정착하게 됩니다.

하나님의 말씀에 대한 인간의 태도에 따라 복과 저주가 나누어집니다. 하나님의 말씀 안에 영생의 길이 있으며, 평안과 승리가 있음을 확신합니다. 말씀을 즐거워하는 자 되게 하옵소서.

본문 신명기 28장 20-68절 | 시편 119편 25-48절 | 이사야 55장 | 마태복음 3장
주제 징계 (懲戒, 잘못이나 허물을 나무라서, 벌을 내리거나 제재를 가함)

성경에는 회개를 촉구하는 일시적 징계와 최후 심판에 따른 영원한 징계가 있다. 징계의 기준은 하나님의 말씀과 명령이다. 따라서 믿는 자는 늘 하나님을 사모하며 경외하고 그 말씀에 순종하며 살아야 한다.

신명기 28장 20~68절 : 하나님의 명령을 지키지 않을 때 임하는 징계

- 네가 악을 행하여 그를 잊으므로 네 손으로 하는 모든 일에 여호와께서 저주와 혼란과 책망을 내리사 망하며 속히 파멸하게 하실 것이며...(20~22)
- 여호와께서 애굽의 종기와 치질과 괴혈병과 피부병으로 너를 치시리니 네가 치유 받지 못할 것이며...(27~29)
- 네 소를 네 목전에서 잡았으나 네가 먹지 못할 것이며 네 나귀를 네 목전에서 빼앗겨도 도로 찾지 못할 것이며 네 양을 원수에게 빼앗길 것이나 너를 도와 줄 자가 없을 것이며(31)
- 여호와께서 네 무릎과 다리를 쳐서 고치지 못할 심한 종기를 생기게 하여 발바닥에서부터 정수리까지 이르게 하시리라(35)
- 네가 많은 종자를 들에 뿌릴지라도 메뚜기가 먹으므로 거둘 것이 적을 것이며...(38~40)
- 너의 중에 우거하는 이방인은 점점 높아져서 네 위에 뛰어나고 너는 점점 낮아질 것이며...(43~45)
- 네가 모든 것이 풍족하여도 기쁨과 즐거운 마음으로 네 하나님 여호와를 섬기지 아니함으로 말미암아...(47~53)
- 네가 만일 이 책에 기록한 이 율법의 모든 말씀을 지켜 행하지 아니하고 네 하나님 여호와라 하는 영화롭고 두려운 이름을 경외하지 아니하면...(58~61)
- 네 마음의 두려움과 눈이 보는 것으로 말미암아 아침에는 이르기를 아하 저녁이 되었으면 좋겠다 할 것이요 저녁에는 이르기를 아하 아침이 되었으면 좋겠다 하리라(67)

68절까지 저주선언이 이어집니다. 불순종하면 비우호적인 환경을 만나게 되며(21~24절), 전쟁의 패배와 약탈 및 질병(25~35절), 경제적 빈곤과 적군의 침략(36~57절), 각종 재앙과 약속의 땅에서의 추방(58~68절) 등의 결과를 보게 될 것입니다. 우리는 복의 길과 저주의 길 중 어느 길로 갈 것인지를 선택해야 합니다.

시편 119편 25~48절 : 주의 말씀을 떠났을 때 환경에 나타나는 징계

- 내 영혼이 진토에 붙었사오니 주의 말씀대로 나를 살아나게 하소서(25)
- 나의 영혼이 눌림으로 말미암아 녹사오니 주의 말씀대로 나를 세우소서...(28~29)
- 내가 주의 증거들에 매달렸사오니 여호와여 내가 수치를 당하지 말게 하소서...(31~32)
- 내 마음을 주의 증거들에게 향하게 하시고 탐욕으로 향하지 말게 하소서...(36~37)
- 내가 두려워하는 비방을 내게서 떠나게 하소서 주의 규례들은 선하심이니이다(39)
- 또 왕들 앞에서 주의 교훈들을 말할 때에 수치를 당하지 아니하겠사오며...(46~48)

극심한 고통 가운데 빠져 있는 시인(25, 28절)은 주의 말씀대로 자신을 다시 세워달라고 간구합니다(28절). 시인은 지금까지 주의 규례를 바라보며 살아왔으며(30절), 하나님의 말씀이 인도하시는 길을 신뢰합니다(33~35절). 그리고 말씀에 대해 준행하며 지키겠다고 다짐합니다(36~40절). 말씀에 대한 확신이 있는 자는 무엇으로도 얽매이지 않고, 참 자유를 누릴 수 있습니다(41~48절).

이사야 55장 : 듣지 않는 자, 불의한 자, 악인에게 내리는 징계

- 오호라 너희 모든 목마른 자들아 물로 나아오라 돈 없는 자도 오라 너희는 와서 사 먹되 돈 없이, 값 없이 와서 포도주와 젖을 사라...(1~4)
- 너희는 여호와를 만날 만한 때에 찾으라 가까이 계실 때에 그를 부르라...(6~9)
- 내 입에서 나가는 말도 이와 같이 헛되이 내게로 되돌아오지 아니하고 나의 기뻐하는 뜻을 이루며 내가 보낸 일에 형통함이니라...(11~13)

'시온'의 회복은 예수 그리스도의 오심을 통해 성취될 것입니다. 예수 그리스도는 영원히 목마르지 않는 생수가 되십니다(1~3절). 하나님은 회개하는 자들에게 용서를 베풀어 주십니다(4~8절). 바벨론으로부터 돌아온 사람들이 큰 기쁨을 맛보듯, 죄로부터 자유함을 얻은 사람은 영원한 기쁨을 누립니다.

마태복음 3장 : 하나님께 회개하지 않았을 때 주어지는 징계

- 그 때에 세례 요한이 이르러 유대 광야에서 전파하여 말하되...(1~2)
- 이 때에 예루살렘과 온 유대와 요단 강 사방에서 다 그에게 나아와...(5~8)
- 이미 도끼가 나무 뿌리에 놓였으니 좋은 열매를 맺지 아니하는 나무마다 찍혀 불에 던져지리라...(10~12)
- 예수께서 대답하여 이르시되 이제 허락하라 우리가 이와 같이 하여 모든 의를 이루는 것이 합당하니라 하시니 이에 요한이 허락하는지라...(15~17)

예수님의 메시야 되심이 세례 요한을 통해 증거됩니다. 종말이 되면 선지자 엘리야가 출현하여 이스라엘로 하여금 '주의 날'을 준비하게 할 것이라는 예언이 있습니다. 엘리야의 모습을 연상케 하는 모습을 하고 있는 세례 요한은 회개를 촉구하는 메시지를 전하며, 자신은 엘리야의 역할을 하고 있으며, 자신의 뒤에 메시야가 오신다고 선포합니다. 예수님은 자신을 낮추시고 세례 요한에게서 세례를 받음으로 공생애를 시작하십니다. 이때 예수님의 존재에 대하여 하늘이 선포합니다(17절).

시온의 회복을 약속하시고 예수 그리스도를 통해 예언을 성취하신 위대하신 하나님을 찬송합니다. 복과 저주가 내 앞에 놓여 있으니 고난 가운데 있어도 주의 말씀을 준행하는 복된 길, 순종의 길을 가게 하옵소서.

본문 신명기 29장 | 시편 119편 49-72절 | 이사야 56장 | 마태복음 4장
주제 언약 (言約, 하나님과 예수님이 선택한 자들에게 말씀으로 약속하심)

하나님은 호렙과 모압에서 선택한 이스라엘 자손과 말씀으로 언약을 맺으셨다. 또한 예수 그리스도도 갈릴리에서 선택한 제자들과 말씀으로 언약을 맺으셨다. 이 언약은 지키는 자에게 능력이요 복이 된다.

신명기 29장 : 언약을 지키지 않은 자에게 내리시는 저주

- 호렙에서 이스라엘 자손과 세우신 언약 외에 여호와께서 모세에게 명령하여 모압 땅에서 그들과 세우신 언약의 말씀은 이러하니라...(1~3)
- 그런즉 너희는 이 언약의 말씀을 지켜 행하라 그리하면 너희가 하는 모든 일이 형통하리라...(9~15)
- 이 저주의 말을 듣고도 심중에 스스로 복을 빌어 이르기를 내가 내 마음이 완악하여 젖은 것과 마른 것이 멸망할지라도 내게는 평안이 있으리라 할까 함이라...(19~21)
- 여러 나라 사람들도 묻기를 여호와께서 어찌하여 이 땅에 이같이 행하셨느냐 이같이 크고 맹렬하게 노하심은 무슨 뜻이냐 하면...(24~26)
- 감추어진 일은 우리 하나님 여호와께 속하였거니와 나타난 일은 영원히 우리와 우리 자손에게 속하였나니 이는 우리에게 이 율법의 모든 말씀을 행하게 하심이니라(29)

모압에서 시내산 언약을 재확인하는 모압 언약을 맺습니다. 시내산 언약이 출애굽 1세대가 하나님과 맺은 언약이라면, 모압 언약은 약속의 땅에 들어가기 전 출애굽 2세대가 하나님과 맺은 언약입니다. 이스라엘 백성들은 하나님이 그들을 위해 행하신 일을 먼저 기억해야 합니다(2, 3절). 그들은 하나님을 위해 구별된 백성으로서(10~13절), 후손까지 이 언약의 내용이 잘 계승되어야 합니다(14~17절). 이스라엘이 언약을 지키지 않을 경우에는 심판을 받게 될 것이며, 그들은 약속의 땅에서 쫓겨나 포로로 잡혀가게 될 것입니다(22~29절).

시편 119편 49~72절 : 언약을 사모하며 지킨 자에게 주시는 위로

- 이 말씀은 나의 고난 중의 위로라 주의 말씀이 나를 살리셨기 때문이니이다(50)
- 여호와여 주의 옛 규례들을 내가 기억하고 스스로 위로하였나이다...(52~54)
- 내 소유는 이것이니 곧 주의 법도들을 지킨 것이니이다(56)
- 주의 계명들을 지키기에 신속히 하고 지체하지 아니하였나이다(60)
- 내가 주의 의로운 규례들로 말미암아 밤중에 일어나 주께 감사하리이다...(62~63)
- 내가 주의 계명들을 믿었사오니 좋은 명철과 지식을 내게 가르치소서...(66~67)
- 고난 당한 것이 내게 유익이라 이로 말미암아 내가 주의 율례들을 배우게 되었나이다...(71~72)

시인은 주의 말씀을 통해 위로와 소망을 얻습니다(49~56절). 그는 말씀으로 위기를 극복하며(57~64절), 고난이 주는 유익을 알고 고난을 오히려 기뻐합니다(65~72절).

이사야 56장 : 언약을 지키는 자에게 주시는 기적적인 복

- 여호와께서 이와 같이 말씀하시기를 너희는 정의를 지키며 의를 행하라 이는 나의 구원이 가까이 왔고 나의 공의가 나타날 것임이라 하셨도다...(1~2)
- 여호와께서 이와 같이 말씀하시기를 나의 안식일을 지키며 내가 기뻐하는 일을 선택하며 나의 언약을 굳게 잡는 고자들에게는...(4~7)
- 들의 모든 짐승들아 숲 가운데의 모든 짐승들아 와서 먹으라...(9~12)

여기서는 회복될 '시온'(이스라엘 백성)에게 합당한 모습은 어떤 것인지 소개합니다. 더 이상 민족이나 혈통에 매이지 않고, 이방인이라도 자유롭게 여호와를 경외하게 될 것입니다. 회복된 하나님의 백성은 정의를 지키며 의를 행하는 자가 되어야 합니다(1절). 하나님과 연합한 자는 하나님의 집으로 인도받을 것입니다.

마태복음 4장 : 언약으로 시험을 이기시고 제자를 선택한 예수

- 그 때에 예수께서 성령에게 이끌리어 마귀에게 시험을 받으러 광야로 가사...(1~10)
- 나사렛을 떠나 스불론과 납달리 지경 해변에 있는 가버나움에 가서 사시니(13)
- 이 때부터 예수께서 비로소 전파하여 이르시되 회개하라 천국이 가까이 왔느니라 하시더라...(17~23)

40일간의 금식 후 사탄의 3가지 시험이 있었지만, 예수님은 모든 시험에서 승리하십니다. 이스라엘 백성이 시험에 실패한 것과 달리 예수님은 이기심으로써 자신이 하나님의 참 아들이자, 진정한 이스라엘임을 입증하셨습니다. 이제 예수님은 천국 복음을 선포하시고, 회개를 촉구하십니다. 그리고 제자를 부르십니다. 예수님을 따르는 제자는 자신에게 소중했던 것들을 버리고 예수님을 따라야 합니다.

이스라엘 백성들과 시내산 언약, 모압 언약을 맺으신 하나님! 영원히 변치 않을 십자가 언약으로 나를 이끄신 은혜를 감사드립니다. 하나님의 의를 행하는 백성이 되게 하시고, 예수님이 사탄의 시험을 모두 기록된 말씀으로 물리치신 것처럼 시험에서 이기게 하옵소서.

본문 신명기 30장 | 시편 119편 73-96절 | 이사야 57장 | 마태복음 5장
주제 청종 (聽從, 이르는 말을 듣고 잘 따름)

믿는 자는 주의 말씀을 청종해야 한다. 왜냐하면 그곳에 길과 생명이 있기 때문이다. 그러므로 잘 듣고 잘 실천해야 한다. 결국 청종의 대가는 축복과 평화이지만 청종치 않음의 대가는 저주와 멸망이다.

신명기 30장 : 선민이 모세가 전한 하나님의 계명을 청종함

- 내가 네게 진술한 모든 복과 저주가 네게 임하므로 네가 네 하나님 여호와로부터 쫓겨간 모든 나라 가운데서 이 일이 마음에서 기억이 나거든...(1~3)
- 네 하나님 여호와께서 네 마음과 네 자손의 마음에 할례를 베푸사 너로 마음을 다하며 뜻을 다하여 네 하나님 여호와를 사랑하게 하사 너로 생명을 얻게 하실 것이며...(6~7)
- 네가 네 하나님 여호와의 말씀을 청종하여 이 율법책에 기록된 그의 명령과 규례를 지키고 네 마음을 다하며 뜻을 다하여 여호와 네 하나님께 돌아오면 네 하나님 여호와께서...(9~11)
- 오직 그 말씀이 네게 매우 가까워서 네 입에 있으며 네 마음에 있은즉 네가 이를...(14~15)
- 내가 오늘 하늘과 땅을 불러 너희에게 증거를 삼노라 내가 생명과 사망과 복과 저주를 네 앞에 두었은즉 너와 네 자손이 살기 위하여 생명을 택하고...(19~20)

이스라엘이 언약을 버릴 경우, 포로가 되어 다른 나라로 끌려가게 될 것입니다. 그러나 하나님은 그들을 다시 돌아오게 하실 것이며, 다시 돌아온 그들은 약속의 땅에서 다시 한번 번성하게 될 것입니다. 그들은 생명의 길과 저주의 길 사이에 서게 됩니다. 말씀을 행하는 것은 어려운 것이 아닙니다(11절). 말씀이 우리 입과 마음에 있으면 능히 행할 수 있습니다(14절). 모세는 마지막으로 간곡히 권면합니다. 하나님을 사랑하고 그의 길로 행하라고(15~20절).

시편 119편 73~96절 : 시편 기자가 어떤 상황 속에서도 말씀을 청종함

- 주의 손이 나를 만들고 세우셨사오니 내가 깨달아 주의 계명들을 배우게 하소서...(73~75)
- 주를 경외하는 자들이 내게 돌아오게 하소서 그리하시면 그들이 주의 증거들을 알리이다(79)
- 나의 말이 주께서 언제나 나를 안위하실까 하면서 내 눈이 주의 말씀을 바라기에...(82~83)
- 주의 모든 계명들은 신실하니이다 그들이 이유 없이 나를 핍박하오니 나를 도우소서...(86~87)
- 주의 성실하심은 대대에 이르나이다 주께서 땅을 세우셨으므로 땅이 항상 있사오니...(90~91)
- 내가 주의 법도들을 영원히 잊지 아니하오니 주께서 이것들 때문에 나를 살게 하심이니이다(93)
- 내가 보니 모든 완전한 것이 다 끝이 있어도 주의 계명들은 심히 넓으니이다(96)

시인은 하나님이 고난을 통해 자신을 만들고 세우신다고 고백합니다(73절). 또한 시인은 "주를 경외하는 자들"이 자신을 보고 기뻐한다고 말합니다(74절). 그것은 그가 고난 가운데서도 주의 말씀을 바라고 있기 때문입니다. 시인이 하나님의 말씀으로 고난을 이겨 내는 모습은 많은 성도들에게 위로와 용기를 주고 있습니다. 고난을 이겨 내는 우리를 통해, 다른 이들을 세워 가게 됩니다. 시인은 몹시 지쳐 있으나 그럼에도 그는 주의 말씀을 바라고 있습니다(81절). 주님의 말씀은 영원하며, 나를 향한 주의 성실하심은 대대에 이릅니다(89, 90절).

이사야 57장 : 백성이 거룩하신 주의 회복의 말씀을 청종함

- 의인이 죽을지라도 마음에 두는 자가 없고 진실한 이들이 거두어 감을 당할지라도 깨닫는 자가 없도다 의인들은 악한 자들 앞에서 불리어가도다(1)
- 무당의 자식, 간음자와 음녀의 자식들아 너희는 가까이 오라...(3~4)
- 네가 높고 높은 산 위에 네 침상을 베풀었고 네가 또 거기에 올라가서 제사를 드렸으며...(7~9)
- 네가 누구를 두려워하며 누구로 말미암아 놀랐기에 거짓을 말하며 나를 생각하지...(11~13)
- 지극히 존귀하며 영원히 거하시며 거룩하다 이름하는 이가 이와 같이 말씀하시되 내가 높고 거룩한 곳에 있으며 또한 통회하고 마음이 겸손한 자와 함께 있나니 이는 겸손한...(15~16)
- 내가 그의 길을 보았은즉 그를 고쳐 줄 것이라 그를 인도하며 그와 그를 슬퍼하는 자들에게 위로를 다시 얻게 하리라...(18~19)
- 내 하나님의 말씀에 악인에게는 평강이 없다 하셨느니라(21)

57장은 여호와의 구원하심을 앞두고 있으면서도 여전히 우상숭배를 일삼는 이스라엘 백성의 현실을 고발합니다(1~10절). 이러한 이스라엘의 패역에도 불구하고 여호와께서는 그들을 포기하지 않으십니다. "내가 그의 길을 보았은즉 그를 고쳐줄 것이라"(18절). 이 말씀은 반드시 이스라엘을 회복시키겠다는 하나님의 굳은 결심입니다. 하나님은 약속을 성취하시며, 참된 평강을 주십니다(18~21절).

마태복음 5장 : 제자가 예수님의 산상수훈의 말씀을 청종함

- 심령이 가난한 자는 복이 있나니 천국이 그들의 것임이요...(3~10)
- 너희는 세상의 소금이니 소금이 만일 그 맛을 잃으면 무엇으로 짜게 하리요 후에는...(13~16)
- 진실로 너희에게 이르노니 천지가 없어지기 전에는 율법의 일점 일획도 결코...(18~20)
- 나는 너희에게 이르노니 형제에게 노하는 자마다 심판을 받게 되고 형제를 대하여 라가라 하는 자는 공회에 잡혀가게 되고 미련한 놈이라 하는 자는 지옥 불에 들어가게 되리라...(22~24)
- 나는 너희에게 이르노니 음욕을 품고 여자를 보는 자마다 마음에 이미...(28~30)
- 오직 너희 말은 옳다 옳다, 아니라 아니라 하라 이에서 지나는 것은 악으로부터...(37~42)
- 나는 너희에게 이르노니 너희 원수를 사랑하며 너희를 박해하는 자를 위하여...(44~45)
- 그러므로 하늘에 계신 너희 아버지의 온전하심과 같이 너희도 온전하라(48)

산상수훈은 새롭게 도래하는 하나님 나라의 윤리입니다. 우리는 세상과 다른 기준으로 살아가는 사람이며(1~10절), 예수님을 위해 박해받는 사람이며(11, 12절), 하나님의 영광을 위해 사는 사람입니다(13~16절). 율법의 완성이신 예수님은 율법보다 더 높은 수준의 윤리를 말씀하십니다(17~26절). 예수님은 율법의 문자적인 이해를 넘어, 더 깊은 관점의 해석을 제시하십니다(27~37절). "이웃을 사랑하라"는 관점에서 보복행위와 원수에 대한 태도를 규정하십니다(38~48절).

여전히 하나님 아닌 우상에게 마음이 기울 때가 있습니다. 그러나 회복의 약속을 성취하시는 하나님을 의지하여 그의 앞에 나아갑니다. 생명의 길을 걷게 하시고, 고난 가운데 있을 때 말씀을 주셔서 그 말씀을 통해 다시 일으켜 주옵소서. 하나님 나라의 윤리를 따르는 참 신자가 되기를 원합니다.

본문 신명기 31장 | 시편 119편 97-120절 | 이사야 58장 | 마태복음 6장

주제 실천 (實踐, 가르침 받은 것이나 생각한 것을 실제로 행함)

하나님은 날마다 우리에게 참된 교훈을 주신다. 우리는 이 귀한 교훈을 경청할 뿐만 아니라 온전히 실천해야 한다. 그렇게 함으로 하나님이 기뻐하시는 삶, 범사에 승리하는 삶, 풍성한 삶을 살 수 있다.

신명기 31장 : 모세가 기록한 율법을 실천함

- 그들에게 이르되 이제 내 나이 백이십 세라 내가 더 이상 출입하지 못하겠고 여호와께서도 내게 이르시기를 너는 이 요단을 건너지 못하리라 하셨느니라...(2~3)
- 너희는 강하고 담대하라 두려워하지 말라 그들 앞에서 떨지 말라 이는 네 하나님 여호와 그가 너와 함께 가시며 결코 너를 떠나지 아니하시며 버리지 아니하실 것임이라 하고...(6~8)
- 모세가 그들에게 명령하여 이르기를 매 칠 년 끝 해 곧 면제년의 초막절에...(10~12)
- 또 여호와께서 모세에게 이르시되 너는 네 조상과 함께 누우려니와 이 백성은 그 땅으로 들어가 음란히 그 땅의 이방 신들을 따르며 일어날 것이요 나를 버리고 내가 그들과...(16~17)
- 그러므로 이제 너희는 이 노래를 써서 이스라엘 자손들에게 가르쳐 그들의 입으로 부르게 하여 이 노래로 나를 위하여 이스라엘 자손들에게 증거가 되게 하라...(19~20)
- 모세가 이 율법의 말씀을 다 책에 써서 마친 후에...(24~27)

모세는 약속의 땅에 들어가지 못할 것을 알고 있습니다. 그의 마지막 사명은 여호수아를 지도자로 세우는 것입니다. 하나님은 모세와 함께 하셨듯이 여호수아와도 함께 하실 것입니다(7, 8절). 모세는 7년마다 오는 면제년의 초막절에 온 백성이 모일 것을 명합니다(9~13절). 가나안 세대가 여호와 경외하기를 배워야 하기 때문입니다. 하지만 하나님은 이스라엘 백성들의 배신을 예고하십니다(16~18절). 심히 염려되는 상황에서 모세는 하나님의 역사를 노래로 만들어 가르칩니다(19절). 하나님을 떠나 악을 행하면 결국 심판과 재앙이 임할 뿐입니다(24~29절).

시편 119편 97~120절 : 주의 계명, 증거, 법도를 실천함

- 내가 주의 법을 어찌 그리 사랑하는지요 내가 그것을 종일 작은 소리로 읊조리나이다...(97~100)
- 주의 말씀의 맛이 내게 어찌 그리 단지요 내 입에 꿀보다 더 다니이다(103)
- 주의 말씀은 내 발에 등이요 내 길에 빛이니이다(105)
- 여호와여 구하오니 내 입이 드리는 자원제물을 받으시고 주의 공의를 내게 가르치소서(108)
- 주의 증거들로 내가 영원히 나의 기업을 삼았사오니 이는 내 마음의 즐거움이 됨이니이다(111)
- 내가 두 마음 품는 자들을 미워하고 주의 법을 사랑하나이다(113)
- 주의 말씀대로 나를 붙들어 살게 하시고 내 소망이 부끄럽지 않게 하소서(116)
- 주께서 세상의 모든 악인들을 찌꺼기 같이 버리시니 그러므로 내가 주의 증거들을 사랑하나이다(119)

시인은 주의 법(율법)을 사랑합니다. 주의 법을 사랑하고 묵상하는 사람은 원수보다, 스승보다, 노인보다 더 명철합니다(97~100절). 말씀의 지혜는 말씀을 지키고 악한 길로 가지 않는 것입니다(101, 102절). 시인은 말씀이 자기 발의 등이요, 빛임을 선언하면서 주의 의로운 규례들을 지키기로 결단합니다(105~112절). 우리는 두 마음(하나님 vs 세상)을 품지 않고, 주의 법을 사랑해야 합니다(113~120절).

이사야 58장 : 주가 기뻐하시는 금식을 실천함

- 우리가 금식하되 어찌하여 주께서 보지 아니하시오며 우리가 마음을 괴롭게 하되 어찌하여 주께서 알아 주지 아니하시나이까 보라 너희가 금식하는 날에 오락을 구하며 온갖 일을 시키는도다...(3~13)

하나님은 외적 행위보다 삶의 예배를 기뻐하십니다. 이사야는 형식적으로 금식하며 하나님이 응답해 주지 않는다고 불평하는 사람들에 대해 책망합니다(3절). 그들의 문제는 금식하면서도 자신의 욕망대로 행했다는 데 있습니다. 하나님은 경건이 동반된 금식을 기뻐하십니다(5~9절). 하나님과 이웃을 사랑하며, 안식일을 참되게 보내는 것을 하나님은 기뻐하십니다.

마태복음 6장 : 구제, 기도, 금식, 그 의를 실천함

- 그러므로 구제할 때에 외식하는 자가 사람에게서 영광을 받으려고 회당과 거리에서 하는 것 같이 너희 앞에 나팔을 불지 말라 진실로 너희에게 이르노니 그들은 자기 상을...(2~4)
- 너는 기도할 때에 네 골방에 들어가 문을 닫고 은밀한 중에 계신 네 아버지께 기도하라 은밀한 중에 보시는 네 아버지께서 갚으시리라...(6~7)
- 그러므로 너희는 이렇게 기도하라 하늘에 계신 우리 아버지여 이름이 거룩히 여김을 받으시오며...(9~13)
- 너는 금식할 때에 머리에 기름을 바르고 얼굴을 씻으라...(17~18)
- 오직 너희를 위하여 보물을 하늘에 쌓아 두라 거기는 좀이나 동록이 해하지 못하며 도둑이 구멍을 뚫지도 못하고 도둑질도 못하느니라...(20~21)
- 한 사람이 두 주인을 섬기지 못할 것이니 혹 이를 미워하고 저를 사랑하거나 혹 이를 중히 여기고 저를 경히 여김이라 너희가 하나님과 재물을 겸하여 섬기지 못하느니라...(24~25)
- 그러므로 염려하여 이르기를 무엇을 먹을까 무엇을 마실까 무엇을 입을까 하지 말라...(31~34)

구제와 기도(금식)에 대해서 다루고 있습니다. 우리는 바리새인이나 서기관보다 더 나은 의를 가져야 합니다. 유대인에게 구제나 기도는 매우 중요한 종교적 실천 과제입니다. 그런데 이러한 경건의 행위가 자기 의를 드러내고, 과시하는 것에 대하여 예수님은 그 본래의 목적을 상기시키십니다. 경건의 행위는 사람을 지향하는 것이 아니라, 하나님을 향해 있어야 합니다. 우리는 우선순위 싸움을 계속하고 있습니다. 보물은 하늘에 쌓아야 하며(19~21절) 하나님을 진정한 주인으로 섬겨야 합니다(22~24절). 의식주의 문제는 하나님께 있습니다. 진정한 제자는 의식주가 아닌 하나님의 나라를 구해야 하며, 그럴 때 이 모든 것을 더하여 주십니다(25~34절).

주의 법을 사모하며 사랑하게 하시고, 예배와 삶에 참된 경건이 자리 잡게 하옵소서. 하나님의 나라와 의를 구하는 자에게 모든 것을 더하시는 하나님의 역사를 보게 하여 주옵소서.

본문 신명기 32장 | 시편 119편 121-144절 | 이사야 59장 | 마태복음 7장
주제 지적 (指摘, 잘못이나 허물 따위를 드러내어 꼭 집어 말함)

지적은 두 가지의 성질을 가지고 있다. 하나는 숨어 있는 허물을 꺼내어 정죄하는 성질이고, 다른 하나는 잘못을 꼬집어 바로 잡아주는 성질이다. 하나님은 지적을 통해 회개케 하시고 용서와 구속을 베푸신다.

신명기 32장 : 모세가 이스라엘의 타락과 배반을 지적함

- 내 교훈은 비처럼 내리고 내 말은 이슬처럼 맺히나니 연한 풀 위의 가는 비 같고...(2~6)
- 지극히 높으신 자가 민족들에게 기업을 주실 때에, 인종을 나누실 때에 이스라엘...(8~10)
- 그런데 여수룬이 기름지매 발로 찼도다 네가 살찌고 비대하고 윤택하매 자기를...(15~18)
- 그가 말씀하시기를 내가 내 얼굴을 그들에게서 숨겨 그들의 종말이 어떠함을 보리니...(20~21)
- 내가 재앙을 그들 위에 쌓으며 내 화살이 다할 때까지 그들을 쏘리로다...(23~25)
- 그들은 모략이 없는 민족이라 그들 중에 분별력이 없도다(28)
- 그들의 포도주는 뱀의 독이요 독사의 맹독이라...(33~36)
- 너희 민족들아 주의 백성과 즐거워하라 주께서 그 종들의 피를 갚으사...(43~44)
- 이는 너희에게 헛된 일이 아니라 너희의 생명이니 이 일로 말미암아 너희가 요단을 건너가 차지할 그 땅에서 너희의 날이 장구하리라(47)

모세는 후손들이 역사를 망각하지 않도록 노래를 가르칩니다. 노래에는 하나님의 성품과 행하신 일들이 담겨 있습니다. 이스라엘은 출애굽의 기적과 광야에서 그들을 보호하시고 먹이신 하나님의 역사를 최선을 다해 기억해야 합니다. 모세는 이스라엘 백성들이 그들의 삶이 안정된 이후 하나님을 떠나 우상을 섬기게 될 것을 우려합니다(15~36절). 이스라엘이 패역하게 되면 하나님은 그 얼굴을 숨기실 것입니다. 심판의 회초리가 임할 것입니다. 만약 이스라엘이 패하거나 멸망한다면 그것은 이방나라가 강해서가 아니라 이스라엘이 하나님을 떠났기 때문입니다(37~44절). 그러나 때가 되면 하나님은 그들을 다시 돌이킬 것입니다. 이스라엘은 힘써 여호와의 율법을 지켜 행해야 합니다(45~47절). 모세는 마지막으로 자신은 들어가지 못하게 될 약속의 땅을 바라봅니다(48~52절). 이 땅에서의 그의 역할은 여기까지입니다. 우리도 하나님이 허락하신 데까지 살다가 이 땅을 떠납니다.

시편 119편 121~144절 : 주의 종을 박해하고 법을 폐하는 자를 지적함

- 내가 정의와 공의를 행하였사오니 나를 박해하는 자들에게 나를 넘기지 마옵소서...(121~122)
- 그들이 주의 법을 폐하였사오니 지금은 여호와께서 일하실 때니이다(126)
- 주의 말씀을 열면 빛이 비치어 우둔한 사람들을 깨닫게 하나이다(130)
- 주의 이름을 사랑하는 자들에게 베푸시던 대로 내게 돌이키사 내게 은혜를 베푸소서...(132~134)
- 그들이 주의 법을 지키지 아니하므로 내 눈물이 시냇물 같이 흐르나이다(136)
- 내 대적들이 주의 말씀을 잊어버렸으므로 내 열정이 나를 삼켰나이다(139)
- 내가 미천하여 멸시를 당하나 주의 법도를 잊지 아니하였나이다...(141~144)

시인은 매우 곤란한 상황 가운데 처해 있습니다. 악인을 심판하시고, 자신을 구해달라고 간구합니다(121, 126절). 그렇지만 시인은 변치 않고 주의 계명을 사모합니다(131절). 하나님의 판단의 옳음과 성실하심을 찬송합니다(137, 138절). 절망적인 상황이 우리로 하여금 하나님의 성품과 성실하심을 잊어버리게 만들기도 합니다. 우리는 다시 주의 판단과 성실하심을 신뢰하며 간구하는 자리로 나아가야 합니다. 그분이 우리의 주가 되심을 경험할 때까지.

이사야 59장 : 이사야가 백성의 죄악과 허물을 지적함

- 여호와의 손이 짧아 구원하지 못하심도 아니요 귀가 둔하여 듣지 못하심도 아니라...(1~4)
- 그 발은 행악하기에 빠르고 무죄한 피를 흘리기에 신속하며 그 생각은 악한 생각이라...(7~8)
- 우리가 곰 같이 부르짖으며 비둘기 같이 슬피 울며 정의를 바라나 없고 구원을 바라나...(11~13)
- 사람이 없음을 보시며 중재자가 없음을 이상히 여기셨으므로 자기 팔로 스스로 구원을...(16~18)
- 여호와의 말씀이니라 구속자가 시온에 임하며 야곱의 자손 가운데에서 죄과를 떠나는...(20~21)

이스라엘은 그들이 처한 비참한 상황이 여호와의 무능함과 무관심 탓이라고 불평합니다. 이에 이사야는 그들의 악한 모습을 구체적으로 제시합니다. 우리도 이스라엘 백성들과 같은 오해를 할 때가 있습니다. 우리의 죄가 하나님의 공의로부터 우리를 멀어지게 하는데(9~15절), 의로우신 하나님은 당신의 백성을 위해 다시 일어나십니다(15~21절). 대적을 물리치시고 다시 임재의 약속을 하십니다. 잠시 징계하시지만 우리를 의롭게 하시며 다시 일으키실 것에 대해 '새 언약'(21절)을 통해 보증하십니다. 새 언약의 실현은 예수 그리스도를 통해 온전히 성취됩니다.

마태복음 7장 : 예수님이 거짓 선지자와 그 결과를 지적함

- 비판을 받지 아니하려거든 비판하지 말라...(1~3)
- 거룩한 것을 개에게 주지 말며 너희 진주를 돼지 앞에 던지지 말라 그들이 그것을 발로...(6~8)
- 너희가 악한 자라도 좋은 것으로 자식에게 줄 줄 알거든 하물며 하늘에 계신 너희 아버지께서 구하는 자에게 좋은 것으로 주시지 않겠느냐(11)
- 좁은 문으로 들어가라 멸망으로 인도하는 문은 크고 그 길이 넓어 그리로 들어가는...(13~17)
- 이러므로 그들의 열매로 그들을 알리라...(20~24)
- 이는 그 가르치시는 것이 권위 있는 자와 같고 그들의 서기관들과 같지 아니함일러라(29)

산상수훈의 마지막 장입니다. 하나님 나라의 윤리를 따라 살아가는 사람은 남을 정죄하기보다 자신을 먼저 돌아보는 사람이며(1~6절) 구하는 자에게 좋은 것을 주시는 하늘 아버지를 신뢰하는 가운데 구하는 자입니다(7~12절). 우리는 좁더라도 생명으로 인도하는 문으로 들어가야 하며(13, 14절) 거짓 선지자를 잘 분별해야 합니다(15~20절). 예수님을 주님으로 고백하면서, 그분의 말씀에 순종하지 않는 자는 불법을 행하는 자입니다(21~29절).

나를 구원하신 주님의 법도를 떠나지 않게 하옵소서. 주의 인자하심은 영원하여 새 언약을 통해 무너진 나를 다시 세우셨습니다. 주님의 성실하심을 기억하며, 간구하는 자리로 나아갑니다. 세상 윤리보다 더 빛나는 하나님 나라의 윤리를 행함으로 세상 가운데 예수 그리스도의 아름다운 덕을 전하는 자 되게 하옵소서.

본문 신명기 33-34장 | 시편 119편 145-176절 | 이사야 60장 | 마태복음 8장
주제 소원 (所願, 바라고 원함)

사람에게는 누구나 소원이 있다. 일반적으로 세상 사람들은 육신적인 소원이 크겠지만 그리스도인들은 영적이며 남을 위한 소원이 더 크다. 모든 소원의 성취는 하나님의 주권과 능력과 은혜 안에 있다.

신명기 33-34장 : 모세가 온 이스라엘의 축복을 간절히 소원함

- 하나님의 사람 모세가 죽기 전에 이스라엘 자손을 위하여 축복함이 이러하니라...(33:1~3)
- 르우벤은 죽지 아니하고 살기를 원하며 그 사람 수가 적지 아니하기를 원하나이다...(33:6~8)
- 주의 법도를 야곱에게, 주의 율법을 이스라엘에게 가르치며 주 앞에 분향하고 온전한 번제를 주의 제단 위에 드리리로다(33:10)
- 베냐민에 대하여는 일렀으되 여호와의 사랑을 입은 자는 그 곁에 안전히 살리로다...(33:12~14)
- 그는 첫 수송아지 같이 위엄이 있으니 그 뿔이 들소의 뿔 같도다 이것으로...(33:17~25)
- 이스라엘이여 너는 행복한 사람이로다 여호와의 구원을 너 같이 얻은 백성이 누구냐...(33:29)
- 여호와께서 그에게 이르시되 이는 내가 아브라함과 이삭과 야곱에게 맹세하여...(34:4~7)
- 모세가 눈의 아들 여호수아에게 안수하였으므로 그에게 지혜의 영이 충만하니...(34:9~10)

(33장) 모세는 죽기 전에 이스라엘 열두 지파를 축복합니다. 야곱이 죽기 전에 열두 아들을 축복하는 장면을 연상시킵니다(창 49장). 특히 레위와 요셉 지파에 대한 축복이 두드러집니다. 레위는 주의 율법을 이스라엘에게 가르치게 될 것이며(10절), 요셉은 풍성한 열매를 약속하십니다(13~16절). 모든 지파에게 땅(기업)을 주실 것을 선포한 이후 모세는 이스라엘이 얼마나 큰 복을 받았는지를 말해 줍니다(26~29절). 이스라엘을 '여수룬'(정직한 자, 의로운 자)이라 부르며 창조와 구원의 하나님이 그들 편에 있음을 상기시킵니다.
(34장) 하나님의 사람 모세는 약속의 땅을 바라보며 눈을 감습니다. 마찬가지로 우리 역시 예수님이 약속하신 그 곳("내 아버지의 집", 요 14:2)을 바라보며 이 땅에서 살아갑니다.

시편 119편 145~176절 : 시편 기자가 주의 말씀 지킴을 간절히 소원함

- 여호와여 내가 전심으로 부르짖었사오니 내게 응답하소서 내가 주의 교훈들을...(145~148)
- 내가 전부터 주의 증거들을 알고 있었으므로 주께서 영원히 세우신 것인 줄을...(152~155)
- 주의 말씀을 지키지 아니하는 거짓된 자들을 내가 보고 슬퍼하였나이다(158)
- 고관들이 거짓으로 나를 핍박하오나 나의 마음은 주의 말씀만 경외하나이다...(161~165)
- 여호와여 나의 부르짖음이 주의 앞에 이르게 하시고 주의 말씀대로 나를 깨닫게 하소서(169)
- 주께서 율례를 내게 가르치시므로 내 입술이 주를 찬양하리이다...(171~172)

시인은 악한 자로부터 고통을 받고 있습니다. "악을 따르는 자들이 가까이 왔사오니"(150절). 그러나 시인은 고백합니다. "여호와여 주께서 가까이 계시오니"(151절). 악인이 가까이 올수록, 주님은 내게 더 가까이 계시다는 사실을 기억하십시오. 주님이 나를 변호하십니다(154절). "나를 핍박하는 자들과 나의 대적이 많으나"(157절). "주의 긍휼이 많습니다"(156절).

"주의 법을 사랑하는 자에게는 큰 평안이 있습니다"(165절). 요동치 않는 인생을 살게 됩니다. 그러므로 우리는 항상 주의 법을 즐거워하며 즐거이 행하는 자가 되어야 합니다(174절).

이사야 60장 : 이사야가 예루살렘의 영광을 간절히 소원함

- 일어나라 빛을 발하라 이는 네 빛이 이르렀고 여호와의 영광이 네 위에 임하였음이니라...(1~5)
- 곧 섬들이 나를 앙망하고 다시스의 배들이 먼저 이르되 먼 곳에서 네 자손과 그들의 은금을 아울러 싣고 와서 네 하나님 여호와의 이름에 드리려 하며 이스라엘의 거룩한 이에게 드리려 하는 자들이라 이는 내가 너를 영화롭게 하였음이라...(9~11)
- 너를 괴롭히던 자의 자손이 몸을 굽혀 네게 나아오며 너를 멸시하던 모든 자가 네 발 아래에 엎드려 너를 일컬어 여호와의 성읍이라, 이스라엘의 거룩한 이의 시온이라 하리라...(14~17)
- 다시는 낮에 해가 네 빛이 되지 아니하며 달도 네게 빛을 비추지 않을 것이요 오직 여호와가 네게 영원한 빛이 되며 네 하나님이 네 영광이 되리니...(19~22)

하나님이 약속하신 시온의 회복이 임박했습니다. 흑암(깊은 절망)에 덮여 있던 이스라엘에게 구원의 빛이 비쳐 옵니다. 이 빛은 이스라엘뿐 아니라 온 땅과 모든 만민에게 비칩니다. 이 예언은 예수님의 오심으로 성취되었습니다. 구원의 빛을 비춰 주셔서, 우리로 하여금 더 이상 어둠이 아닌 빛의 자녀로 살아가게 하셨습니다. 하나님은 자신의 영광을 우리에게 부어 주셨습니다.

마태복음 8장 : 많은 병자가 예수께 나와 고침받기를 소원함

- 한 나병환자가 나아와 절하며 이르되 주여 원하시면 저를 깨끗하게 하실 수 있나이다 하거늘...(2~3)
- 예수께서 가버나움에 들어가시니 한 백부장이 나아와 간구하여...(5~10)
- 예수께서 백부장에게 이르시되 가라 네 믿은 대로 될지어다 하시니 그 즉시 하인이 나으니라...(13~16)
- 한 서기관이 나아와 예수께 아뢰되 선생님이여 어디로 가시든지 저는 따르리이다...(19~22)
- 바다에 큰 놀이 일어나 배가 물결에 덮이게 되었으되 예수께서는 주무시는지라...(24~32)

예수님의 본격적인 치유사역이 시작됩니다. 유대사회에서 나병환자는 영적으로 부정한 자입니다. 따라서 나병환자를 고치심은 단순히 질병에서 낫게 하는 것에 그치지 않고, 부정함을 정결함으로 바꾸시는 예수님을 보여주는 것입니다(1~4절). 자신의 하인을 위해 수고를 마다 않는 경건하고 자비로운 성품의 백부장은 예수님의 마음을 움직이기에 충분했습니다(5~13절). 베드로의 장모의 열병도 치유하신 예수님의 치유 사역은 이사야 예언의 성취입니다(14~17절). 약속된 메시아 예수 그리스도를 따름에 있어서 무엇보다 우선적 가치를 두어야 하며, 결단이 있어야 합니다(18~22절). 자연도 귀신도 예수님의 권위에 순종합니다(23~34절). 예수님은 하늘과 땅의 모든 권세를 가지신 분입니다(마 28:18).

죄로 인해 깊은 절망에 빠져 있는 나에게 구원의 빛을 비춰 주셔서 빛의 자녀 되게 하심을 찬양하나이다. 다시 돌아갈 영원한 본향을 바라보게 하시고, 주의 법을 사랑하는 자에게 주실 큰 평안을 누리게 하옵소서.

본문 여호수아 1장 | 시편 120-122편 | 이사야 61장 | 마태복음 9장
주제 극복 (克服, 악조건이나 고생 따위를 없애거나 좋아지게 하여 이겨냄)

세상에는 많은 고난과 문제가 있다. 이를 극복하는 것은 오직 믿음이다. 그 믿음은 하나님이 함께 하시는 것과 그의 능력과 그의 개입하심을 믿는 것이다. 결국 세상을 극복하는 승리는 오직 믿음에 있다.

여호수아 1장 : 여호수아가 가나안 정복 앞에서 두려움을 극복

- 여호와의 종 모세가 죽은 후에 여호와께서 모세의 수종자 눈의 아들 여호수아에게 말씀하여 이르시되...(1~2)
- 네 평생에 너를 능히 대적할 자가 없으리니 내가 모세와 함께 있었던 것 같이 너와 함께 있을 것임이니라 내가 너를 떠나지 아니하며 버리지 아니하리니...(5~11)
- 여호와께서 너희를 안식하게 하신 것 같이 너희의 형제도 안식하며 그들도 너희의 하나님 여호와께서 주시는 그 땅을 차지하기까지 하라 그리고 너희는 너희 소유지 곧 여호와의 종 모세가 너희에게 준 요단 이쪽 해 돋는 곳으로 돌아와서 그것을 차지할지니라...(15~18)

새 역사가 시작됩니다. 모세의 뒤를 이어 여호수아가 지도자가 되었고, 40년의 광야생활이 끝나고 약속의 땅에 들어가게 됩니다. 하나님은 여호수아에게 땅에 관한 약속을 확인시켜 주시면서, 이스라엘의 새 지도자로서 무엇보다 약속의 말씀을 신뢰하며 순종하라고 말씀하십니다(1~9절). 여호수아는 요단 동편에 먼저 정착하게 된 지파들에게 모세에게 했던 약속(가나안 정복전쟁에 형제 지파들을 위해 함께 참전하는 것)을 이행하라고 명령합니다(10~18절).

시편 120-122편 : 성도가 거짓된 입술과 혀로 인한 환난을 극복

- 내가 환난 중에 여호와께 부르짖었더니 내게 응답하셨도다...(120:1~4)
- 나는 화평을 원할지라도 내가 말할 때에 그들은 싸우려 하는도다(120:7)
- 내가 산을 향하여 눈을 들리라 나의 도움이 어디서 올까...(121:1~8)
- 사람이 내게 말하기를 여호와의 집에 올라가자 할 때에 내가 기뻐하였도다(122:1)
- 지파들 곧 여호와의 지파들이 여호와의 이름에 감사하려고 이스라엘의 전례대로...(122:4~6)
- 여호와 우리 하나님의 집을 위하여 내가 너를 위하여 복을 구하리로다(122:9)

(120편) 120~134편은 순례시로서 절기 시에 순례자들이 부른 노래입니다. 120편에서는 시인의 하나님을 향한 신뢰('내 기도에 응답하심', 1~4절)와 악인에 둘러싸여 살아가고 있는 현실(5~7절)을 고백하고 있습니다.
(121편) 천지를 지으신 여호와 하나님은(1, 2절) 그의 백성을 영원토록 지키시는 분이십니다(3~8절).
(122편) 122편은 압살롬의 반란으로 인해 예루살렘을 잠시 떠났다가 다시 귀환할 때 지은 노래로 여겨집니다. 성전이 있는 예루살렘에 다시 오게 된 것에 대한 기쁨의 고백과 함께(1~4절) 하나님의 통치로 인한 진정한 평안을 간구합니다(5~9절).

이사야 61장 : 가난, 황폐, 불의의 상황을 여호와의 영으로 극복

- 주 여호와의 영이 내게 내리셨으니 이는 여호와께서 내게 기름을 부으사 가난한 자에게 아름다운 소식을 전하게 하려 하심이라 나를 보내사 마음이 상한 자를 고치며 포로된 자에게 자유를, 갇힌 자에게 놓임을 선포하며...(1~3)
- 오직 너희는 여호와의 제사장이라 일컬음을 받을 것이라...영광을 얻어 자랑할 것이니라(6)
- 무릇 나 여호와는 정의를 사랑하며 불의의 강탈을 미워하여 성실히 그들에게 갚아 주고 그들과 영원한 언약을 맺을 것이라(8)
- 내가 여호와로 말미암아 크게 기뻐하며 내 영혼이 나의 하나님으로 말미암아 즐거워하리니 이는 그가 구원의 옷을 내게 입히시며 공의의 겉옷을 내게 더하심이 신랑이 사모를 쓰며 신부가 자기 보석으로 단장함 같게 하셨음이라(10)

여호와가 보내실 종인 메시아의 사역은 시온의 백성들에게 큰 위로가 될 것입니다. 메시아는 포로된 자를 자유케 하실 것입니다(1~3절). 메시아는 시온을 회복하시며, 백성들을 영화롭게 하셔서 영원한 기쁨을 주실 것입니다(4~9절). 그러므로 우리를 의롭게 하시고, 구원의 옷을 입혀 주신 하나님께 기쁨으로 찬송해야 합니다(10, 11절).

마태복음 9장 : 예수를 믿음으로 죄사함을 받고 질병을 극복

- 침상에 누운 중풍병자를 사람들이 데리고 오거늘 예수께서 그들의 믿음을 보시고 중풍병자에게 이르시되 작은 자야 안심하라 네 죄 사함을 받았느니라...(2~8)
- 예수께서 들으시고 이르시되 건강한 자에게는 의사가 쓸 데 없고 병든 자에게라야...(12~13)
- 예수께서 그들에게 이르시되 혼인집 손님들이 신랑과 함께 있을 동안에 슬퍼할 수...(15~17)
- 예수께서 이 말씀을 하실 때에 한 관리가 와서 절하며 이르되 내 딸이 방금 죽었사오나 오셔서 그 몸에 손을 얹어 주소서 그러면 살아나겠나이다 하니...(18~24)
- 예수께서 거기에서 떠나가실새 두 맹인이 따라오며 소리 질러 이르되 다윗의 자손이여 우리를 불쌍히 여기소서 하더니...(27~30)
- 그들이 나갈 때에 귀신 들려 말 못하는 사람을 예수께 데려오니...(32~33)
- 예수께서 모든 도시와 마을에 두루 다니사 그들의 회당에서 가르치시며 천국 복음을 전파하시며 모든 병과 모든 약한 것을 고치시니라(35)

중풍병자의 치유를 통해 병의 치유뿐만 아니라 모든 질병과 고통과 사망의 근본 원인인 죄를 사할 수 있는 능력이 있음을 나타내십니다(1~8절). 세리 마태를 제자로 부르신 예수님은 세리와 죄인들과 어울리시는데 이에 대해 시비를 거는 자들에게 "자신은 죄인을 부르러 온 자"라고 말씀하십니다(9~13절). 경건의 한 형식이라 할 수 있는 금식이 자기 의를 드러내는 수단으로 전락하여서는 안 됩니다(14~17절). 예수님은 계속해서 혈루증 앓는 여인, 맹인, 귀신들린 자를 고치십니다(18~35절). 예수님 3대 사역은 가르침, 천국 복음 전파, 치유입니다(35절).

여호와의 종 메시아이신 예수님은 십자가에서 나를 자유케 하심으로 내게 영원한 기쁨을 주셨습니다. 주님의 죄사함의 능력을 찬송합니다. 주님의 말씀에 순종하며 살기로 결단합니다.

본문 여호수아 2장 | 시편 123-125편 | 이사야 62장 | 마태복음 10장
주제 직시 (直視, 사물의 진실한 모습을 정확히 똑바로 봄)

사람은 사물과 사건에 대해 주관적으로 바라보는 경향이 있다. 하지만 그 실체와 사실을 똑바로 바라보는 직시만이 바른 판단과 대책을 세울 수 있다. 소명 받은 자는 항상 역사의 상황을 직시하고 헌신해야 한다.

여호수아 2장 : 라합이 하나님의 구원과 심판의 역사를 직시

- 눈의 아들 여호수아가 싯딤에서 두 사람을 정탐꾼으로 보내며 이르되 가서 그 땅과 여리고를 엿보라 하매 그들이 가서 라합이라 하는 기생의 집에 들어가 거기서 유숙하더니(1)
- 여리고 왕이 라합에게 사람을 보내어 이르되 네게로 와서 네 집에 들어간 그 사람들을...(3~5)
- 또 그들이 눕기 전에 라합이 지붕에 올라가서 그들에게 이르러...(8~13)
- 그 사람들이 그에게 이르되 네가 우리에게 서약하게 한 이 맹세에 대하여 우리가...(17~19)
- 라합이 이르되 너희의 말대로 할 것이라 하고 그들을 보내어 가게 하고 붉은 줄을...(21)
- 또 여호수아에게 이르되 진실로 여호와께서 그 온 땅을 우리 손에 주셨으므로...(24)

약속의 땅에서의 첫 번째 관문인 여리고 성 정복 이야기입니다. 이스라엘의 하나님에 대한 소문을 듣고 신앙을 갖게 된 기생 라합은 여호수아가 보낸 정탐꾼을 숨겨주었고, 정탐꾼들은 여리고 성 정복시 그녀의 생명을 지켜 줄 것을 약속합니다(1~14절). 창문에 드리워진 붉은 줄이 약속의 표식이 될 것입니다(18절). 붉은 줄은 출애굽을 가능케 한 열 번째 재앙으로부터 이스라엘을 구원한 어린 양의 피를 연상케 합니다.

시편 123-125편 : 성전에 오르는 자가 여호와의 은혜를 직시

- 하늘에 계시는 주여 내가 눈을 들어 주께 향하나이다...(123:1~3)
- 이스라엘은 이제 말하기를 여호와께서 우리 편에 계시지 아니하셨더라면 우리가...(124:1~3)
- 우리를 내주어 그들의 이에 씹히지 아니하게 하신 여호와를 찬송할지로다(124:6)
- 우리의 도움은 천지를 지으신 여호와의 이름에 있도다(124:8)
- 여호와를 의지하는 자는 시온 산이 흔들리지 아니하고 영원히 있음 같도다...(125:1~2)
- 여호와여 선한 자들과 마음이 정직한 자들에게 선대하소서(125:4)

(123편) 시인과 시인이 속한 공동체는 멸시와 조소를 당하고 있습니다. 시인이 의지할 이는 오직 하나님밖에 없습니다.
(124편) 시인은 하나님의 도우심을 입어 위기에서 벗어나 기뻐 찬양하고 있습니다. 과거 노아의 홍수에서, 홍해에서 도우셨듯이(4, 5절) 이번에도 대적들로부터 시인을 지켜 주셨습니다. 하나님께 의뢰하는 자는 사냥꾼의 올무에서 벗어난 새와 같이 될 것입니다(7절).
(125편) 여호와를 의뢰하는 자는 산들이 예루살렘을 두름과 같은 안정감, 즉 요동치 않는 능력이 있습니다(2절). 참으로 하나님을 의뢰하는 자가 심지가 굳건한 것을 보았을 것입니다. 여호와는 악한 자를 대적하시고, 당신을 의뢰하는 자를 선대하십니다. 그러므로 악한 길로 치우치지 말아야 합니다(5절).

이사야 62장 : 시온을 세우기 위해 쉬지 않으시는 주를 직시

- 나는 시온의 의가 빛 같이, 예루살렘의 구원이 횃불 같이 나타나도록 시온을 위하여 잠잠하지 아니하며 예루살렘을 위하여 쉬지 아니할 것인즉...(1~4)
- 또 여호와께서 예루살렘을 세워 세상에서 찬송을 받게 하시기까지 그로 쉬지 못하시게 하라(7)
- 오직 추수한 자가 그것을 먹고 나 여호와를 찬송할 것이요 거둔 자가 그것을 나의 성소 뜰에서 마시리라 하셨느니라(9)
- 여호와께서 땅 끝까지 선포하시되 너희는 딸 시온에게 이르라 보라 네 구원이...(11~12)

시온을 반드시 회복하시겠다는 여호와의 열심과 다짐을 볼 수 있습니다. 시온은 헵시바(내 기쁨이 그녀에게 있다), 쁄라(결혼한 자)라 불릴 것입니다(4절). 신랑이 신부를 기뻐함같이 여호와께서 시온을 기뻐하실 것입니다. 이것을 이루기 위해 여호와는 쉬지 않으실 것입니다(6~9절). 여호와가 구원의 날이 곧 올 것이며, 구원받은 자들은 거룩한 백성이 될 것입니다(10~12절).

마태복음 10장 : 열두 제자가 권능을 주신 예수님의 뜻을 직시

- 예수께서 그의 열두 제자를 부르사 더러운 귀신을 쫓아내며 모든 병과 모든 약한 것을...(1)
- 예수께서 이 열둘을 내보내시며 명하여 이르시되 이방인의 길로도 가지 말고...(5~8)
- 어떤 성이나 마을에 들어가든지 그 중에 합당한 자를 찾아내어 너희가 떠나기까지...(11~12)
- 누구든지 너희를 영접하지도 아니하고 너희 말을 듣지도 아니하거든 그 집이나...(14)
- 보라 내가 너희를 보냄이 양을 이리 가운데로 보냄과 같도다 그러므로 너희는...(16~20)
- 또 너희가 내 이름으로 말미암아 모든 사람에게 미움을 받을 것이나 끝까지 견디는 자는...(22)
- 내가 너희에게 어두운 데서 이르는 것을 광명한 데서 말하며 너희가 귓속말로 듣는...(27~32)
- 내가 세상에 화평을 주러 온 줄로 생각하지 말라 화평이 아니요 검을 주러 왔노라(34)
- 사람의 원수가 자기 집안 식구리라...(36~38)
- 선지자의 이름으로 선지자를 영접하는 자는 선지자의 상을 받을 것이요...(41~42)

10장은 예수님의 열두 제자를 대상으로 한 첫 가르침입니다. 예수님은 제자들에게 사명을 주시고, 그 사명을 감당할 권능을 주시며, 특별히 제자로서의 사명을 감당할 그들의 필요를 채워주실 것을 약속하십니다(1~15절). 제자들에게는 박해와 고난이 있을 것이지만 두려워하지 말아야 할 이유는 필요한 답변을 주시며, 박해가 도리어 복음 전파의 기회가 될 것이기 때문입니다(16~33절). 예수님의 제자들이 진정 두려워할 대상은 육체의 박해자보다 육체와 영혼을 벌하실 수 있는 하나님입니다(28절). 생명의 주권은 하나님께 있으니 언제든지 하나님 아버지를 시인하는 자가 되어야 합니다(32, 33절). 하나님 나라를 선포하는 사명에는 친밀한 관계의 희생이 있을 수 있습니다(34~42절). 제자들은 육신으로 인하여 맺어진 관계를 소중히 여겨야 하지만 그것을 자신의 영원한 생명보다 더 소중히 여길 수는 없습니다. 결국 제자들은 자기 십자가를 지고 예수님을 따라야 합니다.

이스라엘의 하나님을 신뢰하던 라합은 여리고 성이 무너질 때 구원받았습니다. 하나님은 진정으로 당신을 의뢰하는 자를 구원하십니다. 나의 구원을 위해 쉬지 않으신 하나님을 영원히 찬양합니다. 나를 향한 하나님의 결단과 열심을 신뢰합니다. 기회주의자가 되지 않게 하시고, 언제 어디서든지 하나님을 시인하는 자 되게 하옵소서.

맥체인성경 쉬운해설 2 [4-6월]

2022년 4월 1일 초판 1쇄 발행

펴 낸 이 김수곤
지 은 이 김홍양, 김재학
디 자 인 디자인이츠
발 행 처 선교횃불
등 록 일 1999년 9월 21일 제 54호
등록주소 서울 송파구 백제고분로 27길 12(삼전동)
전　　화 (02)2203-2739
팩　　스 (02)2203-2738
이 메 일 ccm2you@gmail.com
홈페이지 www.ccm2u.com

1년 1독(시편, 신약 2독)
맥체인 성경말씀(기본)으로 돌아가자!

목회자, 임직원 선물 강추

맥체인성경 365

김상복 감수 | 150*215*35 | 2084쪽
값 59,000/72,000원 | 천연우피 | (대)무지퍼
다크브라운, 네이비 | 선교횃불

세미나 교재

맥체인정독 길라잡이

김홍양 지음 | 165*235*5 | 72쪽 | 값 10,000원
선교횃불

1년(365일)

맥체인묵상가이드(통독365)

정현기 지음 | 187*252*30 | 752쪽 | 값 27,000원
선교횃불

월간(30일)

맥체인통독 맥잡기(1~6월)

김홍양 지음 | 180*258*7 | 110쪽 | 값 10,000원
선교횃불

※ 교회, 단체 소그룹 모임에서 맥체인 성경말씀 묵상세미나를 원하시면 저자들이 직강하여 드립니다. **상담전화 010-3739-8271**

맥체인성경 쉬운해설을 통하여

도전하기 쉽지 않았던 맥체인성경 정독을 가깝게 접근하여

더 깊이있는 묵상을 할 수 있도록 가이드 역할을 하고자 합니다.

한국교회와 성도들이 맥체인성경 말씀을 통해

성경에 대한 명쾌한 이해와 함께

하나님께서 감춰두신 구속의 보화를 찾는 기쁨을 누릴 수 있습니다.

하나님나라의 진리를 깨닫고 말씀에 감추어진 보화를 발견하여

에덴의 축복을 회복하는 놀라운 일들이

매일 삶속에서 일어나기를 소망합니다.

각각의 시대마다 하나님께서는 하나님이 세우신 사람들과

언약을 맺으셨고, 그 언약을 완성하셨습니다.

그리고 이 시대들은 하나님의 구속사를 완성하는

완벽한 하모니를 이루고 있습니다.

맥체인성경 쉬운해설은

이 네 시대를 동시에 읽고 묵상함으로써,

구속사 전체를 한 번에 아우르게 합니다.

값 11,000원

03230

9 788955 464948

ISBN 978-89-5546-494-8